教师资格考试和教师应聘指导用书

化学教学设计

化学①（必修）

吴晓红　主编

北　京
冶　金　工　业　出　版　社
2017

内 容 提 要

本书以笔者多年的教学实践经验为基础编写而成，全书共分为4章，包括从实验学化学、化学物质及其变化、金属及其化合物和非金属及其化合物，涵盖了人教版高中《化学1》的所有教学内容。每个教学设计包括教材分析、学情分析、教学目标、教学重点和难点、知识框架、教学过程、板书设计7个栏目，共29个课时，全面地呈现了人教版高中《化学1》中“从实验学化学”、“化学物质及其变化”、“金属及其化合物”和“非金属及其化合物”这4章的教学设计。除此之外，每章节内容后都会进行知识梳理，力求形成系统框架，并对考点分类分析，配以习题巩固，促进及时查漏补缺。本书可供参加教师资格考试和教师公开招聘的化学专业课面试的人员参考。

图书在版编目(CIP)数据

化学1（必修）教学设计/吴晓红主编. —北京：冶金工业出版社，2017.5

教师资格考试和教师应聘指导用书

ISBN 978-7-5024-7488-1

Ⅰ.①化… Ⅱ.①吴… Ⅲ.①中学化学课—教学设计—高中—中学教师—资格考试—自学参考资料 Ⅳ.①G633.82

中国版本图书馆CIP数据核字（2017）第080682号

出 版 人 谭学余
地　　址 北京市东城区嵩祝院北巷39号 邮编 100009 电话 (010)64027926
网　　址 www.cnmip.com.cn 电子信箱 yjcbs@cnmip.com.cn
责任编辑 李 臻 卢 敏 美术编辑 吕欣童 版式设计 孙跃红
责任校对 石 静 责任印制 李玉山
ISBN 978-7-5024-7488-1
冶金工业出版社出版发行；各地新华书店经销；三河市双峰印刷装订有限公司印刷
2017年5月第1版，2017年5月第1次印刷
787mm×1092mm 1/16；12.5印张；303千字；192页
39.00元

冶金工业出版社 投稿电话 (010)64027932 投稿信箱 tougao@cnmip.com.cn
冶金工业出版社营销中心 电话 (010)64044283 传真 (010)64027893
冶金书店 地址 北京市东四西大街46号(100010) 电话 (010)65289081(兼传真)
冶金工业出版社天猫旗舰店 yjgycbs.tmall.com
（本书如有印装质量问题，本社营销中心负责退换）

编　委　会

主　编：吴晓红

副主编：刘万毅

编　者：吴晓红　刘万毅　倪　刚　刘世巍

黑晓霞　任　斌　蒋思雪　贾　元

张　晶　黄金莎

前　言

自2016年起，我国教师资格考试首次实现全国统考，改革后考试内容增加、难度加大，不再有师范生和非师范生的区别。除了获得教师资格证书外，教师公开招聘考试也已成为主要社会性考试，肩负着为基础教育选拔师资、评价高等师范教育质量的职能，对我国教育事业的发展有着十分重要的作用。改革后的教师资格证考试和教师公开招聘考试包括笔试和面试两部分，面试主要考察教育教学实践能力，形式为指定教科书的某一个问题或章节，通过讲课或说课的方式来考查应聘者的教学能力。

本书致力于化学教师资格证和化学教师公开招聘考试的专业课面试，秉承“高效、准确、及时”的宗旨，在深入研读高中化学教科书和课程标准的基础上，设计了全面、有效、实用的教学设计，帮助广大考生在短时期内及时地、高效地掌握面试中说课、讲课内容，避免考生在备考过程中呈现出盲目性。

本书的编写以笔者多年的教学实践经验为基础，立足于广大考生教师资格证面试和教师公开招聘面试的需求，全面地呈现了人教版高中《化学1》的教学设计。本书具有如下特点：

第一、基于标准，符合教材。本书的编写以课程标准为评价依据，以人教版《化学1》为载体，深入研究课程标准、教材，结合学生实际，对教材进行适当的取舍、整合，创造性地使用教材，达到标准的基本要求，符合教材的难度。

第二、设计合理，内容丰富。本书包括从实验学化学、化学物质及其变化、金属及其化合物和非金属及其化合物4章内容共29课时，涵盖了人教版高中《化学1》所有教学内容。每个教学设计包括教材分析、学情分析、教学目标、教学重点和难点、知识框架、教学过程、板书设计和链接高考8个栏目。除此外，章节内容后进行知识梳理，力求形成系统框架，并对考点分类分析，配以习题巩固，促进及时查漏补缺。

第三、讲解到位，深入浅出。本书教学过程主要包括导入新课、推进新课和归纳总结3个环节，在教学过程设计中追求讲解全面到位、深入浅出，使考生对教学内容有足够的理解，做到心中有数。

第四、方便实用，应试性强。本书的内容在多年实践应用中取得明显的效果，成书经历多次反复修改、综合评价、全面平衡的过程，方便考生短时间内掌握面试内容，减少了教学过程中的盲目性和随意性，具有很强的操作性。

本书是“2015年宁夏回族自治区教学名师吴晓红工作室”及“2016年研究生教育创新计划学位点建设项目——能力为本的全日制化学教育硕士培养模式的改革与创新（YXW201603）”的阶段性成果。本书出版得到宁夏大学和宁夏师范学院联合办学项目的资助，在此表示感谢。

在教材编写过程中，参考了部分院校的有关教材和专著，以及国内外相关资料和文献，在此表示诚挚的谢意。

本书可作为教师招聘面试用书，也可作为国家教师资格考试面试用书，也可供广大一线青年教师备课、教学参考。

由于时间和水平有限，书中有不足之处，敬请广大师生给予批评指正。

编　者

2017年1月

目　　录

第一章　从实验学化学

本章知识梳理

- 从实验学化学
  - 化学实验基本方法
    - 化学实验安全
      - 遵守实验室规则
      - 了解安全措施
      - 掌握正确的操作方法
      - 污染物和废弃物处理方法
    - 混合物的分离
      - 过滤
        - 原理：溶解性不同
        - 适用条件：分离不溶于液体的固体
        - 注意事项：一贴二低三靠
        - 主要仪器：烧杯、玻璃棒、漏斗、铁架台
      - 蒸发
        - 原理：挥发性的差异
        - 适用条件：把溶液中的溶剂分离出去
        - 注意事项：不蒸干，余热干，搅拌
        - 主要仪器：蒸发皿、铁架台、玻璃棒、酒精灯
      - （过滤、蒸发）粗盐的提纯：溶解、过滤、除杂、过滤、蒸发
      - 蒸馏
        - 原理：沸点的差异
        - 适用条件：分离沸点不同，且相互溶解的液体混合物
        - 注意事项：碎瓷片、温度计水银球的位置、冷却水、加热
        - 主要仪器：蒸馏烧瓶、温度计、冷凝管、酒精灯、铁架台等
      - 萃取
        - 原理：溶质在互不相溶的溶剂中溶解度的差异
        - 适用条件：两种溶剂互不相溶，溶质在两种溶剂中溶解度差别较大
        - 注意事项：下层下口出，上层上口出
        - 主要仪器：分液漏斗、铁架台、烧杯
  - 化学计量在实验中的应用
    - 物质的量
      - 定义：表示含有一定数目粒子的集合体
      - 符号：n
      - 单位：mol
      - 阿伏伽德罗常数：N_A
      - 关系：$n=\frac{N}{N_A}$
    - 摩尔质量：$M=\frac{m}{n}$
    - 气体的摩尔体积：$V_m=\frac{V}{n}$
    - 物质的量浓度
      - 定义：单位体积的溶液中所含溶质B的物质的量
      - 公式：$c_B=\frac{n_B}{V}$，单位：mol/L
      - 一定物质的量浓度的溶液的配制
        - 配置步骤：计算→称量（或量取）→溶解(或稀释)→冷却→移液→洗涤→定容→摇匀
        - 主要仪器：托盘天平、量筒、容量瓶、烧杯、玻璃棒、胶头滴管等
      - 溶液的稀释定律：$c(浓)\cdot V(浓)=c(稀)\cdot V(稀)$

第一节　化学实验基本方法

第1课时　化学实验安全和粗盐的提纯

一、教材分析

本节内容选自人教版高中化学必修1第一章“从实验学化学”第一节“化学实验基本方法”。依据课程标准“树立安全意识，能识别化学品安全使用标识，初步形成良好的实验工作习惯”和“初步学会物质的检验、分离、提纯”的要求，本节课安排了“化学实验安全和粗盐的提纯”等教学内容。

为保证实验安全、顺利的进行，学生需要掌握一些基本的实验方法和操作技能，“化学实验基本方法”这一内容是对九年级有关实验知识的拓展和提升，是对新实验方法和基本操作的进一步学习。教材首先安排了“化学实验安全”的内容，要求“遵守实验室规则、了解安全措施、掌握正确的操作方法、重视并逐步熟悉污染物和废弃物的处理方法”；通过“资料卡片”栏目展示常用危险化学用品的分类，促使学生了解危险化学用品；加强学生对危险品的了解和关注；通过复习“粗盐提纯”实验中过滤和蒸发等操作，及“可溶性杂质的检验和除去”实验，培养学生的实验方案设计能力、实验操作能力。

二、学情分析

九年级阶段的基本实验中已经涉及了一定的实验安全问题和物质分离的方案，学生初步掌握了过滤与蒸发的方法。本节内容在九年级知识的基础上综合运用溶解、过滤、蒸发等操作方法，规范学生的基本操作，这部分内容的学习对学生而言难度不大。学生学习的难点是粗盐提纯之后可溶性杂质的检验和除去，其中涉及对物质性质的灵活认识和应用，需要学生具备一定的分析能力和逻辑思维能力。

三、教学目标

知识与技能	（1）知道实验基本的安全措施和意外事故的紧急处理方法。 （2）掌握溶解、过滤、蒸发等基本操作。 （3）能识别化学品安全使用标识，初步形成良好的实验工作习惯
过程与方法	（1）通过设计粗盐提纯的实验方案，体验科学探究的过程，学习运用以实验为基础的实证研究方法。 （2）通过物质的检验与混合物的分离、提纯等实验过程，学会运用观察、实验、查阅资料等多种手段获取信息，并运用比较、分类、归纳概括等方法对信息进行加工
情感态度与价值观	（1）通过识记一些化学品安全标识，树立安全意识，形成良好的实验习惯。 （2）通过学习混合物的分离操作，了解化学在生产、生活和科学研究中的意义及作用。 （3）通过学习废弃物处理方法，形成关心环境、爱护环境的意识

四、教学重点和难点

（1）教学重点：化学实验安全，事故处理方法，过滤和蒸发的基本操作。

（2）教学难点：物质检验试剂的选择。

五、知识结构

- 化学实验安全和粗盐提纯
  - 化学实验安全
    - 遵守实验室规则
    - 了解安全措施
    - 掌握正确的操作方法
    - 污染物和废弃物处理方法
  - 过滤
    - 原理：溶解性不同
    - 适用条件：分离不溶于液体的固体
    - 注意事项：一贴二低三靠
    - 主要仪器：烧杯、玻璃棒、漏斗、铁架台
  - 蒸发
    - 原理：挥发性的差异
    - 适用条件：把溶液中的溶剂分离出去
    - 注意事项：不蒸干，余热干，搅拌
    - 主要仪器：蒸发皿、铁架台、玻璃棒、酒精灯
  - （过滤、蒸发）→ 粗盐的提纯：溶解、过滤、除杂、过滤、蒸发

六、教学过程

环节一：导入新课

【导入】化学是一门以实验为基础的自然科学。科学规律是通过对自然现象的发现、探究和反复验证形成的，中学化学学习内容的开展离不开实验，化学研究的主要方法是实验方法。掌握实验方法、具备实验技能，是学好化学的关键。高中阶段学习化学的第一章就是“从实验学化学”，其中“化学实验基本方法”是“从实验学化学”的基础。

【板书】1.1.1　化学实验基本方法

环节二：展开新课

1. 化学实验安全

【讲述】在进入化学实验室前，要牢记实验室规则，那么进入实验室究竟都遵从哪些规则呢？我们一起来朗读一下实验室规则。

【投影】中小学实验室规则

中小学实验室规则

一、学生要有秩序地进入实验室，并保持肃静。

二、认真聆听教师讲解实验目的、步骤、仪器性能、操作方法和注意事项。未经教师许可，不得随意动用实验用品。

三、实验应严格按操作规程进行，注意安全，细心观察，认真记录和分析，撰写实验报告。

四、发生意外事故、损坏仪器设备应及时报告实验教师处理。

五、爱护仪器设备，爱惜药品和实验材料。实验的废渣、废液要倒入指定容器内，不得将有毒、有害物质倒入下水道。

六、实验完毕，应洗净用过的玻璃器皿，关闭电源、水源，将仪器摆放整齐，经实验教师检查验收后方可离室。

七、实验室内的一切物品，未经实验教师许可不得带出室外。

八、保持室内整洁，实验结束后值日人员要认真打扫卫生。

【讲述】没有规矩不成方圆，对实验室的每一条规则我们都要遵从，只有明确了实验室规则，才能够更好地利用实验室，才能更好地关注自身和他人的安全。

【板书】一、化学实验安全

1. 遵守实验室规则

【讲述】遵守实验室规则是我们安全进行实验的前提，同时我们还需要了解一些安全措施，主要包括 4 方面的内容：危险化学药品的存放和标志、实验安全操作“六防”、意外事故的紧急处理、灭火器的位置和使用，下面我们来详细地了解这些安全措施。

【提问】请同学们打开课本第 4 页，阅读资料卡片中的内容。由资料卡片中的内容我们可以看到常用的危险化学用品分为 8 类，包括爆炸品、压缩气体、液化气体和易燃液体等，这些危险的化学药品应该如何存放？

【讲述】各类药品的存放都有一些不同，同学们一定要掌握它们的存放方法。

1	易吸水、易潮解、易挥发、易被氧化的物质应密封存放
2	受热或见光易分解的物质应选用棕色瓶存放在冷暗处
3	易燃、易爆试剂应密封保存，放置在冷暗并远离电源和火源的地方
4	易与空气中的氧气、水蒸气、二氧化碳等发生反应的药品应密封保存
5	特殊的化学药品要有特殊的存放措施。如有剧毒、有强腐蚀性的药品要密封、单独存放在冷暗处，并有严格的取用程序

【提问】在生活中同学们可能也见到过一些安全标志，请同学们想一下以下图片在哪些地方见过？你知道它们有什么意义吗？

1

2

3

4

5

6

7

8

【讲述】这些标志常出现于仓库、实验室、研究所等地方，它们都是安全标志。对于一些极易爆炸的化学药品，一般使用爆炸品这个安全标志，提示人们注意安全。易燃的气体，如氢气、甲烷等气体使用易燃气体的标志；一些容易燃烧的液体药品，如乙醚、酒精等需要使用易燃液体的标志；还有一些易燃的固体，如红磷等应使用自燃固体的标志。不同性质的化学药品需要使用特定的安全标志。

【讲述】在实验的过程中，可能会发生爆炸、暴沸、失火、倒吸、中毒、污染等情况，那如何防止上述情况的发生呢？

事故名称	可能引发事故的操作	采取的措施
爆炸	易燃易爆物点燃或加热	反应前验纯或除尽装置中空气
暴沸	加热沸点低的液体混合物	加碎瓷片或沸石
	浓硫酸与水等的混合	将浓硫酸沿器壁慢慢加入水中，边加边搅拌边冷却
失火	可燃性物质遇到明火	可燃性物质远离火源
倒吸	易溶于水的气体吸收	倒扣的漏斗
	气体遇冷	球形管
	加热制气体并排水收集	先撤导管后撤酒精灯
中毒	制取有毒气体	通风橱中进行
	误食重金属盐类	立即服用大量的鲜牛奶或生鸡蛋清，然后就医
污染	有毒物质	吸收法：酸性气体用碱吸收；碱性气体用酸吸收；极易溶于水的气体用水吸收）
	易燃气体	点燃法

【讲述】对于实验中常出现的问题，我们要防患于未然，这样可以更好地减少事故的发生，保证我们的人身安全。如果事故不可避免地发生了，那么不要慌张，沉着冷静地利用学习过的知识进行处理，降低事故带来的危害。对于下面的这几类事故大家要能够进行处理。

意外事故	处理方法
少量的浓硫酸溅到皮肤上	立即用大量水冲洗，再涂上3%~5%的$NaHCO_3$溶液
浓 NaOH 溶液洒到皮肤上	立即用大量水冲洗，再涂上3%~5%的硼酸溶液
酒精等有机物在实验台着火	用湿抹布、石棉或沙子盖灭，不能用水灭火
误食重金属盐	立即口服蛋清或牛奶
水银洒到桌面上	撒上硫粉进行处理
被玻璃或其他尖锐物品划伤	用双氧水清理伤口，涂上红药水或碘酒，再贴上创可贴
活泼金属钠、钾着火	用沙子盖灭，不能用水或灭火器灭火

【讲述】除此之外，我们还要知道灭火器、煤气、电闸等的安放位置和使用方法，今天大家的作业之一就是查阅灭火器、煤气、电闸等的安放位置和使用方法，下节课我们进行现场模拟。

【板书】2. 了解安全措施

【提问】在九年级，我们已学习了基本的实验操作，回忆一下化学实验的基本操作包括哪些内容呢？应该注意哪些问题？

【讲述】化学实验的基本操作包括化学药品的取用、物质的加热与气体的收集。这部分内容我们在九年级已经学习过，下面我们一起来回顾一下。

【讲述】药品的取用我们要遵从以下原则：（1）不能用手接触药品，不要把鼻孔凑到容器口去闻药品的气味，不得尝任何药品的味道。（2）注意节约药品，应该严格按照实验规定的用量取用药品。如果没有说明用量，一般应该按最少量（1～2mL）取用液体。固体只需盖满试管底部。（3）实验剩余的药品既不能放回原瓶，也不要随意丢弃，更不要拿出实验室，要放入指定的容器内。

【讲述】药品的取用，分为固体药品的取用和液体药品的取用，具体如下：

药品取用量		使用仪器	注 意 事 项
固体药品	粉末	药匙（或纸槽）	一倾、二送、三直立
	块状固体	镊子	一横、二放、三慢竖
	一定量	托盘天平	左物右码
液　体	少量	胶头滴管	不能倒置，不能平放在桌面上，不能伸入容器，不能接触容器
	多量	直接倾倒	瓶塞倒放；标签在手心；倒完后放回原处
	一定量	量筒或滴定管等	接近所需刻度时，采用胶头滴管；读数

【讲述】给物质加热时，通常会用到酒精灯，酒精灯使用时需时刻牢记“三个绝不”：绝对禁止向燃着的酒精灯里添加酒精，绝对禁止用一只酒精灯引燃另一只酒精灯，用完酒精灯后，必须用灯帽盖灭，绝不可用嘴去吹。除此之外，酒精灯内酒精含量不能少于酒精灯容量的1/4，也不能多于酒精灯容量的2/3，如果洒出的酒精在桌上燃烧起来，应立刻用湿抹布扑盖。给物质加热时也需注意以下内容：（1）并不是所有的仪器都是可以直接加热的。可直接用于加热的仪器有试管、蒸发皿、坩埚、燃烧匙。有些是可以间接加热的，即需要石棉网，如锥形瓶、烧杯、烧瓶。还有些仪器是不可以加热的，如试剂瓶、集气瓶、计量仪器等。（2）试管加热时需要注意以下几点：试管外壁应该干燥，试管里的液体不应超过试管容积的1/3；用试管夹夹持试管时，应将试管夹从试管底部往上套，夹持部位在距试管口近1/3处，握住试管夹的长柄，不要把拇指按在短柄上；如果加热固体，试管口应略向下倾斜；加热时先预热，使试管在火焰上移动，待试管均匀受热后，再将火焰固定在盛放药品的部位加热；热的试管不能用冷水立即冲洗，应待其自然冷却后再进行洗涤；加热时试管不能对着自己，也不能对着别人。

【讲述】气体的收集，我们要从哪些方面来考虑呢？看气体的溶解性和密度。难溶于水、不溶于水且不与水反应的气体可以采用排水法；易溶于水但不与空气中成分反应的气体采用排空气法；若比空气的密度大则采用向上排空气法，反之则采用向下排空气法。

【板书】3. 掌握正确的操作方法

【提问】实验室的废液大多数是有害或有毒的，能不能直接倒入下水道？

【讲述】废液是不能直接排入下水道，需要先收集储存再集中处理。用剩的药品不可乱扔，要回收再进行处理。实验过程中会产生一些污染气体，这需要根据气体的性质选择合适的药品进行处理，在后续的实验中我们会一一进行讲解。

【板书】4. 污染物和废弃物的处理

2. 混合物的分离与提纯

【讲述】在做实验的过程中同学们一定要注意安全操作，并遵循一定的实验规则，正确使用实验仪器和药品，确保实验的安全性和规范性。下面我们学习几种化学实验的基本操作。

【讨论】淘金者利用什么方法将金子从沙子中分离出来呢？如果有铁屑和沙混合，你用什么方法将铁屑分离出来？

【讲述】淘金者是从含金量相对较大的沙里淘金，根据金是以游离态存在，且密度比沙大的性质，可以用水洗法将金子从沙里分离出来。如果是沙和铁屑的混合物，可以用磁铁吸取的方法将两者分离。

【过渡】以上用的都是较简单的物理方法，今天我们就以粗盐提纯为例，进一步认识一些混合物的分离与提纯方法。

【板书】二、混合物的分离与提纯

【过渡】我们知道，粗盐中有许多杂质，包括不溶性的泥沙，可溶性的 $CaCl_2$、$MgCl_2$ 及 Na_2SO_4 等，因此需要对粗盐进行提纯，那么我们按照怎样的步骤提纯粗盐呢？

【讲述】先将粗盐溶解，然后进行过滤除去不溶性的泥沙，再除去可溶性杂质，过滤后进行蒸发结晶。请大家打开课本第 6 页，设计实验操作步骤。

【板书】（一）过滤和蒸发

1. 粗盐的提纯步骤：溶解、过滤、除杂、过滤、蒸发

【提问】过滤操作中应注意哪些问题呢？

【讲述】在过滤中我们要遵从“一贴、二低、三靠”的原则。“一贴”：折好的滤纸应紧贴漏斗内壁，并用少量蒸馏水润湿滤纸，使滤纸与漏斗壁之间没有气泡。“二低”：滤纸边缘应低于漏斗边缘；倒入的过滤液液面应低于滤纸的边缘。“三靠”：倾倒时，盛有过滤液的烧杯嘴应与玻璃棒相靠，使滤液沿玻璃棒流入漏斗；玻璃棒末端应与滤纸三层部分相靠，以防不慎划破滤纸；漏斗下端管口应紧靠烧杯内壁，以使滤液沿烧杯内壁流下。

【讲述】蒸发操作应注意要用玻璃棒搅拌，加热至有大量晶体析出时就要停止加热。

【提问】那在整个过程中，玻璃棒有什么作用呢？

【讲述】溶解时用来搅拌以促进固体溶解；过滤时用来引流能够防止液体飞溅；蒸发时用

来搅拌能够防止液体局部过热而导致飞溅。

【提问】仅通过溶解、过滤、蒸发得到的固体一定是纯净的食盐吗？可能还含有什么杂质？用什么方法可以检验这些杂质离子呢？

【讨论】粗盐中还含有可溶性的 $CaCl_2$、$MgCl_2$ 及 Na_2SO_4，该如何除去这些物质呢？请完成下表。

杂　质	加入的试剂	发生反应的化学方程式
Na_2SO_4		
$MgCl_2$		
$CaCl_2$		

【讲述】除 Na_2SO_4：加稍过量的 $BaCl_2$ 溶液；除 $MgCl_2$：加稍过量的 NaOH 溶液；除 $CaCl_2$：加稍过量的 Na_2CO_3 溶液。

【板书】2. 除可溶性杂质

杂　质	加入的试剂	发生反应的化学方程式
Na_2SO_4	$BaCl_2$ 溶液	$Na_2SO_4 + BaCl_2 = 2NaCl + BaSO_4\downarrow$
$MgCl_2$	NaOH 溶液	$MgCl_2 + 2NaOH = Mg(OH)_2\downarrow + 2NaCl$
$CaCl_2$	Na_2CO_3 溶液	$CaCl_2 + Na_2CO_3 = CaCO_3\downarrow + 2NaCl$

【提问】除杂的过程中要遵循什么原则呢？若要将这些离子全部除去，有没有顺序要求？对试剂量有没有要求？

【讲述】除杂要遵从“不增不减”“易分离”“易复原”的原则。在实际操作中，为了实现完全除杂，要考虑所加试剂的先后顺序、试剂用量、不要引入新的杂质、过量的试剂必须除去等问题。那么对于粗盐中可溶性的杂质，我们应该采用怎样的顺序来除去杂质呢？

【交流】加入试剂的顺序（均稍微过量）：

①$BaCl_2$ 溶液，NaOH 溶液，Na_2CO_3 溶液，稀盐酸；

②$BaCl_2$ 溶液，Na_2CO_3 溶液，NaOH 溶液，稀盐酸；

③NaOH 溶液，$BaCl_2$ 溶液，Na_2CO_3 溶液，稀盐酸。

【投影】

① $BaCl_2$ 溶液，NaOH 溶液，Na_2CO_3 溶液，稀盐酸

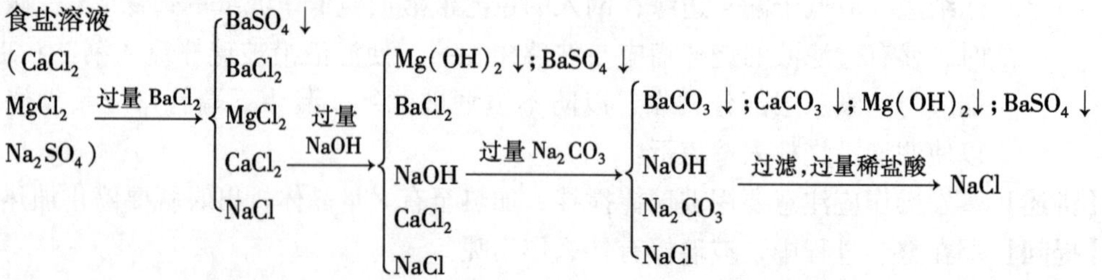

② $BaCl_2$溶液，Na_2CO_3溶液，NaOH 溶液，稀盐酸

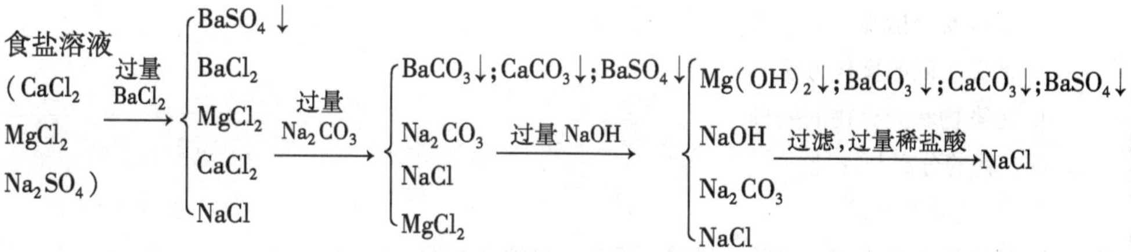

③ NaOH 溶液，$BaCl_2$溶液，Na_2CO_3溶液，稀盐酸

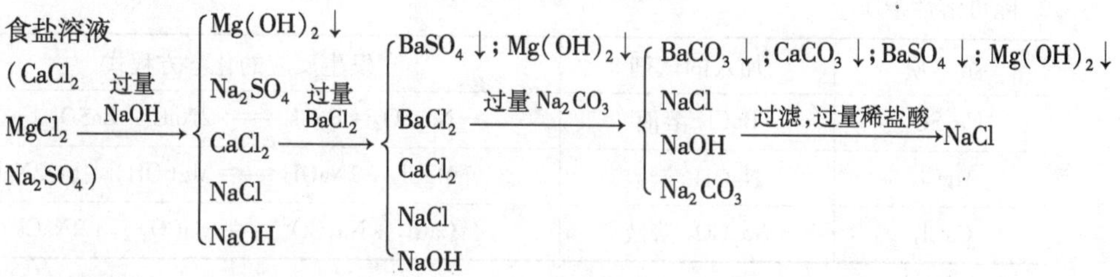

【讲述】 通过分析，我们发现这 3 种顺序都是可以除去杂质的，那么大家总结一下，除去粗盐中的杂质的规律是什么？

【总结】 通过观察，我们发现加入的除杂试剂都要过量，使得杂质离子可以反应完全，其过量的试剂由后续加入试剂除去。因此，我们需要将 Na_2CO_3 溶液放在 $BaCl_2$ 溶液之后滴加，过滤后一定要加入过量的稀盐酸。

【板书】 除杂顺序：将 Na_2CO_3溶液放在 $BaCl_2$溶液之后即可

【提问】 如何证明杂质已被除净？下面我们以 SO_4^{2-} 为例，检验提纯后的食盐中是否还含有 SO_4^{2-}。

【讲述】 SO_4^{2-} 的检验可以采取往溶液中加入可溶性钡盐，产生白色沉淀，那这白色沉淀一定是 $BaSO_4$吗？我们知道不仅 $BaSO_4$为白色沉淀，而且 $BaCO_3$也是白色沉淀，那如何排除 CO_3^{2-} 的干扰呢？对，先加入稀盐酸，如果不产生气泡，则证明没有 CO_3^{2-} 的存在，这时候就排除了 CO_3^{2-} 的干扰。

【板书】 3. SO_4^{2-} 的检验：先滴入几滴稀盐酸，再滴入氯化钡溶液

环节三：归纳总结

【课堂小结】 本节课我们主要学习了化学实验安全的 4 点内容，与此同时，我们复习了分离混合物的两种方法——过滤和蒸发，希望大家课下能够继续巩固。

【作业布置】 预习下节课的内容，并完成课后第 10 页的第 2、3 题。

七、板书设计

1.1.1　化学实验基本方法

一、化学实验安全

1. 遵守实验室规则

2. 了解安全措施
3. 掌握正确的操作方法
4. 污染物和废弃物的处理

二、混合物的分离与提纯

（一）过滤和蒸发

1. 粗盐的提纯步骤：溶解、过滤、除杂、过滤、蒸发
2. 除可溶性杂质

杂　质	加入的试剂	发生反应的化学方程式
Na_2SO_4	$BaCl_2$ 溶液	$Na_2SO_4 + BaCl_2 = 2NaCl + BaSO_4\downarrow$
$MgCl_2$	NaOH 溶液	$MgCl_2 + 2NaOH = Mg(OH)_2\downarrow + 2NaCl$
$CaCl_2$	Na_2CO_3 溶液	$CaCl_2 + Na_2CO_3 = CaCO_3\downarrow + 2NaCl$

除杂顺序：将 Na_2CO_3溶液放在 $BaCl_2$溶液之后即可

3. SO_4^{2-} 的检验：先滴入几滴稀盐酸，再滴入氯化钡溶液

第2课时　蒸馏和萃取

一、教材分析

本节内容选自人教版高中化学必修1第一章“从实验学化学”第一节“化学实验基本方法”。依据课程标准“初步学会物质的检验、分离、提纯”和“能够独立或与同学合作完成实验，记录实验现象和数据，完成实验报告，并能主动进行交流”的要求，本节课安排了“蒸馏和萃取”等教学内容。

分离和提纯在实际生产生活中有着广泛的应用，其中包括蒸馏和萃取，例如在一些能源比较丰富而淡水短缺的国家，常采用蒸馏法大规模地将海水淡化为可饮用水。学习有关蒸馏的知识为后续的实验内容打下知识基础。萃取对于学生来说是全新的分离和提纯技术，它是对溶解性规律的应用，其原理也在今后卤族元素和有机物的学习中多次体现，在生活中也有多方面的应用。对于这两部分的内容，教科书通过图片直接呈现实验装置和基本操作，为学生学习蒸馏和萃取提供了极大的便利。

二、学情分析

学生在九年级化学“自然界中的水”这一内容中，已初步学习了蒸馏的实验装置，本节课则是在此基础上的进一步深化。在上一节课的学习中，学生已经掌握了基本的实验操作，能够认识到化学实验操作基本规范的重要性，同时，进一步掌握了混合物的分离方法。但对于萃取的内容，学生可能会比较陌生，缺乏对通过萃取方法分离混合物的认识，通过本节课的学习，学生需要掌握萃取的原理及操作。

三、教学目标

知识与技能	（1）知道萃取原理，掌握萃取的实验操作。 （2）了解蒸馏原理，掌握蒸馏的实验操作
过程与方法	（1）通过蒸馏实验，体验科学探究的过程，掌握实验方法。 （2）通过蒸馏、萃取和分液，体会不同的化学实验方法在分离提纯混合物过程中起到的重要作用，认识到化学实验在化学学习中的重要价值
情感态度与价值观	（1）通过学习蒸馏操作，了解化学在生产与生活中的意义及作用，学会应用所学知识解决实际问题。 （2）通过合作设计和完成实验，树立合作意识，明白“细节决定成败”的道理，感受成功的乐趣

四、教学重点难点

（1）教学重点：蒸馏和萃取的实验原理以及操作过程。

（2）教学难点：蒸馏和萃取的实验原理。

五、知识结构

混合物的分离和提纯方法
- 蒸馏
  - 原理：利用混合物中各组分的沸点不同，除去易挥发、难挥发、不挥发的杂质
  - 适用条件：分离沸点不同，且相互溶解的液体混合物
  - 注意事项：碎瓷片、温度计水银球的位置、冷却水、加热
  - 主要仪器：蒸馏烧瓶、温度计、冷凝管、酒精灯、铁架台等
- 萃取
  - 原理：利用物质在互不相溶的溶剂里溶解度的不同，用一种溶剂把物质从它与另一种溶剂所组成的溶液里提取出来的方法
  - 适用条件：两种溶剂互不相溶、溶质在两种溶剂中溶解度差别较大、两种溶剂互不反应且不与溶质反应
  - 注意事项：下层下口出，上层上口出
  - 主要仪器：分液漏斗、铁架台、烧杯

六、教学过程

环节一：导入新课

【导入】通过粗盐的提纯，我们学习了过滤和蒸发两种分离方法，混合物的分离和提纯还有很多其他的方法，这节课我们来学习另外两种新方法——蒸馏和萃取。

【板书】1.1.2　化学实验基本方法

（二）蒸馏和萃取

环节二：展开新课

【提问】自来水厂使用了含氯消毒剂对水进行消毒，使水中含有 Cl^-。那如何检验自来水中含有 Cl^- 呢？

【实验演示】在试管中加入少量自来水，滴入几滴稀硝酸酸化的 $AgNO_3$ 溶液。

【实验现象】有明显白色沉淀生成，证明自来水中含有 Cl^-。

【提问】那么，我们应该用什么方法除去自来水中的 Cl^- 呢？

【讲述】要想得到纯净水，可以通过加热将水变为水蒸气，然后再冷凝为纯净的液态水。这个过程我们在九年级“自然界中的水”一节中学过，就是实验室将硬水变软水的方法——蒸馏。

1. 蒸馏

【讲述】那究竟什么是蒸馏呢？老师给大家举个生活中的例子，比如做美味的鱼汤，做汤的时候，我们常会观察到锅盖上有水珠，这水珠与汤相同吗？为什么会有水珠？水蒸气凝结？为什么水蒸气会凝结成水珠？

【讲述】这个过程其实就是蒸馏的过程，首先我们可以明确汤和水是不相同的液体，而且它们能够互溶。我们还发现锅盖上有水珠，这是从汤中分离出来的纯净的水，这利用的是什么原理呢？这是由于水和汤的沸点不一样，水的沸点比汤的沸点低，所以水变成了水蒸气，水蒸气遇到冷的锅盖又液化成水珠。通过老师分析这个过程，大家能不能总结出蒸馏方法的原理呢？

【板书】1. 蒸馏

（1）定义：利用互溶的液体混合物中各组分的沸点不同，给液体混合物加热，使其中的某一组分变成蒸气再冷凝成液体，从而达到分离提纯的目的。蒸馏一般用于分离沸点相差较大的液体混合物。

【讲述】前面提到要想得到纯净水，可以通过加热将水变为水蒸气，这个过程在实验中需要使用加热装置，所需的仪器有：铁架台、酒精灯与蒸馏烧瓶；然后再将水蒸气冷凝为纯净的液态水，这个过程需要使用冷凝装置，在实验中我们常用的冷凝装置叫冷凝管。为使热交换充分，冷凝管中水流的方向应与蒸汽流方向相反，所以冷凝水要从下口进上口出；得到的纯净水是不是还要收集起来？那就还需要收集装置，用到的仪器是牛角管（也称尾接管）和锥形瓶，尾接管就是个连接装置，锥形瓶用于盛接纯净液体。接下来我们具体来认识一下整个装置。

【实验装置】

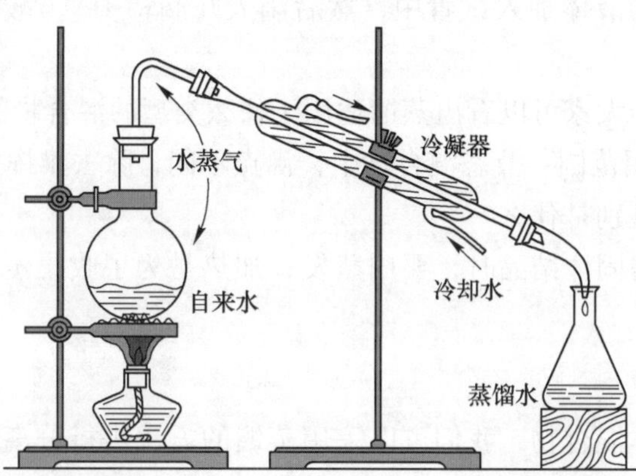

【实验仪器】铁架台、酒精灯、石棉网、蒸馏烧瓶、冷凝管、温度计、胶塞、牛角管（尾接管）、锥形瓶。

【讲述】下面我们开始组装实验装置，将检查好的酒精灯放到铁架台上，调整位置，通过上一节课的学习我们知道蒸馏烧瓶不能直接加热，应该垫上石棉网。向蒸馏烧瓶中加入自来水，那自来水能不能装满？

【讲述】烧瓶内液体的容积不超过2/3，除此之外，还要加入2～3粒沸石或者碎瓷片，目的是防止暴沸，这一点是绝对不能忽略的。接下来塞上胶塞，还要插入一支温度计，让温度保持在两种物质的沸点之间，如果没有温度计，则会导致温度过高而蒸出另一种物质。温度计放的位置也是有要求的，只有精确控制蒸馏的温度才能达到分离提纯的目的，而蒸馏烧瓶支管口的温度正是某组分蒸馏变为气体的温度，故温度计水银球顶端要与蒸馏烧瓶支管下沿处于同一水平线。

【板书】（2）蒸馏注意事项

1）烧瓶内液体的容积不超过2/3，需垫石棉网，加沸石或者碎瓷片防止暴沸。

2）温度计下端水银球应置于蒸馏烧瓶支管处，测量逸出气体的温度。

【讲述】左侧部分的装置是得到纯净的蒸气，使蒸气液化需要冷凝装置，冷凝水要下进上出，并且实验开始时，要先开冷凝水，后加热，并弃去开始蒸馏出的部分液体。实验结束时，先停止加热，后关冷凝水。溶液不可蒸干。最后锥形瓶中的液体就是蒸馏水。

【板书】3）冷凝水要下进上出，实验开始时，先开冷凝水，后加热。实验结束时，先停止加热，后关冷凝水。

【实验】在100mL蒸馏烧瓶中加入约1/3体积的自来水，再加入几粒沸石，连接好装置，向冷凝管中通入冷却水。加热烧瓶，弃去开始蒸馏出的部分液体，用锥形瓶收集约10mL液体，停止加热。

【提问】通过实验，我们在锥形瓶中收集到了蒸馏出来的液体，那到底是不是纯净水呢？我们该如何证明？

【讲述】自来水中含有 Cl^-，因此可以用稀 HNO_3 酸化的 $AgNO_3$ 溶液来检验是否含有氯离子。

【实验】取少量收集到的液体加入试管中，然后滴入几滴稀 HNO_3 酸化的 $AgNO_3$ 溶液，无沉淀产生。

【提问】从这个实验中，大家可以看出蒸馏适用于什么类型的混合物的分离？

【板书】(3) 蒸馏的使用范围：液态混合物中，沸点不同，除去难挥发或不挥发的物质。

【思考】蒸馏与蒸发的区别是什么？

【讲解】加热是为了获得固体结晶时，要用蒸发；加热是为了收集蒸气的冷凝液体时，要用蒸馏。

2. 分液

【提问】对于互溶的液体混合物，我们可以采用蒸馏的方法进行分离，如果想分离油与水这种不互溶的液体时，还能用蒸馏的方法进行分离吗？

【讲述】我们试想一下，可不可以想办法使水从下面流走，让油刚好留在容器中。我们实验室刚好有这么一种仪器能达到这样的目的，它叫分液漏斗，下面有通道，水从下面流走，在水刚好流完时，关闭通道，这样水和油就分开了。把两种互不相溶的液体分开的操作我们称为“分液”。

【板书】2. 分液：把两种互不相溶的液体（且密度不同）分开的操作

【讲述】我们先来认识这个新的仪器：分液漏斗。

【讲述】分液漏斗的活塞、玻璃塞同漏斗本身是配套的。使用漏斗前要检验漏斗是否漏水，检漏的方法为：

(1) 关闭分液漏斗颈部旋塞，向分液漏斗内注入适量的蒸馏水，观察旋塞的两端以及漏斗的下口处是否漏水。

(2) 若不漏水，关闭玻璃塞，左手握住旋塞，右手食指摁住玻璃塞，倒立，检查是否漏水。

(3) 若不漏水，正立，将玻璃塞旋转180°，倒立，检查是否漏水。

(4) 若不漏水，则此分液漏斗可以使用。

【提问】进行分液时，为什么要先打开玻璃塞呢？

【讲述】这是为了使分液漏斗内外的大气压相同，便于液体顺利流下。然后漏斗下端口紧靠烧杯内壁，右手握稳活塞，开始放下端的液体，要及时关闭活塞，防止上层的液体流出。最后上层液体从上口倒出，防止上层液体混带有下层液体。

3. 萃取

【过渡】 在生活中，大家有没有注意过西红柿鸡蛋汤的油层颜色特别鲜红，为什么会有这样的现象？

【讲述】 西红柿汤中有水、植物油。红色物质是西红柿中的番茄红素，那么我们观察一下这杯水煮西红柿汤，可以看到整杯都是红色液体，也就是番茄红素溶在水中，加入少量的油后，可以发现下层红色颜色变浅，静置后发现番茄红素全到了油层中，而下层变成了无色的水层。这是利用什么原理呢？

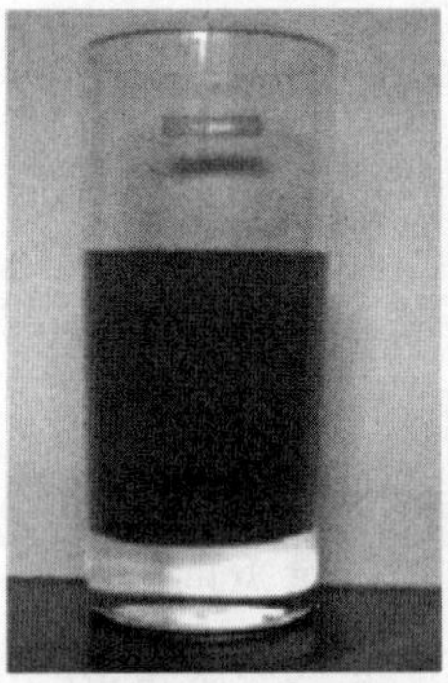
水煮西红柿汤

加入油

有油西红柿汤

【讲述】 番茄红素一开始溶到水中，加入油后又溶到了油层中，这是利用番茄红素在水与油中溶解度的不同。由此我们可以看出番茄红素在油中的溶解度比水中的溶解度大得多，少许油便可以将番茄红色素提取到油层中，这个过程在化学中叫做“萃取”。

【板书】 3. 萃取

【讲述】 萃取是利用某溶质在互不相溶的溶剂中的溶解度不同，用一种溶剂把溶质从它与另一种溶剂组成的溶液中提取出来。

【板书】 （1）定义：利用某溶质在互不相溶的溶剂中的溶解度不同，用一种溶剂把溶质从它与另一种溶剂组成的溶液中提取出来。

【提问】 按照萃取的定义，我们要加入另一种溶剂即萃取剂把溶质从溶液中提取出来，那萃取剂的选择要符合什么条件？

【讲述】 溶质在萃取剂中的溶解度要比在原溶剂中大，使溶质从原溶剂中转移到萃取剂中，要保证萃取剂与原溶剂不互溶，且萃取剂与溶液不发生反应。

【板书】 （2）萃取剂的选择：

1）溶质在萃取剂中的溶解度要比在原溶剂大；

2）萃取剂与原溶剂不互溶；

3）萃取剂与溶液不发生反应。

【实验】 碘水中提取碘，实验装置见课本第 9 页图 1-7 ~ 图 1-9。

（1）检查分液漏斗是否漏水。用量筒量取 10mL 碘的饱和水溶液，倒入分液漏斗中，然后再注入 4mL 四氯化碳，盖好瓶塞。

（2）用右手压住分液漏斗口部，左手握住活塞部分，把分液漏斗倒转过来振荡，使两种液体充分接触；振荡后打开活塞，使漏斗内气体放出。

（3）将分液漏斗放在铁架台上，静置。

（4）待液体分层后，将分液漏斗上磨口的玻璃塞打开，或使塞上的凹槽（或小孔）对准漏斗上的小孔，再将分液漏斗下面的活塞拧开，使下层液体慢慢沿烧杯壁流下。

【提问】 大家回顾总结一下，在整个萃取与分液的过程中都经历了哪几个步骤?

【板书】（3）萃取与分液的步骤：

1）检验分液漏斗是否漏水；

2）加入溶液，加入萃取剂，振荡；

3）静置分层；

4）分液。

环节三：归纳总结

【总结】 本节课我们继续学习了分离混合物的两种方法，一种是蒸馏的方法，它是根据液态混合物的沸点不同，对混合物进行加热，使得沸点低的组分变成蒸汽之后再冷凝，最终达到分离提纯的目的。另一种则是萃取分液，一般情况下萃取和分液是相伴随的，利用某溶质在互不相溶的溶剂中的溶解度不同，用一种溶剂把溶质从它与另一种溶剂组成的溶液中提取出来，再利用分液的原理和方法将它们分离开来。在萃取操作的过程中，同学们需要重点掌握分液漏斗的使用方法，掌握萃取剂选择的要求。

七、板书设计

1.1.2　化学实验基本方法

（二）蒸馏和萃取

1. 蒸馏

（1）定义：利用互溶的液体混合物中各组分的沸点不同，给液体混合物加热，使其中的某一组分变成蒸气再冷凝成液体，从而达到分离提纯的目的。蒸馏一般用于分离沸点相差较大的液体混合物。

（2）蒸馏注意事项：

1）烧瓶内液体的容积不超过 2/3，需垫石棉网，加沸石或者碎瓷片防止暴沸。

2）温度计下端水银球应置于蒸馏烧瓶支管处，测量逸出气体的温度。

3）冷凝水要下进上出，实验开始时，先开冷凝水，后加热。实验结束时，先停止加热，后关冷凝水。

（3）蒸馏的使用范围：液态混合物中，沸点不同，除去难挥发或不挥发的物质。

2. 分液：把两种互不相溶的液体（且密度不同）分开的操作。

3. 萃取

（1）定义：利用某溶质在互不相溶的溶剂中的溶解度不同，用一种溶剂把溶质从它与另一种溶剂组成的溶液中提取出来。

（2）萃取剂的选择

1）溶质在萃取剂中的溶解度要比在原溶剂大；

2）萃取剂与原溶剂不互溶；

3）萃取剂与溶液不发生反应。

（3）萃取与分液的步骤

1）检验分液漏斗是否漏水；

2）加入溶液，加入萃取剂，振荡；

3）静置分层；

4）分液。

第二节　化学计量在实验中的应用

第1课时　物质的量

一、教材分析

本节内容选自人教版高中化学必修1第一章“从实验学化学”第二节“化学计量在实验中的应用”。依据课程标准“认识摩尔是物质的量的基本单位，能用于进行简单的化学计算，体会定量研究的方法对研究和学习化学的重要作用”的要求，本节课安排了“物质的量、摩尔质量、阿伏伽德罗常数”等教学内容。

“物质的量”是高中化学中的工具性概念，贯穿于高中化学学习的始终，在今后化学学习的过程中会经常性地使用，尤其在化学计算中处于重要地位。本节内容是在介绍了化学实验基本方法之后，引入“物质的量”等相关知识，并作为化学实验中的计量来呈现，从而突出实验的主题，为学生认识物质的量，定性描述物质的量建立联系。

物质的量这一概念的学习将会促使学生对化学反应中的量有一个新的认识。掌握好物质的量的概念，不仅可以帮助学生更好地理解本章的摩尔质量、气体摩尔体积、物质的量浓度的概念，而且为以后学习化学计算打下良好的基础。

二、学情分析

学生在九年级阶段已经学习了速度、质量、体积等基本物理量，在化学学习中也理解了相对原子质量是以一个原子的质量与一个^{12}C原子质量的1/12做比较所得的比值，这对学生认识规定0.012kg ^{12}C中所含的碳原子数目为1mol的标准有重要的辅助价值。学生在认识数目的过程中，除了“个”的概念之外，在生活中有丰富的“堆”“箱”“条”“打”等概念，通过生活实例进行类比迁移，能够帮助学生有效地理解“物质的量”所表达的含义。

对于高一学生来讲，经过九年级对化学基本知识的学习，已知道化学所研究的主要方向，能够从宏观角度和微观角度认识化学反应，具备初步的宏观和微观认识能力。“物质的量”这一概念是建立宏观物质和微观微粒之间联系的重要桥梁，比较抽象和难以理解，在认识的过程中很容易和物质的质量等概念相混淆，有效地理清这些概念需要学生进行深入的思考和理解。

三、教学目标

知识与技能	（1）认识物质的量的含义，理解物质的量是描述微观粒子集合体的物理量，掌握物质的量的表示符号、基本单位。 （2）理解阿伏伽德罗常数的含义，掌握摩尔质量的概念、表示方法和单位。 （3）掌握物质的量与微观粒子数目之间的换算关系，能熟练说出物质的量、物质的质量以及摩尔质量之间的关系

续表

过程与方法	（1）通过思考与练习，掌握 N、N_A 与 n 之间的关系。 （2）通过类比的方法，从熟悉、具体的概念入手来认识未知、抽象的概念
情感态度与价值观	（1）通过理解物质的量的涵义，认识宏观物质和微观粒子之间的相互转化关系，形成正确的化学“宏观辨识与微观探析”的核心素养。 （2）通过探究物质的量与粒子数目之间的关系、物质的质量与物质的量之间的关系，体会科学探究的艰辛和喜悦

四、教学重点和难点

（1）教学重点：物质的量、阿伏伽德罗常数、摩尔质量等的概念，物质的量、质量、摩尔质量之间的关系。

（2）教学难点：物质的量、质量、摩尔质量之间的关系。

五、知识结构

- 化学计量在实验中的应用
  - 物质的量
    - 定义：表示含有一定数目粒子的集合体
    - 符号：n
    - 单位：mol
    - 衡量标准：1mol 粒子集体所含有的粒子数与 0.012kg ^{12}C 中所含有的碳原子数相同，约为 $6.02\times10^{23}\,mol^{-1}$。把 1mol 任何粒子的粒子数称为阿伏伽德罗常数，用 N_A 表示，通常表示为 $N_A\approx6.02\times10^{23}\,mol^{-1}$
    - 计算关系：$n=\frac{N}{N_A}$
    - 计量对象：分子、原子、离子、原子团、电子、质子、中子等所有微观粒子
  - 摩尔质量
    - 定义：单位物质的量的物质所具有的质量，符号为 M，常用的单位为 g/mol
    - 数值：以 g/mol 为单位时，其数值与该粒子的相对分子质量或相对原子质量相等
    - 关系：$M=\frac{m}{n}$

六、教学过程

环节一：导入新课

【导入】在课程开始之前，我们找两位同学上来做一个游戏，在讲台上有一堆散放粉笔和几盒 10 根装粉笔，请一位同学从散的粉笔中数出 20 根，另一位同学再从几盒 10 根装粉笔中数出 20 根，下面同学为他们计时。

【提问】同样是数出 20 根粉笔，为什么从几盒 10 根装粉笔中数出 20 根更快呢？

【过渡】因为我们把散的粉笔 10 根集合在一起，放在盒子里面，这样更方便我们统计。那么在我们生活中还有很多这样的例子，比如一箱牛奶 24 盒，一打鸡蛋 12 个，一

箱啤酒12瓶。对于这种宏观的物质，我们为了方便经常将它变为一个集合的概念来进行统计，比如“箱”，“打”，“盒”。那么在我们的化学中，对于数目成千上万的微观粒子，我们为了方便是不是更应该引入一个集合的概念？今天我们就来学习一个表示集合概念的新物理量——物质的量。

【板书】1.2.1 化学计量在实验中的应用

环节二：展开新课

【讲述】微观粒子包括分子、原子、离子、中子、质子等，我们也可以采用生活中“集合”的观点，用一个物理量来描述一定数目的分子、原子、离子、中子、质子等微观粒子的集合体，这个物理量就是物质的量。

1. 认识物质的量的概念

【讲述】物质的量和质量、长度等都属于国际单位制中基本的物理量之一，它表示一定数目粒子的集合体。质量的符号为 m，单位为kg，长度的符号为 l，单位为m，物质的量的符号为 n，单位为mol。

【板书】一、物质的量

1. 概念：它表示含有一定数目粒子的集合体

2. 符号：n

3. 单位：摩尔或者摩，mol

【提问】请同学们阅读教科书，解释物质的量的计量对象是什么？使用时需要注意什么？

【讲述】物质的量计量的是微观粒子，不适用于宏观物质，其表示物质所含微粒的多少，是一个集体量。“物质的量”这四个字为一个整体，是一个专有名词，不可拆分。并且使用物质的量来计量物质时，必须要指明微粒的种类，比如1mol H、1mol H_2、1mol H^+等，分别表示的是1摩氢原子、1摩氢分子、1摩氢离子，但是不能说“1摩氢”，因为这里的“氢”指代不明，无法说明具体描述的是何种微粒。

【板书】4. 注意事项：

（1）描述对象：微观物质

（2）表示集体量

（3）“物质的量”为专有名词，不可拆分

（4）指明物质微粒的种类

【判断】1mol 汽车，1mol 大米，1mol 小麦这种说法是否正确？为什么？

【讲述】不正确，因为汽车、大米、小麦都是宏观物质，不能用物质的量来描述。

【判断】1mol 氯的说法是否正确？为什么？

【讲述】不正确，没有表示清楚1mol 氯的具体含义，用物质的量表示微粒时，必须指明微粒的种类是什么，说明是1mol 氯原子还是1mol 氯气分子。

【总结】物质的量只用于描述微观粒子，不用于表示宏观物质；物质的量描述微观粒子时，必须指明微粒的种类。

2. 认识阿伏伽德罗常数

【提问】既然物质的量是一个描述集合体的物理量，多少微粒构成的集合体是1mol 呢？

【讲述】国际上规定：0.012kg ^{12}C 中所含碳原子的数目为 1mol。已知一个碳原子质量为 1.993×10^{-26}kg，那么 0.012kg 碳中有多少个碳原子？请同学们计算一下。

【讲述】因此 1mol 任何微粒所含的粒子数约为 6.02×10^{23} 个。将 0.012kg ^{12}C 中所含碳原子数目称为阿伏伽德罗常数，它的符号表示为 N_A，近似为 $6.02\times10^{23}mol^{-1}$。

【板书】二、阿伏伽德罗常数

1. 定义：1mol 微粒集体所含的粒子数叫做阿伏伽德罗常数，近似值为 $6.02\times10^{23}mol^{-1}$
2. 符号：N_A
3. 单位：mol^{-1}

【讲述】阿伏伽德罗常数约为 $6.02\times10^{23}mol^{-1}$，这个数到底有多大呢？如果将 6.02×10^{23} 粒米分给全球 60 亿人吃的话，每人每天吃 0.5kg，大家算一下全球人能够吃多长时间呢？14 万年，可见这个数是多么的大。

【提问】一箱啤酒是 24 瓶，两箱啤酒是 48 瓶。我们刚刚知道 1mol 微粒的数目约为 6.02×10^{23} 个，2mol 微粒的数目约为 $2\times6.02\times10^{23}$ 个，3mol 微粒的数目约为 $3\times6.02\times10^{23}$ 个，那么 n mol 微粒的数目约为 $n\times6.02\times10^{23}$ 个，如果我们用符号 N 表示微粒数，我们就可以得出物质的量、阿伏伽德罗常数和微粒数三者之间的关系。

【投影】

物质的量（n/mol）	微粒数目（N/个）
1mol 微粒	6.02×10^{23}
2mol 微粒	$2\times6.02\times10^{23}$
3mol 微粒	$3\times6.02\times10^{23}$
n mol 微粒	$n\times6.02\times10^{23}$

【板书】4. 微粒数 N 与物质的量 n 的关系式：$N=nN_A$

【练习】（1）1mol 水分子中含有________个 H，含有________个 O；

（2）2 N_A个水分子的物质的量是________ mol，含有________个 H；

（3）2mol H_2SO_4中含有________个 H，________个 O，含有________个 S。

3. 认识摩尔质量的含义

【提问】1mol 任何物质都约含有 6.02×10^{23} 个粒子，那么这 1mol 物质的质量到底有多大呢？请同学们完成下表，并分析以下计算结果可得出什么规律？

粒子符号	物质的式量	每个粒子的质量（g/个）	1mol 物质含有的粒子数（个）	1mol 物质质量（g）
C	12	1.993×10^{-23}		
Fe	56	9.302×10^{-23}		
H_2SO_4	98	1.628×10^{-23}		
H_2O	18	2.990×10^{-23}		
Na^+	23	3.821×10^{-23}		
OH^-	17	2.824×10^{-23}		

【讲述】通过对表进行分析，我们可以得出以下规律：

（1）1mol 任何原子的质量（以克为单位）在数值上都等于这种原子的相对原子质量。

（2）1mol 任何分子的质量（以克为单位）在数值上都等于这种分子的相对分子质量。

（3）1mol 任何离子的质量（以克为单位）在数值上都等于这种离子的式量。

【讲述】1mol 任何微粒或物质的质量以克为单位时，其数值与该粒子的相对分子（或原子）质量相等。我们又给它一个新的名称——摩尔质量，它是指单位物质的量的物质所具有的质量，用符号 M 表示。单位为克/摩尔，符号表示为 g/mol。

【板书】三、摩尔质量

1. 定义：单位物质的量的物质所具有的质量，符号：M。单位：克/摩尔，符号：g/mol

2. 数值：以 g/mol 为单位时，与相对原子的质量或相对分子的质量相等

【练习】Fe 的摩尔质量是________，CO_2的摩尔质量是________。

【提问】摩尔质量的定义是单位物质的量物质所具有质量，那根据定义能不能总结出摩尔质量与物质的量之间的关系？

【板书】3. 摩尔质量与物质的量之间的关系式：$M=\frac{m}{n}$

【练习】判断下列说法是否正确：

（1）1mol Cl 的摩尔质量是 35.5。

（2）KCl 的摩尔质量是 74.5g/mol。

（3）2mol H_2O 的质量是 36g。

环节三：课堂小结

【课堂小结】本节课重点认识了物质的量、阿伏伽德罗常数、摩尔质量的含义，以及它们之间的关系：$N=nN_A$，$M=\frac{m}{n}$。通过本节课的探讨，我们可以看出，物质的量是一座桥梁，可将宏观物质的质量与微观的微粒数目联系起来。

七、板书设计

1.2.1　化学计量在实验中的应用

一、物质的量

1. 概念：它表示含有一定数目粒子的集合体

2. 符号：n

3. 单位：摩尔或者摩，mol

4. 注意事项：

（1）描述对象：微观物质

（2）表示集体量

（3）“物质的量”为专有名词，不可拆分

（4）指明物质微粒的种类

二、阿伏伽德罗常数

1. 定义：1mol 微粒集体所含的粒子数叫做阿伏伽德罗常数，近似值为 $6.02\times10^{23}\,\text{mol}^{-1}$

2. 符号：N_A

3. 单位：mol^{-1}

4. 微粒数 N 与物质的量 n 的关系式：$N=nN_A$

三、摩尔质量

1. 定义：单位物质的量的物质所具有的质量，符号：M。单位：克/摩尔，符号：g/mol

2. 数值：以 g/mol 为单位时，与相对原子的质量或相对分子的质量相等

3. 摩尔质量与物质的量之间的关系式：$M=\frac{m}{n}$

第2课时 气体摩尔体积

一、教材分析

本节内容选自人教版高中化学必修1第一章“从实验学化学”第二节“化学计量在实验中的应用”，依据课程标准“认识摩尔是物质的量的基本单位，能用于进行简单的化学计算，体会定量研究的方法对研究和学习化学的重要作用”的要求，本节课安排了“影响物质体积的因素、气体摩尔体积、阿伏伽德罗定律及其推论”等教学内容。

本节内容以研究气体体积与物质的量之间是否存在关系为核心点，探究气体体积与构成气体微粒数目之间的关系，为气体的体积与微粒数目搭建桥梁。教科书中通过计算电解水实验中，产生的氧气和氢气的体积比，初步得出在相同温度和压强下，1mol 氧气和氢气的体积相同。并根据相同条件下的氧气和氢气的密度，计算 1mol 物质的体积，再根据几种固体和液体的密度，计算出 1mol 这几种物质的体积。通过计算学生能够发现气体体积和液体、固体体积之间存在的差异，帮助学生认识到物质的状态对物质体积的巨大影响，为研究“气体摩尔体积”做好充分的铺垫。只有清晰地认识到影响物质体积的主要因素，才能在研究“气体摩尔体积”过程中，促进学生更好地认识到温度、压强等条件的重要性。该部分内容是物质的量概念学习的延续，在气体物质的计算过程中具有重要的价值和意义，是学生进行化学计算的基础。

二、学情分析

在上一节课，学生已经学习了物质的量，并能够运用物质的量进行简单的计算。学生理解摩尔质量的定义，初步建立物质的质量和物质的量之间的联系，学习这些知识对理解气体摩尔体积概念有一定的指导意义，学生可以根据摩尔质量的概念类比学习摩尔体积的概念。学生已具备一定的计算能力，为本节课中计算 1mol 气体物质的体积提供了能力基础。

三、教学目标

知识与技能	（1）能说出气体摩尔体积的概念。 （2）掌握标准状况下气体体积与物质的量的关系。 （3）能进行气体摩尔体积的简单判断和计算
过程与方法	（1）通过分析影响固体、液体、气体体积大小的主要因素，体验归纳整理的过程，学习分析矛盾的主要方面和次要方面。 （2）通过计算相同条件下，1mol 气体、液体、固体物质的体积之间的差异，提升总结规律的能力
情感态度与价值观	（1）通过对影响物质体积大小的因素和气体摩尔体积的学习，形成与人合作的意识。 （2）通过生活实例类比学习，感受类比学习的优点，养成类比思维

四、教学重点和难点

（1）教学重点：气体摩尔体积的运用，影响物质体积的因素在宏观和微观之间的转化。

（2）教学难点：影响物质体积的因素；阿伏伽德罗定律及其推论。

五、知识结构

- 化学计量在实验中的应用
  - 决定物质体积大小的主要因素
    - 物质体积大小的决定因素：粒子的数目；粒子的大小；粒子之间的平均距离
    - 等物质的量的固体或者液体的体积的决定因素：粒子的大小
    - 等物质的量的气体体积的决定因素：粒子间的平均距离
    - 影响气体体积的因素：温度、压强
  - 气体摩尔体积
    - 定义：单位物质的量的气体所具有的体积，符号为 V_m
    - 表达式：$V_m = \frac{V}{n}$，单位：L/mol 或者 $L \cdot mol^{-1}$
    - 在标准状况下，$V_m = 22.4L/mol$
  - 阿伏伽德罗定律及其推论
    - 阿伏伽德罗定律：在相同的温度和压强下，相同体积的任何气体都含有相同数目的分子
    - 阿伏伽德罗定律的推论

六、教学过程

环节一：导入新课

【导入】在化学反应中经常遇到气体物质，对于气体物质来说，测量体积往往比称量质量更方便。那么气体体积与物质的量以及物质的质量之间有什么关系呢？我们应如何建立气体体积与物质的量之间的桥梁呢？这个桥梁就是本节课所要学习的内容——气体摩尔体积。

【板书】1.2.2　化学计量在实验中的应用

环节二：展开新课

1. 决定物质体积大小的主要因素

【过渡】请同学们根据教科书第13页的科学探究，完成第14页氧气和氢气的体积的计算，计算结果保留小数点后一位。

名　称	密度/$g \cdot L^{-1}$	1mol 物质的体积
O_2	1.429	
H_2	0.0899	

【讲述】请同学们继续计算教科书第14页中20℃时，1mol几种固体和液体的体积。

名　称	密度/$g \cdot cm^{-3}$	1mol 物质的体积
Fe	7.86	
Al	2.70	
H_2O	0.998	
H_2SO_4	1.83	

【提问】请同学们对计算结果进行对比分析，从中你们发现了什么规律？

【讲述】相同状况下 1mol 气体物质的体积相差不大，而固体和液体的体积相差比较大。刚才我们计算的都是 1mol 物质的体积，在相同的条件下，即温度和压强相同时，等物质的量的气体的体积相同，而等物质的量的固体和液体的体积不相同。

【讲述】请同学们注意，在刚才的计算中，我们运用了控制变量法的思想，都是将不同物质的物质的量均定为了 1mol，也就是说它们的粒子数是相同的，为什么要控制它们的粒子数相同呢？实际上，物质的粒子数会对物质的体积大小产生影响，就好比有两堆排球，都紧密堆积在一起，然而其中一堆有 50 个，另一堆有 100 个，你们认为哪一堆的体积大？很明显有 100 个排球的那一堆排球的体积大。

【板书】一、决定物质体积大小的主要因素

1. 粒子的数目

【追问】既然上述物质的粒子数是相同的，那为什么固体和液体的体积之间仍然存在这么大的差距呢？请同学们讨论一下，在粒子数目相同的情况下，物质的体积是由哪些因素决定的呢？

【讲解】实际上，当物质所含粒子数目相同时，物质的体积大小主要取决于构成物质的粒子的大小和粒子之间的距离。

【板书】2. 粒子的大小

3. 粒子间的距离

【提问】为了帮助大家理解，下面我们把微观粒子与宏观的球体进行类比，那现在大家思考以下两个问题：

（1）如果现在这里有一个乒乓球和一个排球，哪一个球所占体积更大？

（2）如果现在这里有 30 个排球，采取以下的两种放置方式：

1）球和球之间都间隔 1m，在操场上均匀地分布

2）球和球之间都间隔 2m，在操场上均匀地分布

请问，哪一种放置方式球所占总体积更大？

【讲述】首先我们来讨论第一个问题，如果现在这里有一个乒乓球和一个排球，哪一个球所占体积更大？很明显，是排球，因为排球比乒乓球大。那么同样的道理，物质是由分子、原子或离子构成的，不同的微粒的大小是不同的，而对于固体和液体来说，构成这两种物质的微粒排列紧密，微粒间的空隙很小，因此微粒间的距离是可以忽略不计的，当微粒的数目相同时，微粒的大小占主导因素，不同固体和液体物质的微粒大小是不同的，因而不同固体和液体物质的体积是不同的，并且相差较大。因此，对于等物质的量的固体或者液体，体积大小的决定因素是粒子

的大小。

【讲述】现在我们来讨论第二个问题，30 个排球采取了两种放置方式，很明显第二种放置方式所占总体积更大，因为球的数目是一定的，同样由于是同一种球，球的大小一定时，此时球所占的总体积主要取决于球之间的距离，第二种放置方式使得球之间的距离较大，因此所占总体积更大。实际上，对于 1mol 气体来说，影响其体积大小的因素主要是粒子间的距离，为什么呢？请同学们看这样的一张图。

【投影】固体、液体、气体分子距离示意图

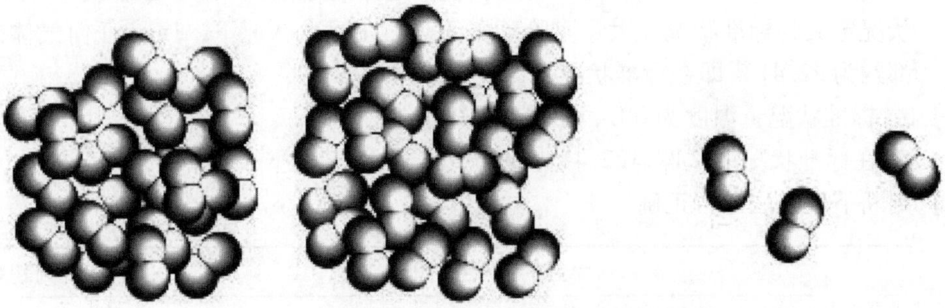

固体　　　　液体　　　　气体

【讲述】对于粒子数相同的气体来讲，粒子之间的距离远远大于粒子本身的大小，粒子本身的大小是可以忽略不计的。当气体所含粒子相同时，影响气体体积大小的因素主要是粒子间的距离，而粒子间的距离主要取决于温度和压强。温度越高，粒子之间的距离越大，压强越大，粒子之间的距离越小。当温度与压强一定时，气体粒子之间的距离基本上相同，即等物质的量的气体，其体积的大小基本上相同。因此，等物质的量的气体体积的决定因素为粒子间的平均距离。

【总结】对于气体，由于粒子间间距较大，因此决定气体物质体积大小的主要因素是粒子间的距离与粒子的数目。对于固体和液体，由于粒子间间距较小，因此决定固体和液体物质体积大小的主要因素是粒子的大小与粒子的数目。

【板书】

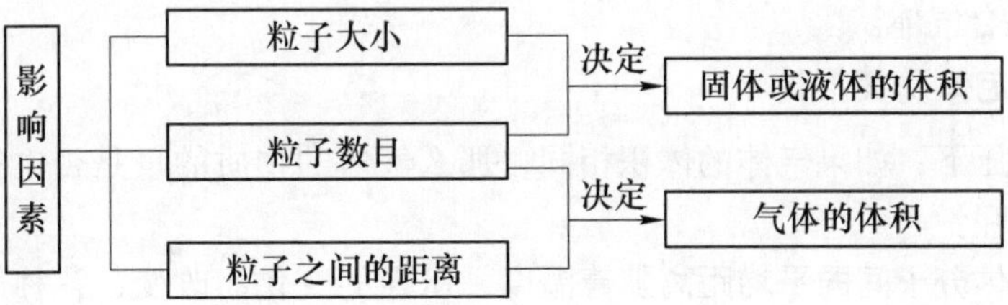

2. 气体摩尔体积

【过渡】不同气体在一定温度和压强下，分子间的距离可以看做是相等的，所以 1mol 任何气体的体积基本相同。这里我们就引入了气体摩尔体积的概念。

【板书】二、气体摩尔体积

【讲述】摩尔质量是单位物质的量的物质所具有的质量，那么气体摩尔体积的定义就是单位物质的量的气体所具有的体积，气体摩尔体积的表示符号为 V_m。

【提问】请同学们根据气体摩尔体积的概念推断其表达式及其单位。

【讲述】气体摩尔体积的表达式为：$V_m = \frac{V}{n}$　单位：L/mol 或者 $L \cdot mol^{-1}$。

【板书】1. 气体摩尔体积：单位物质的量的气体所具有的体积，符号为 V_m

2. 表达式：$V_m = \frac{V}{n}$　单位：L/mol 或者 $L \cdot mol^{-1}$

【讲述】由于气体的体积受温度和压强的影响非常大，因此，在气体的计算和讨论过程中一定要注意温度和压强。为了研究方便，通常将温度为0℃，压强为101kPa时的状况定义为标准状况。大量实验事实证明，在标准状况下，1mol 任何气体的体积都约为22.4L，即在标准状况下，$V_m = 22.4L/mol$。

【板书】3. 标准状况：温度为0℃，压强为101kPa

4. 在标准状况下，$V_m = 22.4L/mol$

【练习】判断下列说法是否正确

题　目	判断对错
（1）在标准状况下，1mol 任何物质的体积都约为22.4L	
（2）1mol 气体的体积约为22.4L	
（3）在标准状况下，1mol O_2和 N_2混合气（任意比）的体积约为22.4L	
（4）22.4L 气体所含分子数一定大于11.2L 气体所含的分子数	
（5）任何条件下，气体的摩尔体积都是22.4L	
（6）只有在标准状况下，气体的摩尔体积才能是22.4L	

【小结】在气体体积的计算中，注意以下几点：

（1）条件：在标准状况（0℃、101kPa）下，$V_m = 22.4L/mol$；当 $V_m = 22.4L/mol$ 时，则不一定是在标准状况下。

（2）研究对象：该公式 $V_m = \frac{V}{n}$ 只适用于气体的计算，可以是单一气体也可以是混合气体。

3. 阿伏伽德罗定律及其推论

【提问】同温同压下，如果气体的体积相同，那么气体的物质的量是否也相同呢？所含的分子数呢？

【讲述】因为气体分子间的平均距离随着温度、压强的变化而改变，各种气体在一定的温度和压强下，分子间的平均距离是相等的。所以，同温同压下，相同体积的气体物质的量相等，所含的分子个数也相等。这一结论最早是由意大利科学家阿伏伽德罗发现的，并被许多的科学实验所证实成为定律，叫阿伏伽德罗定律。

【板书】三、阿伏伽德罗定律及其推论

1. 阿伏伽德罗定律：在相同的温度和压强下，相同体积的任何气体都含有相同数目的分子。

【强调】对这一定律的理解一定要明确适用范围为气体。“同温”“同压”“同体积”“同分子数目”称为“四同”，四“同”共同存在，相互制约，只要有3个“同”成立，第四个“同”就必定成立，在实际应用中达到是知“三同”定“一同”的效果。

【总结】 在同温同压下，气体的体积之比与气体的分子数（或物质的量）之比成正比——阿伏伽德罗定律的推论之一，那同温同压的条件下，物质的量与体积有没有关系？

【讲述】 在这里介绍一个理想气体状态方程 $pV=nRT$，其中 p 代表压强；V 代表体积；n 代表物质的量；R 是气体常数；T 代表温度，阿伏伽德罗定律有很多的推论，都是借助这个方程可以推出来的，接下来利用这个公式来推导一下物质的量与体积的关系。

【讲述】 由于是在同温同压的条件下，所以在这个公式中，有3个不变量 p、T、R，对于气体A公式为 $pV_A=n_ART$，对于气体B为 $pV_B=n_BRT$，则两式相比可得 $\frac{n_A}{n_B}=\frac{V_A}{V_B}$，即同温同压下，物质的量和体积成正比关系。

【提问】 大家利用理想气体状态方程公式推导同温同压下密度和摩尔质量关系？

【讲述】 $pV_A=n_ART=\frac{m_A}{M_A}RT=\frac{\rho V_A}{M_A}RT$，$PV_B=n_BRT=\frac{m_B}{M_B}RT=\frac{\rho V_B}{M_B}RT$；

已知：p、T 相同，所以由两式相比可得：$\frac{M_A}{M_B}=\frac{\rho_A}{\rho_B}$，即同温同压下，密度和摩尔质量成正比关系，摩尔质量在数值上等于相对分子质量，因此还可以表示 $\frac{M_A}{M_B}=\frac{\rho_A}{\rho_B}=\frac{Mr_A}{Mr_B}$。

【提问】 那如果体积、温度一定的条件下，物质的量和压强又有什么关系呢？大家利用公式来推导一下。

【讲述】 $p_AV=n_ART$，$p_BV=n_BRT$；已知 T、V 相同，所以两式相比可得：$\frac{n_A}{n_B}=\frac{p_A}{p_B}$

【提问】 大家继续推导一下同温同压下，体积相同的气体，质量和摩尔质量有没有关系？

【讲述】 $pV=\frac{m_A}{M_A}RT$，$pV=\frac{m_B}{M_B}RT$；已知 T、p、V 相同，所以两式相比可得：$\frac{m_A}{m_B}=\frac{M_A}{M_B}$

【板书】 2. 阿伏伽德罗定律的推论

相同条件	结　论	
	公　式	语言叙述
T、p 相同	$\frac{V(A)}{V(B)}=\frac{N(A)}{N(B)}=\frac{n(A)}{n(B)}$	同温、同压下，气体的物质的量与其体积成正比
T、p 相同	$\frac{M(A)}{M(B)}=\frac{\rho(A)}{\rho(B)}=\frac{Mr(A)}{Mr(B)}$	同温、同压下，气体的密度与其相对分子质量（或是摩尔质量）成正比
T、V 相同	$\frac{p(A)}{p(B)}=\frac{n(A)}{n(B)}$	同温、同体积下，气体的压强与其物质的量成正比
T、p、V 相同	$\frac{M(A)}{M(B)}=\frac{m(A)}{m(B)}$	同温、同压、同体积下，气体的质量和摩尔质量成正比

环节三：归纳总结

本节课重点学习了气体摩尔体积，同学们要掌握影响物质体积的主要因素，关键要理解温度和压强对气体体积的影响。掌握气体摩尔体积的计算方法，尤其是在标准状况下，气体摩尔体积的值为22.4L/mol。熟练运用气体摩尔体积的计算公式进行相应的计算。理解阿伏伽德罗定律及其推论，能熟练运用阿伏伽德罗定律快速进行计算。

七、板书设计

1.2.2　化学计量在实验中的应用

一、决定物质体积大小的主要因素

1. 粒子的数目
2. 粒子的大小
3. 粒子间的距离

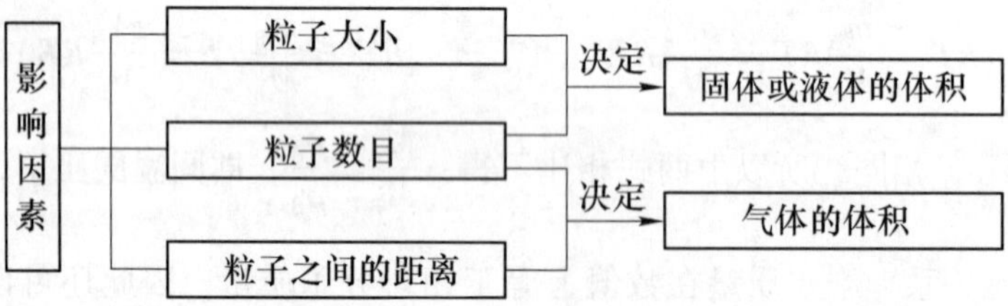

二、气体摩尔体积

1. 气体摩尔体积：单位物质的量的气体所具有的体积，符号为 V_m
2. 表达式：$V_m = \frac{V}{n}$　单位：L/mol 或者 $L \cdot mol^{-1}$
3. 标准状况：温度为0℃，压强为101kPa
4. 在标准状况下，$V_m = 22.4L/mol$

三、阿伏伽德罗定律及其推论

1. 阿伏伽德罗定律：在相同的温度和压强下，相同体积的任何气体都含有相同数目的分子。
2. 阿伏伽德罗定律的推论

相同条件	结论	
	公式	语言叙述
T、p 相同	$\frac{V(A)}{V(B)} = \frac{N(A)}{N(B)} = \frac{n(A)}{n(B)}$	同温、同压下，气体的物质的量与其体积成正比
T、p 相同	$\frac{M(A)}{M(B)} = \frac{\rho(A)}{\rho(B)} = \frac{Mr(A)}{Mr(B)}$	同温、同压下，气体的密度与其相对分子质量（或是摩尔质量）成正比
T、V 相同	$\frac{p(A)}{p(B)} = \frac{n(A)}{n(B)}$	同温、同体积下，气体的压强与其物质的量成正比
T、p、V 相同	$\frac{M(A)}{M(B)} = \frac{m(A)}{m(B)}$	同温、同压、同体积下，气体的质量和摩尔质量成正比

第3课时　物质的量浓度

一、教材分析

本节内容选自人教版高中化学必修1第一章“从实验学化学”第二节“化学计量在实验中的应用”，依据课程标准“认识摩尔是物质的量的基本单位，能用于进行简单的化学计算，体会定量研究的方法对研究和学习化学的重要作用”的要求，本节课安排了“物质的量浓度”这一教学内容。

物质的量浓度是继物质的量、摩尔质量、气体摩尔体积等概念之后又一个化学计量概念。本节内容是在学生学习了质量分数和溶解度的概念的基础上，带领学生认识另一种表示溶液组成的方法。学生通过物质的量浓度的学习，能够加深对溶液组成的认识，同时初步掌握配制一定物质的量浓度溶液的实验技能，为以后的学习打下基础。因此，本节课是高中的重点内容，也是有关化学计算和化学实验基本操作的重点内容之一，更是高考不可缺少的考点。

二、学情分析

在前两节课的学习中，学生已经学习了物质的量、摩尔质量、气体摩尔体积等基本概念，并能够运用物质的量进行质量和气体体积的简单计算。建立物质的量和物质质量、气体体积之间的关系，为本节学生理解物质的量与溶液浓度之间的关系奠定了一定的基础。学生在九年级阶段学习了运用质量分数表示溶液的组成，并且能够运用质量分数进行一定的计算，本节内容联系九年级所学习的质量分数，对探讨运用物质的量浓度表示溶液的组成方法具有一定的指导意义。

三、教学目标

知识与技能	（1）理解并能说出物质的量浓度的概念。 （2）会运用物质的量浓度的概念进行简单的计算。 （3）掌握物质的量与溶质的物质的量浓度之间的转化关系
过程与方法	（1）通过物质的量浓度的概念，能够推导物质的量浓度的表达式，形成一定的逻辑推理和抽象概括能力。 （2）通过大量的计算练习，体验物质的量浓度在学习中的重要作用，促进对概念的理解和巩固
情感态度与价值观	（1）通过对物质的量浓度概念的学习，体会理论联系实际的思想。 （2）通过运用物质的量浓度的概念进行简单的计算，感受用数学思想解决化学问题的魅力

四、教学重点和难点

（1）教学重点：物质的量和物质的量浓度之间的关系；物质的量浓度的计算。

（2）教学难点：物质的量浓度的计算。

五、知识结构

物质的量浓度
- 定义：单位体积的溶液中所含溶质 B 的物质的量
- 公式：$c_B=\frac{n_B}{V}$，单位：mol/L
- 物质的量浓度概念中的注意事项
- 溶液离子浓度的计算：当溶液为单一溶质溶液时，溶液中某离子的浓度 = 溶质的物质的量浓度 × 离子个数
- 物质的量浓度的计算
  - （1）直接运用公式计算
  - （2）结合 $n=\frac{m}{M}$；$n=\frac{V}{V_m}$；$n=\frac{N}{N_A}$ 等公式

六、教学过程

环节一：导入新课

【讲述】课前老师布置了学习任务，希望同学们收集生活中各种溶液的标签，诸如复方甘草口服液、84 消毒液、眼药水、枝江大曲、矿泉水等，请同学们仔细观察标签上的说明，并且分享不同溶液的组成其表示方法。

【提问】看来表示溶液组成的方法很多，我们化学实验中经常要用到溶液，那么在化学学习中我们都学过哪些方法可以表示溶液呢？

【讲述】我们在九年级化学中学过用溶质的质量分数来表示溶液，是指溶质质量与溶液质量之比。除此之外，还可用溶解度来表示，即在一定温度下，100g 的溶剂中最多溶解溶质的量。那还有其他的方法吗？今天我们再来学习一个表示溶液组成的物理量——物质的量浓度。

【板书】一、物质的量浓度

环节二：展开新课

1. 认识物质的量浓度

【讲述】物质的量浓度指单位体积溶液里所含溶质 B 的物质的量，用符号 c_B 来表示。

【板书】1. 物质的量浓度

（1）概念：单位体积溶液里所含溶质 B 的物质的量

（2）符号：c_B

【讲述】根据物质的量浓度的定义，总结一下它的表达式。

【板书】（3）表达式：$c_B=\frac{n_B}{V}$

【讲述】物质的量的单位是 mol，体积的单位是 L，那么就可以得出物质的量浓度的单位为 mol/L 或 $mol\cdot L^{-1}$。

【板书】（4）单位：mol/L 或 $mol\cdot L^{-1}$

【讲述】认识了物质的量浓度的概念，我们通过下面的几道题来巩固一下。

【练习】判断下列说法是否正确，若不正确，请说明原因

题　　目	判断与理由
（1）将 1g NaOH 溶于水制成 1L 的溶液，则 $c(NaOH)=1mol/L$	
（2）将 1mol NaOH 溶于 1L 水中，则 $c(NaOH)=1mol/L$	
（3）从 1L 1mol/L 的 NaOH 溶液中取出 10mL，则取出的 NaOH 溶液的浓度为 $c(NaOH)=1mol/L$	

【讲述】 第一题错误，首先根据公式 $n=\frac{m}{M}$ 可知，1g NaOH 的质量计算出 NaOH 的物质的量为 0.025mol，再根据 $c_B=\frac{n_B}{V}$，计算其浓度为 0.025mol/L。第二题错误，因为根据 $c_B=\frac{n_B}{V}$，V 指溶液的体积，而不是溶剂的体积，该题中给出的溶剂的体积为 1L，并没有确定溶液的体积是多少。第三题正确，溶液具有均一性，当其浓度一定时，取出任何体积的溶液其浓度都是一样的。

【提问】 根据以上的分析，我们在理解物质的量浓度时应该注意什么问题呢？

【讲述】 在运用物质的量浓度概念中一定要注意：（1）V 是溶液的体积，并非溶剂的体积。（2）溶质用物质的量表示而不是质量。（3）溶质可以是单质或化合物，也可以是离子或某种特定组合。（4）从某溶液中取出任意体积的溶液，其浓度都相同，但所含溶质的量因所取溶液体积的不同而不同。

【板书】（5）物质的量浓度概念使用时的注意事项：

1）V 是溶液的体积，并非溶剂的体积。

2）溶质用物质的量表示而不是质量。

3）溶质可以是单质或化合物，也可以是离子或某种特定组合。

4）从某溶液中取出任意体积的溶液，其浓度都相同，但所含溶质的量因所取溶液体积的不同而不同。

【讲述】 在溶液中溶质可以是单质或化合物，也可以是离子或某种特定组合。那么现在请大家解决这样的一道题。

【练习】 若将 80g NaOH 溶于水制成 1L 溶液，则所得溶液的物质的量浓度为多少？

【讲述】 根据基本公式 $c_B=\frac{n_B}{V}$，现在已知溶液的体积 V，要想求得溶液的物质的量浓度 c，必须知道溶质的物质的量 n。而题目中已经告诉了溶质的质量 m，因此根据公式 $n=\frac{m}{M}$，可以求出溶质的物质的量为 2mol，进而可以求得溶液的物质的量浓度为 2mol/L。

【提问】 那么现在请同学们思考，该溶液中所含的 Na^+ 与 OH^- 的物质的量浓度为多少？

【讲述】 通过前面的学习，我们知道 1mol NaOH 中含有 1mol Na^+ 与 1mol OH^-，通过刚才的计算，已经求出 NaOH 的物质的量为 2mol，那么 2mol NaOH 中就含有 2mol Na^+ 与 2mol OH^-，根据公式 $c_B=\frac{n_B}{V}$，我们能够求出该溶液中所含的 Na^+ 与 OH^- 的物

质的量浓度均为 2mol/L。

【练习】若将 284g Na_2SO_4 溶于水制成 1L 溶液，则所得溶液的物质的量浓度为多少？该溶液中所含的 Na^+ 与 SO_4^{2-} 的物质的量浓度为多少？

【讲述】根据基本公式 $c_B = \frac{n_B}{V}$，我们现在已知溶液的体积 V，要想求得溶液的物质的量浓度 c，必须知道溶质的物质的量 n。而题目中已经告诉了我们溶质的质量 m，因此根据公式 $n = \frac{m}{M}$，我们可以求出溶质的物质的量为 2mol，进而我们可以求得溶液的物质的量浓度为 2mol/L。而 1mol Na_2SO_4 中含有 2mol Na^+ 与 1mol SO_4^{2-}，则 2mol Na_2SO_4 中含有 4mol Na^+ 与 2mol SO_4^{2-}，根据公式 $c_B = \frac{n_B}{V}$，我们能够求出该溶液中所含的 Na^+ 与 SO_4^{2-} 的物质的量浓度分别为 4mol/L 与 2mol/L。

【提问】通过计算这两道题，同学们发现了什么规律？

【总结】实际上，当溶液为单一溶质溶液时，溶液中某离子的浓度 = 溶质的物质的量浓度 × 离子个数。比如上面的第二道练习题中，Na_2SO_4 溶液的物质的量浓度为 2mol/L，并且溶液中所含的 Na^+ 与 SO_4^{2-} 的物质的量浓度分别为 4mol/L 与 2mol/L，那么 Na^+ 的物质的量浓度是不是就用溶质 Na_2SO_4 的物质的量浓度乘以 Na^+ 的离子个数 2 就得到了？同理，溶质 Na_2SO_4 的物质的量浓度乘以 SO_4^{2-} 的离子个数 1 是不是就得到 SO_4^{2-} 的物质的量浓度了？因此，同学们在解答这种类型的题目时要学会运用这种规律。

【板书】2. 溶液离子浓度的计算

当溶液为单一溶质溶液时，溶液中某离子的浓度 = 溶质的物质的量浓度 × 离子个数。

【习题巩固】2.5mol/L K_2SO_4 溶液中含有________ mol/L K^+，________ mol/L SO_4^{2-}。

2. 物质的量浓度的计算

【提问】这几天我们学习了多个化学常用计量，涉及多个公式，那么它们之间有什么联系吗？

【讲述】仔细观察这几个关系式，我们可以发现它们是以物质的量为中心的有关化学量的换算关系，根据这几个公式，我们可以建立以物质的量为中心的关系网。

【投影】

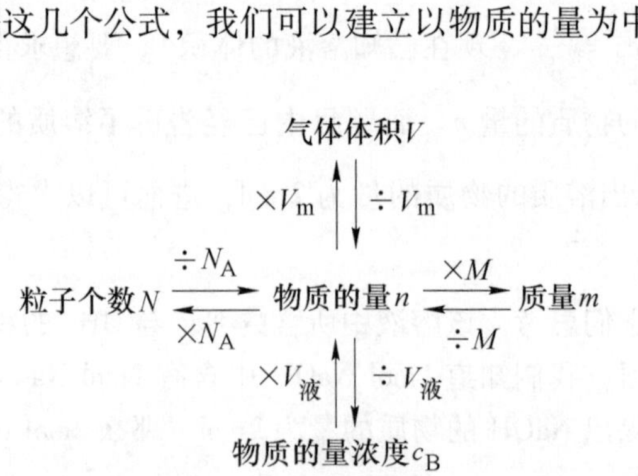

【讲述】根据这个关系网，如果告诉标况下气体的体积，求气体的质量能求出来吗？此时

已知气体的体积、气体摩尔体积和摩尔质量，是不是就可以知三求一了。那么接下来，我们利用这个关系网，巩固我们今天学习的物质的量浓度以及前面所学的内容。

【练习】 将58.5g NaCl溶解在水中，配制成500mL的溶液，计算所得溶液的物质的量浓度是多少？

【讲解】 根据$n=\frac{m}{M}$公式，计算NaCl的物质的量为1mol，再根据公式$c_B=\frac{n_B}{V}$，计算可得溶液的浓度为2mol/L。

【练习】 0.5L 1mol/L的$FeCl_3$溶液与0.2L 1mol/L的KCl溶液中，Cl^-浓度比为(　　)。

A. 15:2　　B. 1:1　　C. 3:1　　D. 1:3

【讲解】 $FeCl_3$溶液中Cl^-浓度为$1\times3=3$mol/L，KCl溶液中Cl^-浓度为1mol/L，因此，Cl^-浓度比为3:1，当溶液为单一溶质溶液时，溶液中某离子的浓度＝溶质的物质的量浓度×离子个数，体积是没有影响的。

【板书】 二、物质的量浓度的计算

1. 直接运用公式计算

2. 结合$n=\frac{m}{M}$；$V_m=\frac{V}{n}$；$n=\frac{N}{N_A}$等公式

环节三：归纳总结

【总结】 本节课主要学习了物质的量浓度的概念，同学们要理解物质的量浓度所表示的含义，并且要熟练掌握物质的量浓度的计算公式。在计算中，一种是直接套用定义式，有些计算题中需要结合$n=\frac{m}{M}$；$V_m=\frac{V}{n}$；$n=\frac{N}{N_A}$等公式，由此可见，物质的量作为桥梁，建立了浓度、质量、体积等之间的联系。同学们在计算的过程中，需要特别注意公式之间的换算以及单位的统一。

七、板书设计

1.2.3 化学计量在实验中的应用

一、物质的量浓度

1. 物质的量浓度

(1) 概念：单位体积溶液里所含溶质B的物质的量

(2) 符号：c_B

(3) 表达式：$c_B=\frac{n_B}{V}$

(4) 单位：mol/L或$mol\cdot L^{-1}$

(5) 物质的量浓度概念使用时的注意事项：

1) V是溶液的体积，并非溶剂的体积

2) 溶质用物质的量表示而不是质量

3）溶质可以是单质或化合物，也可以是离子或某种特定组合

4）从某溶液中取出任意体积的溶液，其浓度都相同，但所含溶质的量因所取溶液体积的不同而不同

2. 溶液离子浓度的计算

当溶液为单一溶质溶液时，溶液中某离子的浓度 = 溶质的物质的量浓度 × 离子个数。

二、物质的量浓度的计算

1. 直接运用公式计算

2. 结合 $n = \frac{m}{M}$；$V_m = \frac{V}{n}$；$n = \frac{N}{N_A}$ 等公式

第4课时　配制一定物质的量浓度的溶液

一、教材分析

本节内容选自人教版高中化学必修1第一章“从实验学化学”第二节“化学计量在实验中的应用”，依据课程标准“初步学会物质的检验、分离、提纯和溶液配制等实验技能”的要求，本节课安排了“配制一定物质的量浓度的溶液”等教学内容。

本节内容是在学习完物质的量浓度的概念之后，进一步学习配制一定物质的量浓度溶液的方法，本节课旨在培养学生的实验操作技能，教会学生配制一定物质的量浓度溶液的方法。教科书安排了配制一定物质的量浓度的氯化钠溶液实验来展开本节课的内容。通过本节课的学习，学生能够运用物质的量与质量以及物质的量与浓度之间的关系表达式进行计算得出所需的物质的质量，并完成配制一定物质的量浓度溶液的操作。在高考试题中，配制溶液的步骤以及对溶液配制过程中存在的误差进行分析，也是高中的重点教学内容。本节课要求学生既要获得知识，又要掌握技能，在运用知识的过程中实现能力的提升。

二、学情分析

在上一节课的学习中，学生已经明确了物质的量浓度所表达的含义，掌握了物质的量与物质的质量之间的关系及物质的量浓度的计算，这些学习经验为本节课学习配制一定物质的量浓度的溶液打下坚实的基础，帮助学生认识到这部分知识在生活生产中的重要作用，也为以后的学习做了良好的铺垫。

三、教学目标

知识与技能	（1）学会容量瓶的使用。 （2）了解配制一定物质的量浓度溶液的方法和技能。 （3）掌握实验误差分析的方法
过程与方法	通过计算并配制一定物质的量浓度的溶液，学会配制溶液的方法和技能
情感态度与价值观	（1）通过学习概念和配制溶液，形成“理论联系实际”的学习自然科学的思想。 （2）通过进行实验，养成仔细观察实验现象、发现问题的本质以及独立探讨解决问题的习惯

四、教学重点和难点

（1）教学重点：一定物质的量浓度溶液的配制方法；溶液稀释定律的应用。

（2）教学难点：一定物质的量浓度的溶液配制的误差分析。

五、知识结构

- 容量瓶的使用
- 配制一定物质的量浓度的溶液
  - 配制步骤：计算→称量（或量取）→溶解（或稀释）→冷却→移液→洗涤→定容→摇匀
  - 主要仪器：托盘天平、量筒、容量瓶、烧杯、玻璃棒、胶头滴管等
- 误差分析
- 溶液的稀释：$c(浓) \cdot V(浓) = c(稀) \cdot V(稀)$

六、教学过程

环节一：导入新课

【导入】物质的量浓度在医药卫生事业和科学研究中都是经常用到的物理量。上节课我们已经学习了运用物质的量和溶液的体积来表示溶液的浓度，这节课我们将运用所学知识来配制一定物质的量浓度的溶液。

【板书】1.2.4　化学计量在实验中的应用

三、配制一定物质的量浓度的溶液

环节二：展开新课

1. 容量瓶的使用

【提问】实验室需要配制 100mL 1.0mol/L 的 NaCl 溶液，该如何配制呢？能不能用烧杯作为配制溶液的容器？

【讲述】实验室配制一定浓度的溶液，一般对溶液的浓度要求比较严格，烧杯是一种粗略量取液体的容器，不能用于配制溶液的浓度，今天向同学们介绍一种能够精确量取液体的仪器——容量瓶。

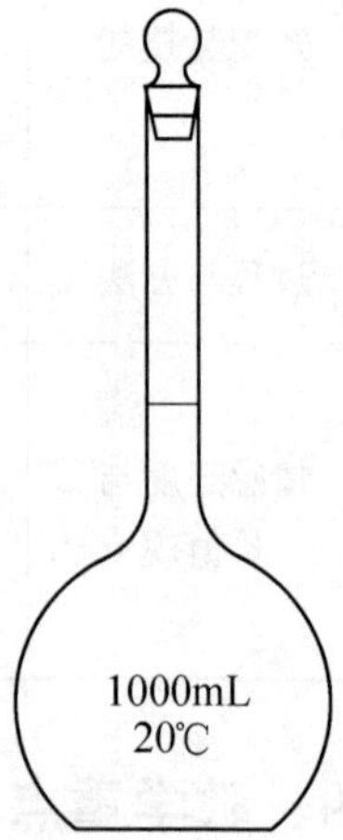

【讲述】我们一起来观察一下容量瓶的特点，在容量瓶上有一条刻度线，并且标有该容量瓶使用的温度和容积。不同规格的容量瓶，有不同的容量，常用的有 50mL、100mL、250mL、500mL 和 1000mL 等。

【讲述】在使用容量瓶前必须检查容量瓶是否漏水。检漏的方法是：往瓶内加水，塞好瓶塞。用食指顶住瓶塞，另一手托住瓶底，把瓶倒立。观察瓶塞周围是否漏水，若不漏水，把容量瓶正立过来，将瓶塞旋转 180°，再把瓶倒立过来，检验是否漏水，若不漏水，即可进行溶液配制。

【板书】1. 容量瓶的使用

2. 溶液的配制

【讲述】对容量瓶检漏后，下面开始配制 100mL 1.0mol/L 的 NaCl 溶液。首先，需要计算

配制100mL 1.0mol/L 的 NaCl 溶液的质量，请同学们计算需要称量多少克的固体 NaCl。

【板书】2. 溶液的配制

【计算】$n(NaCl)=c(NaCl)\cdot V(NaCl)=1.0mol/L\times0.1L=0.1mol$

再根据公式：$m(NaCl)=n(NaCl)\cdot M(NaCl)=0.1mol\times58.5g/mol=5.85g$

【提问】通过计算，需要5.85g 的 NaCl 固体，那需不需要计算水的质量呢？

【讲述】配制一定物质的量浓度的溶液是将一定质量或体积的溶质，按所配溶液的体积在选定的容量瓶中定容，因而不需要计算水的用量。接下来进入称量环节。

【讲述】称量前我们必须先将天平调零，我们知道托盘天平游码的最小刻度为0.1g，因此读数只能精确到小数点后一位，所以称取5.9g NaCl 固体进行配制。称好药品后，我们将进行下一步：溶解。

【提问】能否在容量瓶中直接溶解固体 NaCl 呢？

【讲述】不能直接在容量瓶中溶解，因为物质在溶解的过程中可能会吸热或者放热，引起温度的变化，导致溶液的体积发生变化。固体 NaCl 需要先在烧杯中溶解，恢复至室温后，再转移到容量瓶中进行定容。

【追问】那能将溶解的液体直接倒入容量瓶吗？

【讲述】不能，我们可以看到容量瓶的口是很小的，直接转移很可能将液体洒出，会使配制出来的溶液浓度偏小，应该用玻璃棒引流，此时玻璃棒要伸到刻度线以下，将液体转移到容量瓶中，同时在转移过程中，我们必须确保不要将液体洒出。

【讲述】在转移过程中，小烧杯壁和玻璃棒上会附着少量的 NaCl 溶液，因此需要对其进行洗涤。

【讲述】此时我们需要用适量的水洗涤2~3次，洗涤液需要全部转移到容量瓶中。若未洗涤烧杯和玻璃棒，则会导致溶质的物质的量偏小，从而导致配置的溶液浓度偏低。待将洗涤液全部转移至容量瓶中之后，用手轻轻左右摇动容量瓶，使溶液混合均匀。摇匀后接下来我们将进行下一步：定容。

【讲述】用洗瓶将蒸馏水沿着容量瓶壁缓慢地注入，当液面距离瓶颈刻度线下1~2cm 时，改用胶头滴管，滴加蒸馏水至凹液面的最低处与刻度线相切，视线要保持水平。如果在定容时，不小心使液面超过了容量瓶的刻度线，就意味着所配溶液的浓度已不符合要求，需要重新配制。定容之后，我们将进行下一步：摇匀。

【讲述】盖好瓶塞，反复上下颠倒，摇匀，大家观察到什么现象？

【讲述】液面下降是由于一小部分的溶液挂到塞子和瓶壁上了，若发现摇匀后液面下降，不要再向容量瓶中加水，否则会导致溶液体积偏大，配置的溶液浓度偏低。摇匀后，我们将进行最后一步：装瓶，贴标签。

【板书】（1）计算；（2）称量；（3）溶解；（4）转移；（5）洗涤；（6）定容；（7）摇匀；（8）装瓶贴标签

【总结】现在我们一起总结一下配制一定物质的量浓度溶液的步骤：

（1）计算：计算所需固体的质量。

（2）称量：准确称量固体。

（3）溶解：将称量好的固体放入烧杯中，然后用适量蒸馏水溶解并将烧杯中的溶液冷却至室温。

(4) 转移：将烧杯中的溶液沿玻璃棒缓缓注入容量瓶中。

(5) 洗涤：用适量蒸馏水洗涤烧杯内壁和玻璃棒 2 ~ 3 次，并将洗涤液也注入容量瓶中，用手轻轻摇动容量瓶，使溶液混合均匀。

(6) 定容：把蒸馏水沿着玻璃棒缓缓注入容量瓶中，当液面距离容量瓶颈刻度线下 1 ~ 2cm 时，改用胶头滴管加蒸馏水至凹液面的最低处与刻度线相切。

(7) 摇匀：盖好瓶塞，反复上下颠倒，摇匀。

(8) 装瓶，贴标签：配好的溶液及时转入试剂瓶中并贴上标签。

3. 误差分析

【过渡】 在溶液配制过程中由于操作不当、药品选择不当、定量仪器使用不当等都会引起误差，那么这些错误的操作会对实验结果有什么影响呢？我们怎样进行误差分析呢？

【讲述】 误差分析方法根据 $c_B = \frac{n_B}{V} = \frac{m_B}{M_B V}$ 判断。其他正常时，凡是使 m 或 n 增大的因素，使 c_B 偏大；凡是使 m 或 n 减小的因素，使 c_B 偏小；凡是使 V 增大的因素，使 c_B 偏小；凡是使 V 减小的因素，使 c_B 偏大。

【板书】 3. 误差分析

实验操作	因变量		c/mol · L^{-1}
	n(溶质)	V(溶液)	
砝码与物品颠倒	减小	不变	偏低
称量前烧杯内有水	不变	不变	无影响
向容量瓶中移液时少量溅出	减少	不变	偏低
未洗涤烧杯和玻璃棒	减小	不变	偏低
未等溶液冷却就移液定容了	不变	减小	偏高
定容时仰视刻度线	不变	增大	偏低
定容时俯视刻度线	不变	减小	偏高
定容摇匀后液面下降再加水	不变	增大	偏低

4. 有关溶液稀释的计算

【板书】 4. 有关溶液稀释的计算

【提问】 上面讲的是将固体配制成溶液的方法，那如何将浓溶液稀释成稀溶液呢？浓溶液要稀释成稀溶液，在稀释过程中什么是不变的？

【讲述】 将溶液用水稀释时，溶液的体积发生变化，但溶质的质量不变，因此溶质的物质的量也不变。

即 c(浓溶液) · V(浓溶液) = c(稀溶液) · V(稀溶液)

【板书】 溶液稀释定律：c(浓溶液) · V(浓溶液) = c(稀溶液) · V(稀溶液)

环节三：归纳总结

【总结】本节课我们认识了一种新的配制一定物质的量浓度溶液的容器——容量瓶，相比于烧杯等测量容器更加的精准。利用容量瓶我们配制了一定物质的量浓度的氯化钠溶液，希望大家能够更好地理解和记忆溶液配制过程，在实验过程中注意自己的操作会不会导致误差的产生，要学会对误差进行分析，并且掌握浓溶液配制稀溶液的原理。

七、板书设计

1.2.4　化学计量在实验中的应用

三、配制一定物质的量浓度的溶液

1. 容量瓶的使用
2. 溶液的配制

（1）计算

（2）称量

（3）溶解

（4）转移

（5）洗涤

（6）定容

（7）摇匀

（8）装瓶贴标签

3. 误差分析
4. 有关溶液稀释的计算

溶液稀释定律：c(浓溶液)·V(浓溶液)＝c(稀溶液)·V(稀溶液)

第二章　化学物质及其变化

本章知识梳理

- 化学物质及其变化
  - 分类方法
    - 交叉分类法
    - 树状分类法 —应用→ 氧化物
      - 不成盐氧化物：CO、NO
      - 成盐氧化物
        - 酸性氧化物：SO_2、CO_2 等
        - 碱性氧化物：Na_2O、MgO 等
        - 两性氧化物：Al_2O_3 等
      - 特殊氧化物：H_2O_2、Na_2O_2
  - 物质的分类
    - 混合物 ——→ 分散系
      - 组成
        - 分散质
        - 分散剂
      - 分类 —根据分散质粒子的直径→
        - 溶液
        - 胶体
          - 性质
            - ①介稳性
            - ②丁达尔效应
            - ③聚沉
            - ④电泳
          - 制备
          - 应用
        - 浊液
    - 纯净物
      - 化合物
        - 非电解质
        - 电解质
          - 导电实质——电离
          - 电离方程式
          - 酸、碱、盐的定义
      - 单质
  - 化学变化
    - 离子反应
      - 定义：有离子参加的反应
      - 实质：反应物的某些离子数目的显著改变
      - 发生的条件
        - ①生成难溶于水的物质
        - ②生成易挥发的物质
        - ③生成难电离的物质
      - 离子方程式
        - 定义
        - 书写步骤：写—拆—删—查
        - 意义
    - 氧化还原反应
      - 定义
      - 判断：有化合价升降
      - 实质：电子转移
        - 电子得失
        - 共用电子对偏移
      - 氧化剂和还原剂
        - 常见氧化剂和还原剂
        - 物质氧化性和还原性强弱判断
      - 概念间关系
        - 还原剂→还原性→原子失电子→所含元素化合价升高→氧化反应
        - 氧化剂→氧化性→原子得电子→所含元素化合价降低→还原反应
      - 电子转移表示方法
        - 双线桥法
        - 单线桥法

第一节 物质的分类

第1课时 简单分类法及其应用

一、教材分析

本节内容选自人教版高中化学必修1第二章“化学物质及其变化”第一节“物质的分类”。依据课程标准“能根据物质的组成和性质对物质进行分类”的要求，本节课安排了“简单分类法及其应用” 这一教学内容。

分类是把某些特征相似的事物归类到一起的方法。运用分类的方法不仅能使有关化学物质及其变化的知识系统化，还可以通过对其分门别类的研究，发现物质及其变化的规律。教科书通过“图书馆中分类陈列的图书”的图片，促进学生直接感受分类的标准和分类的好处。通过“思考与交流”栏目中两个问题的讨论，引导学生尝试用不同的方法对化学物质及其变化进行分类，学生感悟到分类法是一种行之有效、简单易行的科学方法。为了促使学生能够运用分类法进行学习，教科书又列举了“交叉分类”和“树状分类”这两种常用的、具体的分类方法，并安排了“实践活动”加深学生对这两种分类方法的了解，促进学生进一步体验到“掌握方法比死记硬背更有效”。

该部分内容在整个化学学习阶段起到了承前启后的作用。所谓“承前”，即通过本节课的学习，学生运用分类法对九年级学习的化学知识进行整理，将以往的化学知识进一步系统化。所谓“启后”是指分类方法学习为以后更为复杂的化学知识体系提供科学的学习方法。

二、学情分析

在九年级化学学习阶段，学生已经学习了一些化学反应，并能够对化学反应的类型进行判断，另外学生学习了纯净物、混合物、氧化物等概念，学习了酸、碱、盐等化合物的性质，但在学生的认知结构中，并没有利用分类法对上述知识内容进行系统的分类整理。

由于本节课的教学对象是刚入学的高一年级学生，高一年级学生在新学期伊始对化学的学习充满了热情，并具备一定的归纳和总结能力，能够从一类事物中归纳总结出相同属性，这都为其学习分类方法、形成分类观念提供了能力基础。

三、教学目标

知识与技能	（1）能根据物质的组成和性质对物质进行分类。 （2）知道分类的多样性，掌握交叉分类法和树状分类法

续表

过程与方法	（1）学会运用观察、比较、归类的方法，对收集的信息进行科学、系统的研究，发现变化规律。 （2）利用分类方法较系统地对已经学过的化学物质和化学反应进行分类整理归纳
情感态度与价值观	（1）体会掌握科学的方法能够有效提高学习效率和效果。 （2）感受分类法是学习和研究化学物质及其变化的一种重要科学方法

四、教学重点和难点

（1）教学重点：常见的分类方法及其应用。

（2）教学难点：氧化物的分类。

五、知识结构

- 物质的分类方法
  - 树状分类法 —应用→ 氧化物
    - 不成盐氧化物：CO、NO
    - 成盐氧化物
      - 酸性氧化物：SO_2、CO_2 等
      - 碱性氧化物：Na_2O、MgO 等
      - 两性氧化物：Al_2O_3 等
    - 特殊氧化物：H_2O_2、Na_2O_2
  - 交叉分类法 —应用→ 化学反应
    - 根据反应物和生成物的类别
      - 置换反应
      - 复分解反应
    - 根据反应前后物质的种类的多少
      - 化合反应
      - 分解反应

六、教学过程

环节一：导入新课

【问题导入】 中国文化博大精深，其中中国的文字更是有着独特的魅力。据统计，共有四万八千多个汉字被收录于字典之中，那么如何在字典上的四万八千多个字中查找一个字是怎么读怎么写的呢？因为编者们已经以汉字部首和音序为标准对其进行了分类，所以我们可以通过部首或音序来很快查找到汉字，编者对汉字的分类为我们查找汉字提供了便捷。

【讲述】 其实分类的方法不只是在生活中应用，在化学学习过程中，通过对物质进行分类，也能够为我们的学习提供便利，今天就让我们一起学习“物质的分类”。

【板书】 2.1.1　物质的分类

环节二：展开新课

1. 简单分类法

【讲述】 汉字有四万八千多个，而化学物质却是数以千万计，所以化学物质更加需要分类，

在九年级我们已经将化学物质进行了简单分类，我们根据所含物质的种类数将化学物质分为纯净物、混合物。我们又根据纯净物的组成元素种类数将纯净物分为单质和化合物，根据物质组成和性质，我们将化合物分为酸、碱、盐、氧化物，单质分为金属和非金属。

【板书（副）】

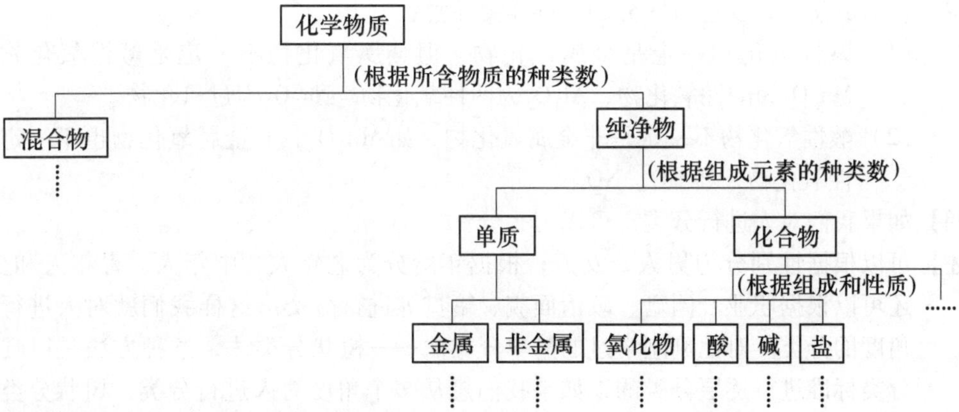

【讲述】像这样，对同类事物进行再分类，如树干上分出树枝一样逐层细化的方法就是树状分类法。通过刚才的分类过程我们发现，在对化学物质进行树状分类的时候，我们都需要有一个分类标准，如混合物和纯净物是根据物质所含种类数进行分类的，因此“根据所含物质的种类数”是混合物和纯净物分类的标准。另外，根据这一树状图我们可以看到每一层的分类标准都是唯一的，同一层次的物质类别间一般是相互独立，没有交叉的。因此，树状分类法是对同类事物按照某种属性进行再分类的分类方法。

【板书】一、简单分类法

1. 树状分类法：对同类事物按照某种属性进行再分类的分类方法

【过渡】了解树状分类法之后，让我们继续再来看刚才对化学物质的分类。根据化合物的组成和性质，化合物分为氧化物、酸、碱、盐等，氧化物、酸、碱、盐等还可以继续被分类。

【讲述】以氧化物为例，氧化物按照性质可分为成盐氧化物、不成盐氧化物和特殊氧化物。特殊氧化物包括过氧化物和超氧化物等，不成盐氧化物指不能直接与酸和碱反应生成盐和水的氧化物，而成盐氧化物则可以与酸或碱反应生成盐和水。

【提问】哪些氧化物可以直接与酸或碱反应生成盐和水呢？即成盐氧化物又分为什么呢？

【讲解】成盐氧化物包括了酸性氧化物、碱性氧化物、两性氧化物。其中，能与碱反应仅能生成盐和水的氧化物称为酸性氧化物，如二氧化碳；能与酸反应仅能生成盐和水的氧化物称为碱性氧化物，如氧化镁；既能与酸反应，又能与碱反应生成盐和水的氧化物称为两性氧化物，如氧化铝等。

【投影】

- 氧化物
  - 不成盐氧化物：CO、NO
  - 成盐氧化物
    - 酸性氧化物：SO_2、CO_2 等
    - 碱性氧化物：Na_2O、MgO 等
    - 两性氧化物：Al_2O_3 等
  - 特殊氧化物：H_2O_2、Na_2O_2

【讲解】在对成盐氧化物进行区分的时候需要注意：

(1) 碱性氧化物一定是金属氧化物，但金属氧化物不一定是碱性氧化物，如Mn_2O_7为酸性氧化物、Al_2O_3为两性氧化物、Na_2O_2为过氧化物。

(2) 酸性氧化物不一定是非金属氧化物，如 Mn_2O_7，非金属氧化物也不一定是酸性氧化物，如 CO、NO。

【提问】如果我们对人进行分类，可以怎么分？

【讲述】可以根据性别分为男人、女人；根据年龄分为老年人、中年人、青年人和少儿；还可以根据职业、国籍、政治面貌、籍贯等进行分类。这样我们就对人进行了多角度的分类。对比刚刚学过的简单分类法——树状分类法，这种方法是以唯一的分类标准进行逐层分类的，如果我们想从多个角度对人进行分类，树状分类法是具有局限性的。那么如何进行多角度分类呢？下面让我们一起对 Na_2CO_3、K_2CO_3、Na_2SO_4、K_2SO_4这 4 种盐进行多角度分类。我们根据阴离子的不同，分为碳酸盐和硫酸盐；根据阳离子的不同，分为钾盐和钠盐。

【投影】

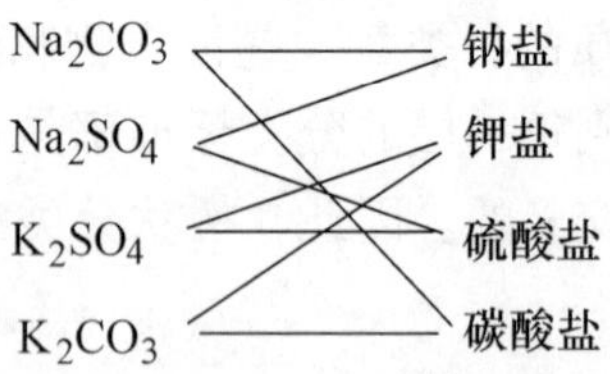

【讲述】我们从不同的角度对 Na_2CO_3、K_2CO_3、Na_2SO_4、K_2SO_4这 4 种盐进行了分类，根据不同标准进行分类之后，不同类别之间是有交集的。这种根据不同的分类标准，对同一事物进行多种分类的方法叫做交叉分类法。

【板书】2. 交叉分类法：根据不同的分类标准，对同一事物进行多种分类的方法

2. 简单分类法的应用

【提问】本节课，我们学习了两种分类方法——树状分类法和交叉分类法，为了加深巩固这两种方法，让我们回忆一下九年级学习的化学反应都有哪些类型，它们是按照什么标准进行分类的？化学反应又可以按照哪些不同的标准进行分类呢？

【板书】二、简单分类法的应用

- 化学反应
  - 根据反应物和生成物的类别
    - 置换反应
    - 复分解反应
  - 根据反应前后物质的种类的多少
    - 化合反应
    - 分解反应

环节三：归纳总结

【总结】今天我们学习了两种分类法，通过运用这两种方法我们发现，分类可以使化学知识系统化、条理化，无论是生活中还是学习中，分类都为我们带来了极大的便利，实现高效学习的目的。因此，在以后的学习过程中，请大家及时对以前所学的和将要学的化学知识进行及时的归纳和整理。为了更好地熟练运用分类方法，请同学们课后完成教科书第 29 页习题 1、2、3。

七、板书设计

2.1.1　物质的分类

一、简单分类法

1. 树状分类法：对同类事物按照某种属性进行再分类的分类方法
2. 交叉分类法：根据不同的分类标准，对同一事物进行多种分类的方法

二、简单分类法的应用

- 化学反应
  - 根据反应物和生成物的类别
    - 置换反应
    - 复分解反应
  - 根据反应前后物质的种类的多少
    - 化合反应
    - 分解反应

第2课时 分散系及其分类

一、教材分析

本节内容选自人教版高中化学必修1第二章“化学物质及其变化”第一节“物质的分类”。依据课程标准“能根据物质的组成和性质对物质进行分类”并“知道胶体是一种常见的分散系”的要求，本节课安排了“分散系及其分类”这一教学内容。

“分散系及其分类”是在学习了物质分类以后进行的，利用分类的思想理解胶体是一种分散系，从分散系粒子直径的大小引出胶体的概念。教科书对这部分内容进行呈现时，先给出了分散系的概念，并通过实验对3种分散系——胶体、溶液与浊液进行了探究，得出胶体的重要性质——丁达尔效应。除了丁达尔效应外，教科书还安排了“科学视野”栏目，介绍了渗析、电泳现象和胶体的介稳性等。

本节内容是连接九年级化学与高中化学的纽带和桥梁，具体体现在：在学生掌握了3种分散系的划分基础上，进一步学习区别这3种分散系的方法；在学生掌握了胶体这一新概念的基础上，进一步学习胶体的重要性质——丁达尔效应；在本知识点学习过程中得出的“胶体的结构决定了其具有丁达尔效应”的结论，启发学生在后续的学习中应用“结构决定性质”这一重要化学学习方法，从而为化学必修课程的学习，乃至整个高中阶段的化学学习奠定重要的基础。本节课对于培养学生的科学素养，引导学生有效地进行高中阶段的化学学习，具有承前启后的作用。

二、学情分析

通过九年级的学习，学生对溶液、浊液、混合物的概念并不陌生，知道溶液和浊液属于混合物，本节课可以应用已学的简单分类法，从分散系的角度对混合物进行分类。虽然胶体的知识属于新知识，但学生对生活中的胶体物质不陌生，根据已有生活经验学习胶体的性质，学生的学习动力大大增强。另外，在学习新课前，学生对加热、过滤等操作也很熟悉，知道可用过滤的方法除去溶液中的难溶性固体，这为学习溶液、浊液及胶体的分离提供了能力基础。

三、教学目标

知识与技能	（1）知道分散系的定义及其分类，能够对常见混合物进行分类。 （2）掌握胶体的本质特征，能够从分散质粒子直径的角度区分溶液、浊液和胶体。 （3）掌握胶体性质，了解胶体的应用
过程与方法	（1）通过对常见分散系的分类，感受分散质粒子直径的不同对分散系性质的影响。 （2）通过联系生活素材，体会不同分散系的性质和用途，建立“结构决定性质，性质决定用途”的观念

续表

情感态度与价值观	（1）通过对混合物进行分类，感受分类思想对高中化学学习以及生产生活的指导意义。 （2）通过制备不同的分散系并继续深入探究其性质，感受实验研究的重要作用和乐趣。 （3）通过实验树立仔细观察、认真思考、积极讨论的探究精神

四、教学重点和难点

（1）教学重点：分散系的组成及分类，胶体的性质、制备及应用。

（2）教学难点：胶体的性质、制备及应用。

五、知识结构

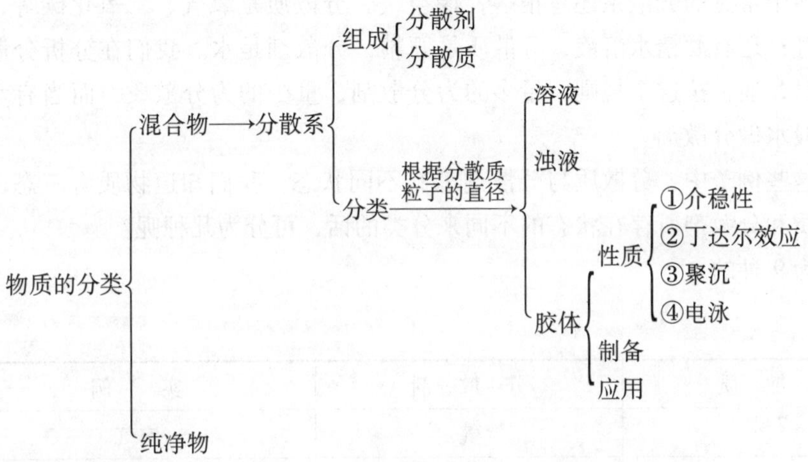

六、教学过程

环节一：导入新课

【创设情境】上节课，我们通过树状分类法对物质进行了分类，在“物质”的树状分类图中，纯净物的类别下枝繁叶茂、内容丰富，而混合物的类别下“孤孤单单”，以往的化学课专注于纯净物的学习，可是真正在生活中遇到的大多却是混合物。

【讲述】其实混合物可以理解为某些物质分散在某种物质当中。今天就让我们再一次学习物质的分类——分散系及其分类。

【板书】2. 1. 2　物质的分类

环节二：展开新课

1. 分散系及其特点

【讲述】什么是分散系呢？比如氯化钠溶液，氯化钠固体分散到了水中，再比如，雾是水蒸气分散到了空气里。像这样，我们把由一种物质（或几种物质）以粒子形式分散到另一种或多种物质里所形成的混合物，统称为分散系。

【板书】一、分散系

1. 定义：一种或多种物质分散在另一种或多种物质中的体系

【讲述】在分散系中，我们将分散成粒子的物质称为分散质，微粒分布在其中的物质称为分散剂。比如刚提到的氯化钠溶液，分散成粒子的物质是氯化钠，因此氯化钠是分散质，而氯化钠是在水中分布的，因此水是分散剂。由此我们也可以知道分散系是由分散质和分散剂组成的。

【板书】分散系由分散质和分散剂组成

【提问】（展示实物：$CuSO_4$溶液、泥水）像 $CuSO_4$溶液和泥水都是分散系，它们的分散质和分散剂分别是什么呢？

【讲述】$CuSO_4$溶液中分散质是 $CuSO_4$，分散剂是水，泥水的分散质是泥沙，分散剂是水。在我们生活中常见的分散系还有很多，像空气，分散质是氧气、二氧化碳等，分散剂是氮气；还有酒精水溶液，分散质是酒精，分散剂是水。我们在分析分散质与分散剂时，通常按这个规则：量多的为分散剂、量少的为分散质，而当有水存在时，一般水做分散剂。

【过渡】我们举的这些例子中，分散质与分散剂都有不同状态。我们知道物质有三态，如果按分散质和分散剂所存在状态的不同来分类的话，可分为几种呢？

【讲述】是可以分为 9 种的。

【投影】

分 散 质	分 散 剂	实 例
气	气	空气
气	液	汽水、泡沫
气	固	泡沫塑料
液	气	云、雾
液	液	酒精水溶液
液	固	珍珠
固	气	烟、尘
固	液	盐水、糖水
固	固	合金、有色玻璃

【讲述】我们可以根据分散质粒子直径的大小，将分散系分为溶液、胶体和浊液。分散质粒子直径小于 1nm 的为溶液，大于 100nm 的为浊液，介于这两者之间的为胶体。

【板书】2. 按分散质粒子直径大小，分散系分为溶液、胶体、浊液

【讲述】在生活中，常见的溶液有食盐水、碘酒等，常见的胶体有豆浆、墨水等，常见的浊液有泥水等。

【活动】观察豆浆、墨水、盐水、泥沙水、白酒等，完成下列表格：

名　称	盐水	白酒	豆浆	墨水	泥沙水
稳定性					
均一性					

【归纳】

盐水和白酒属于溶液，它们是均一、稳定、透明的。

豆浆和墨水属于胶体，它们是均一、介稳定的。

泥沙水属于浊液，它们不均一、不稳定、不透明。

由此我们可以对比得出溶液、胶体、浊液这 3 种分散系的外观特点。

【板书】

分散系	溶　液	胶　体	浊　液
分散质粒子直径/nm	<1	$1\sim100$	>100
外　观	均一、透明	均一	不均一、不透明
稳定性	稳定	介稳定	不稳定
是否透过滤纸	可以	可以	不可以
是否透过半透膜	可以	不可以	不可以
实　例	盐水	豆浆	泥沙水

【提问】根据分散质的粒子直径大小，分散系分为浊液、胶体、溶液，如何分离浊液、胶体、溶液呢？

【讲解】我们知道溶液是能通过滤纸的，泥沙水中的泥沙是不能通过滤纸的，那胶粒直径比溶液大又比浊液小，胶体是否能通过滤纸呢？现在我们就来验证一下。

【实验】过滤豆浆，观察并记录实验现象。

【现象】豆浆过滤后，全部通过滤纸。

【讲解】通过实验现象我们知道，胶体直径虽然大于溶液中的粒子直径，但是胶体也可以通过滤纸。因此若想对浊液和胶体进行分离，可以进行过滤。

【提问】胶体和溶液都能够通过滤纸，那有没有一种东西的孔隙比滤纸还小，使溶液中的粒子可以通过而胶体粒子不能通过呢？

【讲解】那就是半透膜。溶液可以通过半透膜，胶体不能。其实大家对半透膜并不陌生，比如鸡蛋中蛋清与蛋壳之间的那一层膜就属于半透膜。我们腌咸鸡蛋就是利用半透膜的这种性质。蛋清是一种胶体，我们用食盐来腌制时，食盐水主要是氯化钠溶液，溶液能透过半透膜进入蛋清里面，而蛋清是胶体，不会透过半透膜跑出来。利用胶体不能通过半透膜这种方法提纯胶体，我们称作是渗析。

2. 胶体

【过渡】对于溶液、浊液、胶体这 3 种分散系而言，我们对胶体还是较陌生的。因此接下来让我们继续研究胶体。

【板书】二、胶体

【讲述】想要研究胶体首先要懂得胶体的制备。

【实验】$Fe(OH)_3$胶体的制备

取一烧杯，加入 25mL 蒸馏水，加热至沸腾，然后向沸水中滴加 $FeCl_3$饱和溶液 1～2mL。继续煮沸，待液体呈红褐色后，立即停止加热，即制得 $Fe(OH)_3$胶体。

【板书】1. 制备：$FeCl_3 + 3H_2O \xlongequal{\triangle} Fe(OH)_3$（胶体）$+ 3HCl$

【讲解】这是制备 $Fe(OH)_3$胶体的化学反应方程式，这里要强调的是加热条件，还有这里 $Fe(OH)_3$是胶体，不可以标沉淀符号，而应该在后面打括号，注明是胶体。现在胶体制备出来了，大家观察它是均一、透明的。是不是所有的胶体都透明呢？不是的，像豆浆，它是胶体，但不透明。

【提问】溶液是稳定的，浊液是不稳定的，那么胶体的稳定性呢？

【讲解】胶体的稳定性介于稳定和不稳定之间，即具有介稳性。胶体具有介稳性是由于胶体粒子可以通过吸附而带有电荷，同种胶体粒子的电荷相同，在通常情况下，它们之间的相互排斥使得它们不容易聚焦成质量较大的颗粒而沉降下来。此外，胶体粒子所做的布朗运动也使得它们不容易聚集成质量较大的颗粒而沉降下来。

【板书】2. 性质

（1）介稳性

【讲述】刚刚在制备胶体时，为什么要用蒸馏水，而不用自来水呢？因为自来水中含有少量电解质，会使制备好的 $Fe(OH)_3$胶体马上发生聚沉而形成 $Fe(OH)_3$沉淀，得不到胶体。聚沉是胶体粒子聚集成为较大的颗粒，从而形成沉淀从分散剂里析出的过程。聚沉是胶体的另一重要性质。通常，加入少量电解质溶液，加入与胶粒带有相反电荷的胶体及加热或搅拌都会使胶体聚沉。

【板书】（2）聚沉

【讲述】胶体除了能够聚沉外，还具有丁达尔效应，什么是丁达尔效应，让我们通过实验进行了解。

【实验】把盛有 $CuSO_4$溶液、$Fe(OH)_3$胶体、泥沙水的烧杯置于暗处，分别用激光笔照射烧杯中的液体，在与光束垂直的方向进行观察，并记录实验现象。

【现象】$Fe(OH)_3$胶体：能观察到一条光亮的通路；泥沙水、$CuSO_4$溶液：无明显现象。

【提问】为什么会有这条通路呢？

【讲解】这条光亮的“通路”是由于胶体粒子对光线散射（光波偏离原来方向而分散传播）形成的，叫丁达尔效应。丁达尔效应是胶体的一个非常重要的性质，它是我们本节课的重点，也是区分胶体与溶液的一种常用物理方法。只要激光笔一照，便可知是不是胶体。

【板书】（3）丁达尔效应（区分胶体与溶液的一种物理方法）

【讲解】丁达尔效应在日常生活中随处可见。如当日光从窗隙射入暗室，或者光线透过树叶间的缝隙射入密林中时，都可以观察到丁达尔效应；放电影时，放映室射到银幕上的光柱的形成也属于丁达尔效应；夜晚时，我们用手电筒一照，看到的一条光亮的通路也是丁达尔效应。

【讲述】除此之外，胶体还有一个性质，就是电泳。由于胶体粒子带有电荷，在电场的作用下，胶体粒子在分散剂里做定向移动，这种现象叫做电泳。

【实验】在盛有红褐色 $Fe(OH)_3$胶体的 U 形管的两个管口处插入一个电极，通入直流电。

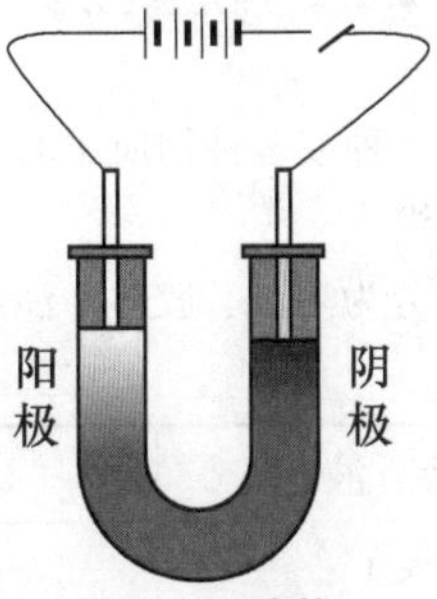

$Fe(OH)_3$胶体

【实验现象】阴极附近颜色变深，阳极附近颜色变浅。

【实验结论】红褐色的 $Fe(OH)_3$胶体粒子带正电荷，在电流作用下向阴极移动。

【板书】(4) 电泳

【过渡】化学学习中，结构决定性质，性质决定用途。胶体粒子的直径大小，决定了它有以上这 4 种性质，而这 4 种性质又决定了它的广泛应用。

【板书】3. 应用

【讲解】由于胶体的介稳性、聚沉等性质，胶体在生活中有着广泛的应用：涂料、颜料、墨水的制造，洗涤剂、喷雾剂的应用，是利用了胶体的介稳性；豆腐、肉冻、果冻是生活中经常见的凝胶态物质，是利用了胶体的聚沉；还有明矾净水、激光手术刀、止血胶布等，都是胶体在生活中的应用。

环节三：归纳总结

【归纳】本节课我们学习了分散系的组成及其分类，了解了胶体的介稳性、丁达尔效应、电泳、聚沉等性质，为了进一步巩固所学知识，请同学们和老师一起完成投影上的表格。

【投影】

分散系	溶　液	胶　体	浊　液
分散质微粒直径大小			
外观特征			
稳定性			
分散质能否透过滤纸			
分散质能否透过半透膜			
是否具有丁达尔效应			

【作业布置】请同学们课下完成第29页的1、2、5、7四道习题。

七、板书设计

2.1.2　物质的分类

一、分散系

1. 定义：一种或多种物质分散在另一种或多种物质中的体系

   分散系由分散质和分散剂组成

2. 按分散质粒子直径大小，分散系分为溶液、胶体、浊液

分散系	溶　液	胶　体	浊　液
分散质粒子直径/nm	<1	1~100	>100
外　观	均一、透明	均一	不均一、不透明
稳定性	稳定	稳定	不稳定
是否透过滤纸	可以	可以	不可以
是否透过半透膜	可以	不可以	不可以
实　例	盐水	豆浆	泥沙水

二、胶体

1. 制备：$FeCl_3 + 3H_2O \xlongequal{\triangle} Fe(OH)_3$（胶体）$+ 3HCl$

2. 性质

   （1）介稳性

   （2）聚沉

   （3）丁达尔效应（区分胶体与溶液的一种物理方法）

   （4）电泳

3. 应用

第二节　离子反应

第1课时　酸、碱、盐在水溶液中的电离

一、教材分析

本节内容选自人教版高中化学必修1第二章“化学物质及其变化”第二节“离子反应”。依据课程标准“知道酸碱盐在溶液中能够发生电离、电解质溶液导电”的要求，本节课安排了“电解质及其电离”等相关教学内容。

电解质及非电解质是对混合物进行分类之后，简单分类法的延伸应用。依据化合物在水溶液或熔融状态下的导电性，化合物分为电解质及非电解质。教科书在呈现该内容时，先通过回顾九年级的溶液导电性实验，给出了电解质的概念。接着，教科书以氯化钠为例，结合溶解和电离示意图，揭示了电解质导电的实质。根据氯化钠，引出了电离方程式，并通过比较酸在水溶液中的电离，归纳总结出了酸的定义。从教科书的知识体系看，电解质及其电离等相关内容既是九年级学习溶液导电性实验、酸碱盐电离知识的深化和延续，又是学习电解质理论知识的基础。学习这一内容，能揭示溶液中电解质导电的实质，既巩固了初中学过的电离知识，又为选修4电解质溶液的学习奠定了一定基础。所以，本节课具有承上启下的作用。

二、学情分析

在知识方面，学生在九年级学习了酸、碱、盐的相关知识，接触了溶液的有关知识，对溶液的导电性也有一定的认识。另外在前几节课中，学生学习了物质的分类方法，并利用分类法对混合物进行了分类。学生可以根据这些已有的知识构建和理解电解质、电离等基本概念。在认知方面，高一年级的学生善于质疑、主动思考、积极获取知识的学习习惯已经基本养成，参与意识、合作意识已有明显的提高。

三、教学目标

知识与技能	（1）了解电解质和非电解质的概念。 （2）掌握和理解电离的概念，学会书写电离方程式。 （3）从电离的角度归纳概括酸、碱、盐的定义
过程与方法	（1）通过“质疑”“猜测”“归纳”等活动，提高分析、联想、类比、迁移以及概括的能力。 （2）通过对酸、碱、盐电离情况的分析，建立科学的思维方法
情感态度与价值观	（1）通过化学实验，提高学习效率，培养学习化学的兴趣和情感。 （2）通过认识人体导电的原因，感受化学与生活的紧密联系

四、教学重点和难点

（1）教学重点：电解质及电离的概念，酸、碱、盐电离方程式的书写。

（2）教学难点：电解质及电离的概念。

五、知识结构

- 物质的分类
  - 纯净物
    - 单质
    - 化合物
      - 非电解质
      - 电解质
        - 导电实质——电离
        - 电离方程式
        - 酸、碱、盐的定义
  - 混合物

六、教学过程

环节一：导入新课

【创设情境】康师傅“劲跑 X”广告：流汗后需要补充丰富的维生素、电解质、氨基酸和水分，“劲跑 X”能迅速补充人体所需，享受运动，享受平民畅快。

【过渡】生活中大家所喝的功能饮料中所含的电解质是什么物质？今天就让我们一起进入第二节离子反应的学习。

【板书】2. 2. 1　离子反应

环节二：展开新课

1. 电解质

【讲述】在刚才的功能饮料广告中提到了电解质，什么是电解质呢？电解质是在水溶液里或熔融状态下能够导电的化合物。在水溶液和熔融状态下都不导电的化合物，我们称作非电解质。注意无论是电解质还是非电解质都属于化合物。

【过渡】由定义可知，根据导电性可判断化合物是电解质还是非电解质，下面我们通过实验判断以下哪些化合物是电解质，哪些化合物是非电解质。

【实验】演示蔗糖、氯化钠、氢氧化钠、冰醋酸、无水乙醇及这些物质水溶液的导电性（装置如下图所示）。

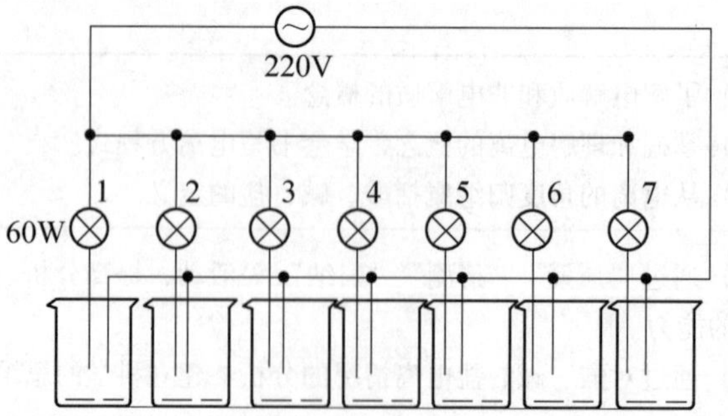

【实验现象】氯化钠、氢氧化钠、冰醋酸不导电，但其溶液导电，蔗糖固体、无水乙醇及其水溶液均不导电。

【讲解】通过上述实验，我们知道氯化钠、氢氧化钠和冰醋酸的水溶液能够导电，另外也有实验证明氯化钠、氢氧化钠在熔融状态下也可以导电。所以氯化钠、氢氧化钠、醋酸是电解质，蔗糖、酒精是非电解质。事实上，化合物中的酸、碱、盐及活泼金属氧化物都是电解质，而非金属氧化物、非酸性气态氢化物、部分有机物都属于非电解质。

【板书】一、酸、碱、盐在水溶液中的电离

1. 电解质：在水溶液里或熔融状态下能够导电的化合物、包括酸、碱、盐及活泼金属氧化物

2. 非电解质：在水溶液里和熔融状态下都不能够导电的化合物。包括非金属氧化物、非酸性气态氢化物、部分有机物

2. 电离

【过渡】常见的酸、碱、盐是电解质，为什么它们在水溶液或熔融状态下能够导电呢？为解决这一问题，请同学们回顾一下九年级学习的金属导电的原因。

【讲述】金属能导电，是由于金属中存在着能够自由移动的电子，带负电的电子在外电场的作用下，定向运动形成电流，从而能够导电。

【讲解】比较金属导电的实质，熔融的氯化钠或氯化钠溶液在导电时除了外电场的外部因素外，溶液自身内部也有自由移动的微粒。氯化钠晶体溶于水或熔化时，晶体中 Na^+ 与 Cl^- 之间的静电作用被破坏，从而离解成能够自由移动的 Na^+ 和 Cl^-。形成的 Na^+ 和 Cl^-，在外电场的作用下做定向运动，从而能够导电。

【板书】3. 电离：酸、碱、盐等溶于水或受热熔化时，离解成能够自由移动的离子的过程称为电离。

【辨析】从电离的角度来说，电解质是在水溶液里或熔融状态下自身电离出自由移动离子的化合物。但是对于有些物质如 CO_2，它的水溶液也能够导电，这是因为 CO_2 的水溶液中，CO_2 与 H_2O 反应生成 H_2CO_3，H_2CO_3 是酸，能够电离产生离子。因此二氧化碳水溶液能够导电的原因是碳酸这种电解质能够导电，所以 CO_2 不是电解质，而是非电解质。与 CO_2 相似的物质还有 SO_2、SO_3 和 NH_3 等。

【过渡】物质发生化学反应时，可用化学方程式表示，酸、碱、盐在水溶液中或熔融时发生电离过程该如何表示呢？

【讲解】NaCl 加入水中，在水分子的作用下，钠离子和氯离子脱离 NaCl 晶体表面进入水中，形成了水合钠离子和水合氯离子，NaCl 发生了电离，这一过程可以用电离方程式来表示，水合离子仍用离子符号表示，NaCl 的电离可表示为 $NaCl = Na^+ + Cl^-$。

【投影】

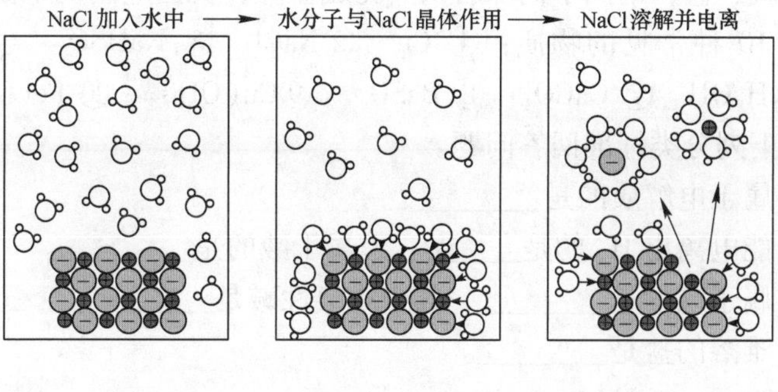

4. 酸、碱、盐的定义

【巩固练习】请写出下列物质的电离方程式：

（1）酸：HCl　H_2SO_4　HNO_3

（2）碱：NaOH　$Ba(OH)_2$　KOH

（3）盐：Na_2CO_3　$FeCl_3$　$(NH_4)_2SO_4$

【投影】书写电离方程式：

酸：$HCl = H^+ + Cl^-$　$H_2SO_4 = 2H^+ + SO_4^{2-}$　$HNO_3 = H^+ + NO_3^-$

碱：$NaOH = Na^+ + OH^-$　$Ba(OH)_2 = Ba^{2+} + 2OH^-$　$KOH = K^+ + OH^-$

盐：$Na_2CO_3 = 2Na^+ + CO_3^{2-}$　$FeCl_3 = Fe^{3+} + 3Cl^-$　$(NH_4)_2SO_4 = 2NH_4^+ + SO_4^{2-}$

【提问】观察3种酸的电离方程式，3种酸的电离产物有什么相同点？

【提问】它们都电离出了氢离子。那么能电离出氢离子的化合物一定是酸吗？

【讲述】比如$NaHSO_4$，它也能电离出氢离子：

$$NaHSO_4 = Na^+ + H^+ + SO_4^{2-}$$

但是我们知道$NaHSO_4$是盐。

【提问】$NaHSO_4$不是酸而是盐，那么请同学给酸下一个定义？

【板书】4. 酸、碱、盐的定义

（1）酸：电离时，生成的阳离子全部都是H^+的化合物

【提问】请同学们参考酸的定义，归纳出碱和盐的定义。

【板书】（2）碱：电离时，生成的阴离子全部都是OH^-的化合物

（3）盐：电离时，能生成金属阳离子（或铵离子）和酸根离子的化合物

【讲解】人体为什么会导电？从物理课知道，人体是导体，能够导电。这要在人体内部组织上面去找原因：人体里含有大量血液、淋巴液与脑脊液，它们的主要成分是水，其中溶解有钾盐、钠盐、钙盐等大量电解质。人体中的每个细胞充满着水，其中也溶解着各类电解质，所有这些构成了人的体液。体液存在人体中，占的分量十分大，是体重的百分之七十。电解质溶解于人的体液中，便形成了带电离子，这些离子在外电场的作用下，在液体内做定向移动，便形成了电流，人体也就成了导体。所以在日常生活中用电一定要注意安全。

环节三：归纳总结

【总结】本节课我们学习了电解质、非电解质及电离的概念，认识了溶液导电的实质，定义了酸、碱、盐，请同学们课后认真完成作业，巩固应用所学概念。

【作业布置】以下10种常见的物质：① Cu　②NaCl　③ $NaHSO_4$　④ SO_3　⑤ H_2SO_4　⑥ C_2H_5OH　⑦ $CaCO_3$　⑧ $BaSO_4$　⑨$Cu(OH)_2$　⑩ $Fe(OH)_3$

请按下列分类标准回答问题。

（1）属于电解质的是________。

（2）能电离出H^+的是________，属于酸的是________。

（3）属于碱的是________，其中难溶性碱是________。

（4）难溶的盐是________。

七、板书设计

2.2.1　离子反应

一、酸、碱、盐在水溶液中的电离

1. 电解质：在水溶液里或熔融状态下能导电的化合物
   包括酸、碱、盐及活泼金属氧化物
2. 非电解质：在水溶液里和熔融状态下都不能够导电的化合物
   包括非金属氧化物、非酸性气态氢化物、部分有机物
3. 电离：酸、碱、盐等溶于水或受热熔化时，离解成能够自由移动的离子的过程称为电离
4. 酸、碱、盐的定义
   （1）酸：电离时，生成的阳离子全部都是 H^+ 的化合物
   （2）碱：电离时，生成的阴离子全部都是 OH^- 的化合物
   （3）盐：电离时，能生成金属阳离子（或铵离子）和酸根离子的化合物

第2课时　离子反应及其发生的条件

一、教材分析

本节内容选自人教版高中化学必修1第二章“化学物质及其变化”第二节“离子反应”。依据课程标准的要求“知道离子反应的定义、离子反应的实质，通过实验事实认识离子反应发生的条件并掌握离子方程式的书写及正误判断”等，本节课安排了“离子反应及其条件探究、离子方程式书写”等相关教学内容。

“离子反应”研究的是水溶液中物质微粒间的相互作用及其规律。教科书在内容呈现时，是在讨论了电解质的电离过程后，以研究物质在水溶液中的行为，探讨了离子反应发生的条件，以及离子反应的实质。

在学生九年级学习复分解反应的基础上，高中阶段的“离子反应”这一内容还承担了建构学生“微粒观”这一任务。“离子反应”内容促进学生从微粒及其相互作用的角度认识溶液中的化学反应本质，促进学生初步建立起研究水溶液系统的思路方法，为后续学习水溶液的离子行为提供了基础。

二、学情分析

在知识方面，学生在学习本节课之前，学习了电解质的概念，对电解质在水溶液的电离过程有了一定的感知。另外，学生在九年级阶段还学习了酸、碱、盐的相关性质以及常见物质的溶解性，并对复分解反应及条件有了一定的认识。在能力方面，学生已经经过九年级化学的学习，具备了一定的分析问题和解决问题的能力，也已经掌握了一些实验的基本操作。在进入到高中化学的学习以后，学生通过本册书第一章“从实验学化学”的学习，已经积累了一定的化学实验基础知识和实验操作能力，便于进行实验探究。

三、教学目标

知识与技能	（1）了解离子反应实质。 （2）掌握离子方程式的书写。 （3）掌握离子方程式的意义及离子反应发生的条件
过程与方法	（1）通过探究离子反应的实质，了解现象和本质之间的联系，学会从微粒的角度认识化学反应。 （2）通过离子方程式的书写，发展对符号语言在化学学习中的认识
情感态度与价值观	（1）通过化学实验，体验科学探究的艰辛和喜悦，感受化学世界的奇妙与和谐。 （2）通过实验交流，树立严谨求实、敢于探索的科学态度

四、教学重点和难点

（1）教学重点：离子反应发生的条件，离子反应方程式。

（2）教学难点：离子反应实质及发生的条件。

五、知识结构

- 离子反应
  - 定义：有离子参加的反应
  - 实质：反应物的某些离子数目的显著改变
  - 发生的条件
    - ①生成难溶于水的物质
    - ②生成易挥发的物质
    - ③生成难电离的物质
  - 离子方程式
    - 定义
    - 书定步骤：写—拆—删—查
    - 意义

六、教学过程

环节一：导入新课

【导入】上节课我们学习了电解质，知道电解质在水溶液中能够电离出自由移动的离子，那么不同的电解质电离出的离子之间又会发生怎样的反应呢？让我们一起进入本节课的学习——离子反应。

【板书】2. 2. 2　离子反应

环节二：展开新课

1. 离子反应定义

【讲述】那么什么是离子反应呢？让我们一起回顾 3 个反应，首先是 NaOH 和 HCl 的反应，NaOH 和 HCl 都属于电解质，在水溶液中能电离出相应的离子，其中电离出的 OH^- 与 H^+ 结合生成了水，发生离子反应。

【投影】

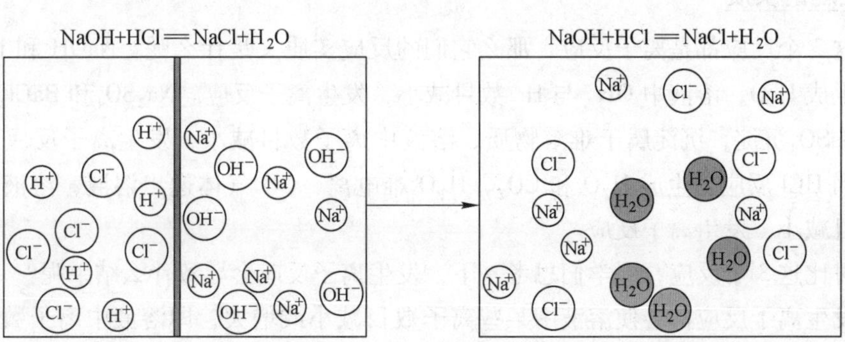

【讲述】让我们来看第二个反应，Na_2SO_4 和 $BaCl_2$ 能够反应生成 $BaSO_4$ 沉淀，Na_2SO_4 和

$BaCl_2$都属于电解质，在水溶液中电离出的 SO_4^{2-} 会与电离出的 Ba^{2+} 结合生成 $BaSO_4$ 沉淀，发生了离子反应。

【投影】

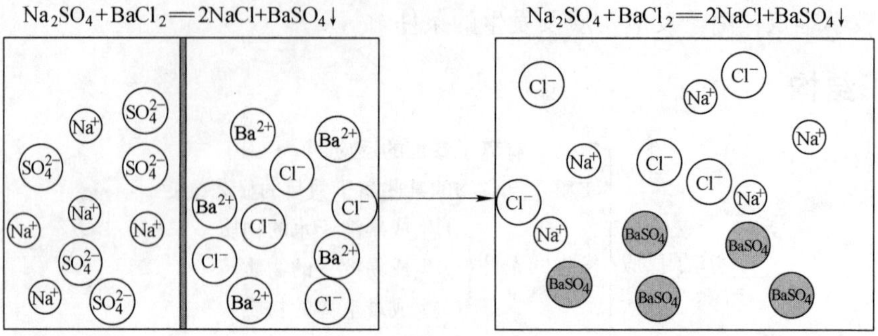

【讲述】最后来看一下 Na_2CO_3 和 HCl 的反应，Na_2CO_3 和 HCl 也都属于电解质，电离出的 CO_3^{2-} 会和 H^+ 结合生成 H_2O 和 CO_2，也发生了离子反应。

【投影】

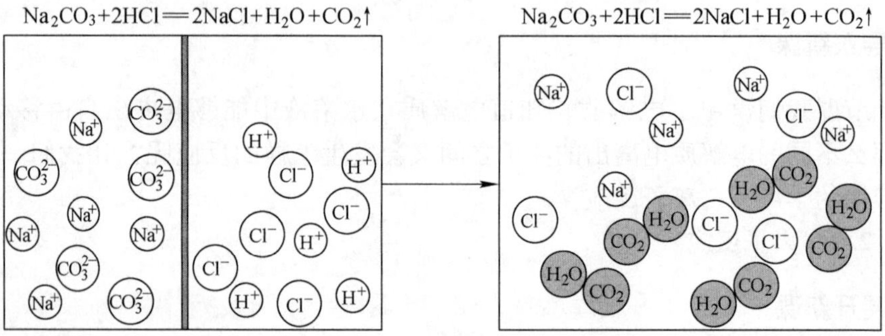

【提问】那请同学们总结一下以上 3 个化学反应，给离子反应下个定义，即什么样的反应为离子反应呢？

【讲述】在化学上，我们把在水溶液中有离子参加的反应叫做离子反应。

【板书】二、离子反应定义：在水溶液中有离子参加的反应

2. 离子反应的实质

【讲述】这 3 个反应都是离子反应，那么它们的反应实质又是什么呢？NaOH 和 HCl 反应，生成 H_2O，溶液中 OH^- 与 H^+ 数目减小，发生离子反应。Na_2SO_4和 $BaCl_2$反应生成 $BaSO_4$沉淀，沉淀属于难溶物质，溶液中离子数目减小，发生离子反应。Na_2CO_3 和 HCl 反应，生成 H_2O 和 CO_2，H_2O 难电离，CO_2气体逸出溶液，溶液中离子数目减小，发生离子反应。

【提问】对比这 3 个反应，同学们思考一下，发生离子反应会导致什么结果呢？

【讲述】发生离子反应都会使溶液中某些离子数目减小或增大，即溶液中离子数目的显著改变，这就是离子反应的实质。

【板书】三、离子反应实质：溶液中离子数目显著改变

3. 离子反应的条件

【过渡】既然离子反应的实质是离子数目显著改变，那么如何才能使溶液中离子数目减少或增大呢？也就是说离子反应发生的条件是什么呢？下面让我们一起探究离子反应发生的条件。

【板书】四、离子反应发生的条件

【讲述】我们先一起来分析之前的3个离子反应。

【提问】对于 NaOH 和 HCl 这一组反应，它们反应生成了 H_2O，难道离子反应的条件之一是有 H_2O 的生成？

【讲述】事实上，H_2O 是难电离的物质，除了 H_2O 以外，像弱酸、弱碱也是难电离的物质，反应生成难电离的物质导致溶液离子数目减小，所以离子反应发生的条件之一为有难电离物质生成。

【板书】1. 生成难溶于水的物质

【讲述】对于 Na_2SO_4 和 $BaCl_2$ 的反应，Na_2SO_4 和 $BaCl_2$ 能够发生离子反应，是因为生成难溶物质 $BaSO_4$ 沉淀，$BaSO_4$ 沉淀是难溶于水的物质，导致溶液中离子数目减少，所以发生离子反应的条件之一是生成难溶物质。

【板书】2. 生成挥发性的物质

【讲述】对于 Na_2CO_3 和 HCl 的反应，Na_2CO_3 和 HCl 能够发生离子反应，在这个反应中不仅生成了难电离的物质水，还生成了气体 CO_2，气体逸出了溶液体系，导致离子数目的减少，所以发生离子反应的条件之一是生成气体。

【板书】3. 生成难电离的物质

【巩固】我们知道 CH_3COONa 和 HCl 都是电解质，它们之间能否发生反应呢？

【讲解】其实，CH_3COONa 和 HCl 能够发生离子反应生成 CH_3COOH 和 NaCl。

【投影】

$$CH_3COONa + HCl = CH_3COOH + NaCl$$

【讲述】通过化学方程式我们发现，生成的 CH_3COOH 是难电离的弱酸，所以发生了离子反应。

4. 离子反应方程式

【提问】上节课我们已经学习过电离方程式书写的相关知识，同学们你们能不能写出 CH_3COONa 和 HCl 的电离方程式？

【投影】

$$CH_3COONa = CH_3COO^- + Na^+$$

$$HCl = H^+ + Cl^-$$

【讲述】同学们和老师写的一样吗？CH_3COONa 和 HCl 的反应实质是 CH_3COO^-、Na^+、H^+、Cl^- 之间的反应。CH_3COO^- 和 H^+ 结合生成了难电离的物质 CH_3COOH，而 Na^+ 和 Cl^- 依然以自由移动的离子形式存在，因此，反应方程式可以写成：

$$CH_3COO^- + H^+ = CH_3COOH$$

【讲述】我们把这种用实际参与反应的离子符号来表示反应的式子，称作离子方程式。

【板书】五、离子反应方程式

1. 定义：用实际参与反应的离子符号来表示反应的式子

【讲述】如何正确书写一个离子方程式呢？接下来就跟随老师的思路一起总结如何正确书写一个离子方程式。

【讲述】我们以 CH_3COOH 和 NaOH 的反应为例。第一步我们要以客观事实为依据写出反应的化学方程式。这个反应的化学方程式可以写成：

$$CH_3COOH + NaOH = CH_3COONa + H_2O$$

【讲述】写完之后，第二步我们应该拆！

【讲解】怎样拆呢？我们把易溶于水的，易电离的物质拆成离子的形式，把难电离物质、难溶物、单质、氧化物、所有气体依旧写成化学式。

【提问】那老师问大家，这个反应中哪些物质可以拆，哪些不可以拆呢？

【讲述】CH_3COOH 不易电离，是不拆的，NaOH 和 CH_3COONa 易溶于水，易电离，可以拆，水是难电离的物质不可以拆，那这个反应就可以拆成：

$$CH_3COOH + Na^+ + OH^- = CH_3COO^- + Na^+ + H_2O$$

【讲述】第三步应该删去没有参与反应的离子，这个方程式就变成了：

$$CH_3COOH + OH^- = CH_3COO^- + H_2O$$

【提问】那么接下来第四步我们应该干什么？这个方程式两边原子个数及电荷数是否相等？

【讲述】它们是相等的，因此这个反应的离子反应方程式就是：

$$CH_3COOH + OH^- = CH_3COO^- + H_2O$$

【讲述】写到这儿，这个反应的离子方程式就书写成功了。我们可以把这种书写方式总结为 4 个字，哪 4 个字呢？就是“写、拆、删、查”。

【板书】2. 步骤：

（1）写：以客观事实为依据写出反应的化学方程式

（2）拆：把易溶于水的，易电离的物质拆成离子的形式

（3）删：删去没有反应的离子

（4）查：检查方程式两边元素的原子个数及电荷数是否相等

【讲述】在以后书写离子方程式的时候一定要注意：第一，注意哪些物质该拆，哪些物质不该拆；第二，注意最后的检查过程中，一定要检查方程式两边原子个数和电荷数是否守恒，检查沉淀符号和气体符号是否漏写。

【讲述】请同学们写出以下几个反应的离子反应方程式。

【投影】

化学方程式	离子方程式
$NaOH + HCl = NaCl + H_2O$ $KOH + HCl = KCl + H_2O$	$H^+ + OH^- = H_2O$
$Na_2CO_3 + 2HCl = 2NaCl + H_2O + CO_2\uparrow$ $K_2CO_3 + 2HCl = 2KCl + H_2O + CO_2\uparrow$	$CO_3^{2-} + 2H^+ = H_2O + CO_2\uparrow$

【讲述】在我们的学习经验中会发现，虽然不同反应的化学方程式不相同，但离子方程式可能相同。这说明离子反应方程式不仅可以表示一个反应，它还可以表示一类反应，这就是离子方程式书写的意义。

【板书】3. 意义：不仅可以表示一个反应，还可以表示一类反应

环节三：归纳总结

【讲述】本节课我们围绕离子反应的定义、实质和发生条件以及离子反应方程式的相关知识展开了教学，重点是离子反应发生的条件和实质，请同学们课下完成教科书第 34 页的 5、6、8、9、10 题。

七、板书设计

2.2.2 离子反应

二、离子反应定义：在水溶液中有离子参加的反应

三、离子反应实质：溶液中离子数目显著改变

四、离子反应发生的条件

1. 生成难溶于水的物质
2. 生成挥发性的物质
3. 生成难电离的物质

五、离子反应方程式

1. 定义：用实际参与反应的离子符号来表示反应的式子
2. 步骤：
   （1）写：以客观事实为依据写出反应的化学方程式
   （2）拆：把易溶于水的，易电离的物质拆成离子的形式
   （3）删：删去没有参与反应的离子
   （4）查：检查方程式两边元素的原子个数及电荷数是否相等
3. 意义：不仅可以表示一个反应，还可以表示一类反应

第三节　氧化还原反应

第1课时　氧化还原反应

一、教材分析

本节内容选自人教版高中化学必修1第二章“化学物质及其变化”第三节“氧化还原反应”。依据课程标准的要求“根据实验事实了解氧化还原反应的本质是电子的转移，举例说明生产、生活中常见的氧化还原反应”的重要内容，本节课安排了“氧化还原反应的定义、特征、实质”等相关教学内容。

教科书在对氧化还原反应这一重要概念进行呈现时，先通过回顾九年级所学的木炭还原氧化铜的反应，引导学生从得氧和失氧的角度建立对氧化还原反应的表观认识；随后，利用“思考与讨论”栏目，通过标出3个氧化还原反应中元素的化合价，引导学生从化合价变化的角度建立对氧化还原反应的特征认识；为揭示氧化还原反应中化合价变化的原因，即氧化还原反应的实质，教科书上分析了氯化钠和氯化氢的形成过程，从而促进学生形成对氧化还原反应本质的认识。“氧化还原反应”这一概念在中学新课程体系中是分3阶段完成的：在九年级阶段从得氧失氧的角度分析理解；在化学必修1中，要求学生能用化合价升降和电子转移的观点来初步理解氧化还原反应，并了解常见的氧化剂和还原剂；通过后续课程如金属及其化合物、非金属及其化合物的学习，对氧化还原反应有了更多更具体的认识后再要求学生深入理解氧化还原反应的有关知识。

本节课的教学处于第二阶段，既复习了九年级的基本反应类型及氧化反应、还原反应的重要知识，也为较深层次地学习氧化还原反应做好了铺垫，还将是今后联系元素化合物知识的重要纽带。氧化还原反应的知识是高中化学的重要理论知识，不仅是本章的教学重点，也是整个高中化学的教学重点。

二、学情分析

在知识方面，经过九年级的学习，学生已经对化学有了初步的认识和了解，已经学习了化合价的相关知识，学习掌握了4种基本反应类型；另外学生已接触过氧化反应和还原反应的相关概念，但是只停留在与氧气反应或者与氧元素反应的阶段，而对氧化还原反应这一概念还并未了解，因此本节课中需要进一步对氧化还原反应的本质进行详细讲解及探究。

三、教学目标

知识与技能	（1）认识氧化还原反应的定义、实质及特征。 （2）会用化合价的变化和电子转移的观点判断氧化还原反应，理解氧化还原反应的实质

续表

过程与方法	（1）体验氧化还原反应从得氧失氧的原始特征到化合价升降的表面现象，再到电子转移的本质原因层层推进，逐步深入的认知发展过程。 （2）通过对氧化还原反应的特征和本质的分析，学习由表及里以及逻辑推理的抽象思维方法
情感态度与价值观	（1）通过氧化还原反应概念的演变，形成用发展的眼光、科学的态度看待事物并培养勇于探索的品质。 （2）通过对氧化还原反应有关概念的学习，初步形成对立统一的辩证唯物主义观

四、教学重点和难点

（1）教学重点：氧化还原反应的特征和本质。

（2）教学难点：从表观、特征、本质认识氧化还原反应。

五、知识结构

氧化还原反应
- 定义
- 判断：有化合价升降
- 实质：电子转移
  - 电子得失
  - 共用电子对偏移

六、教学过程

环节一：导入新课

【创设情境】 同学们，我们经常吃苹果，大家看老师手上刚切开的苹果和久置的苹果有什么区别？

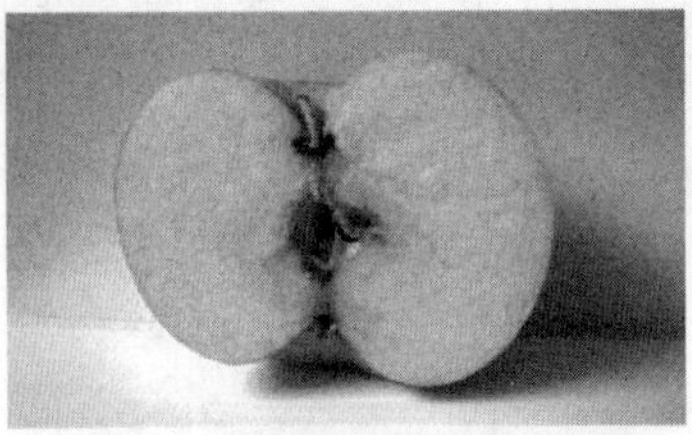

刚切开的苹果

在空气中放置30min

【讲述】 苹果由粉绿色变成黄褐色，因为苹果中的 Fe^{2+} 被空气氧化成 Fe^{3+}。其实在生活中，铁丝在氧气中燃烧、煤气燃烧、电池放电、有氧运动、金属的冶炼、栏杆的锈蚀等都是常见的氧化还原反应，氧化还原反应占生活生产的所有反应的60%，那究竟什么样的反应才是氧化还原反应呢？今天就让我们一起学习氧化还原反应。

【板书】 2.3.1　氧化还原反应

环节二：展开新课

1. 氧化还原反应的定义——表观认识

【过渡】 既然是要讨论氧化还原反应，那就让我们回顾九年级学过的 3 个有关氧化和还原的反应吧。

【投影】

$$2CuO + C \xlongequal{高温} 2Cu + CO_2\uparrow$$

$$H_2O(g) + C \xlongequal{高温} H_2 + CO$$

$$CuO + H_2 \xlongequal{\triangle} Cu + H_2O$$

【讲述】在 C 还原 CuO 中，对于 C 而言，得氧，被氧化，发生氧化反应；对于 CuO 而言，失氧，被还原，发生还原反应；在 C 和 H_2O 的反应中，C 得氧，发生氧化反应，H_2O 失去氧，被还原，发生还原反应；在 H_2 还原 CuO 的反应中，H_2 得氧，被氧化，发生氧化反应，CuO 失去氧，被还原，发生还原反应。通过这 3 个方程式我们发现，氧有得必有失，氧化反应和还原反应一定是同时发生的。因此，从表观上我们知道有氧得失的反应就是氧化还原反应。

【提问】除了有氧的得失，氧化还原反应还有何特点？请同学们分别标出 3 个方程式各个元素的化合价。

【提问】这 3 个氧化还原反应，从化合价变化的角度看，有什么共同特点？

【讲述】通过观察发现，这 3 个氧化还原反应都有着共同的特征，即化合价的升降。因此，我们可以从特征上给氧化还原反应下个定义：有化合价升降的反应是氧化还原反应。

【板书】一、氧化还原反应的定义：有化合价升降的反应

【过渡】从得失氧到化合价升降是对氧化还原反应概念的深化，九年级我们认识氧化还原反应只是从表观上去认识，作为一名高中生，应该具备从表象到特征再到本质层层深化的认知能力。

【提问】化合价升降与氧化还原反应有什么关系呢？

【讲述】前面我们已经从得失氧的角度分析过这个反应，H_2 得到氧，被氧化，发生氧化反应，而实际上反应的特征是化合价升高；CuO 失去氧，被还原，发生还原反应，实际上反应的特征是化合价降低。因此我们可以发现，化合价升降与氧化还原反应存在这样一个关系：

化合价升高，发生氧化反应

化合价降低，发生还原反应

2. 氧化还原反应的判断

【提问】下列反应是否是氧化还原反应？

【投影】

$$Fe + CuSO_4 \xlongequal{\quad} FeSO_4 + Cu$$

$$2Na + Cl_2 \xlongequal{点燃} 2NaCl$$

$$CaCO_3 \xlongequal{高温} CaO + CO_2\uparrow$$

【提问】氧化还原反应是否一定要有氧的参与？

【讲解】第 1 个和第 2 个方程式都没有氧的得失，但有化合价的升降，是氧化还原反应，而第 3 个方程式没有化合价的升降，不是氧化还原反应，因此，判断一个反应是否为氧化还原反应的依据是化合价的升降。

【板书】二、氧化还原反应的判断：化合价的升降

【过渡】氧化还原反应中，元素化合价升降的原因是什么？换言之，氧化还原反应的实质是什么，让我们继续学习！

【投影】

第二周期	Li (+3) 2 1	Be (+4) 2 2	B (+5) 2 3	C (+6) 2 4	N (+7) 2 5	O (+8) 2 6	F (+9) 2 7
主要化合价	+1	+2	+3	+4, −4	+5, −3	−2	−1
第三周期	Na (+11) 2 8 1	Mg (+12) 2 8 2	Al (+13) 2 8 3	Si (+14) 2 8 4	P (+15) 2 8 5	S (+16) 2 8 6	Cl (+17) 2 8 7
主要化合价	+1	+2	+3	+4, −4	+5, −3	+6, −2	+7, −1

【讲解】观察钠和镁的原子结构示意图，钠最外层有一个电子，主要化合价为 +1，镁最外层有两个电子，主要化合价为 +2。这是因为原子都想达到一个最稳定状态，当最外层电子达到 8 个电子的时候，物质就稳定了。像钠、镁这些金属元素，最外层电子数小于 4 的，容易失去最外层电子来使自己达到 8 电子稳定结构。像氧、氯这些非金属原子，最外层电子一般大于 4，容易夺得其他原子的电子，来使自己的最外层达到 8 电子稳定结构。像氖、氩这类稀有气体原子，最外层已经达到 8 电子稳定结构了，所以不易得失电子，化合价显 0 价。需要特别注意的是氢原子，它只有一个电子层，最稳状态不是 8 电子结构，而是 2 电子结构，所以它有得 1 个电子变成 2 电子稳定结构的愿望，可是，愿望是美好的，实现是困难的，因为氢原子核内正电荷少，吸引电子能力弱，因此常常是失去电子，显示 +1 价。

【投影】氯化钠的形成过程

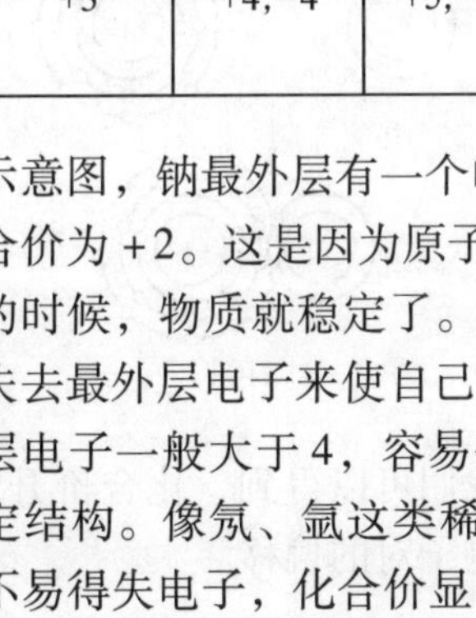

【讲述】从动画中我们可以看到，在钠和氯气反应生成氯化钠的过程中，钠原子最外层只有 1 个电子，因此钠原子有失去最外层电子的愿望，而氯原子最外层有 7 个电子，它有得到 1 个电子形成 8 电子稳定结构的趋势，两者相见恨晚，钠原子把电子抛给了氯原子，变成钠离子，显示 +1 价，氯原子得到 1 个电子，变成氯离子，阴阳离子相吸，形成氯化钠。

【讲述】从氯化钠的形成我们可以得到，化合价升降的本质是因为发生了电子的得失。

【讲述】在氯气和氢气反应生成氯化氢的过程中，对于氢原子，最外层只有 1 个电子，它有想得到 1 个电子的愿望，对于氯原子，最外层有 7 个电子，它也有想得到 1 个电子的愿望，都想得电子，怎么办呢？

【讲述】那就是采用双赢的思想，即电子共用。氢原子将电子移到中间，氯原子也将自己 1 个电子移到中间，这样就形成一个共用电子对。不看氢原子，对于氯原子而言，最外层有 8 电子稳定结构，不看氯原子，对于氢原子而言，最外层有 2 电子稳定结构。但是，氯原子吸引电子能力强，所以，共用电子对偏向氯原子这一边，因此氢元素显示 +1 价，氯元素显示 −1 价。

【投影】氯化氢的形成

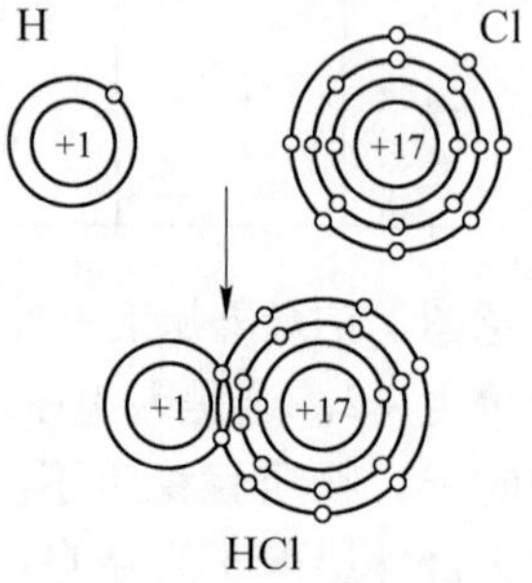

【讲述】从氯化氢的形成过程中我们可以得到，化合价升降的本质不是因为发生了电子的得失，而是发生了共用电子对的偏移。

3. 氧化还原反应的实质

【提问】根据上述分析，氧化还原反应中化合价升降的原因是什么？

【讲述】是电子的得失和共用电子对的偏移，电子的得失和共用电子对的偏移可以用“电子转移”来概括。

【辨析】电子转移分成两种情况，如果是金属与非金属进行反应，就发生电子得失，如果是非金属与非金属进行反应，发生的是共用电子对的偏移。

【板书】三、氧化还原反应的实质

电子转移 { 电子得失；共用电子对偏移 }

【归纳】我们知道，化合价升高，失去电子，发生氧化反应，化合价降低，得到电子，发生还原反应，所以我们可以归纳为：升失氧，降得还。

【过渡】我们从表观、特征、实质认识了氧化还原反应，那么下面这几个方程式是否也是氧化还原反应呢？

【投影】

反应类型	举　例	是否是氧化还原反应
化合反应	$S + O_2 \xlongequal{点燃} SO_2$ $CaO + H_2O \xlongequal{} Ca(OH)_2$	
分解反应	$2H_2O \xlongequal{电解} 2H_2\uparrow + O_2\uparrow$ $CaCO_3 \xlongequal{高温} CaO + CO_2\uparrow$	
置换反应	$Fe + 2HCl \xlongequal{} FeCl_2 + H_2\uparrow$ $H_2 + CuO \xlongequal{\triangle} Cu + H_2O$	
复分解反应	$NaOH + HCl \xlongequal{} NaCl + H_2O$ $CaCO_3 + 2HCl \xlongequal{} CaCl_2 + H_2O + CO_2\uparrow$	

【提问】化合反应一定是氧化还原反应吗？分解反应呢？置换反应呢？复分解反应呢？

【讲解】化合、分解、置换、复分解这 4 个反应是我们所说的四大基本反应，但是通过实例发现，化合反应和分解反应不一定是氧化还原反应，复分解反应一定不是氧化还原反应，而置换反应一定是氧化还原反应，因为置换反应中有单质的参与和生成。

环节三：归纳总结

【归纳】本节课，我们先从得氧和失氧的角度对氧化还原反应有了一定的表观认识，在氧化还原反应中，得氧和失氧是同时发生的。但是通过标化合价发现，氧化还原反应中都会伴随着化合价的升降。虽然有些氧化还原反应没有表现出得氧和失氧，但是有元素的化合价发生了升降，因此，我们对氧化还原反应有了重新的定义，即有化合价升降的反应就是氧化还原反应。而判断氧化还原反应的依据就是是否有元素化合价的升降。为什么元素的化合价会发生升降，即氧化还原反应的实质是什么，我们进一步进行了探究。氧化还原反应的实质是电子的转移，电子转移包括了两个含义，电子的得失或者是共用电子对的偏移。

【结课】在氧化还原反应中元素失去电子，化合价升高，发生氧化反应；元素得到电子，化合价降低，发生还原反应。除了这两个规律外，氧化还原反应还有什么规律？这个问题让我们下节课再来讨论。请完成教科书课后习题第 38 页的 4、5、6 题。

七、板书设计

2.3.1　氧化还原反应

一、氧化还原反应的定义：有化合价升降的反应

二、氧化还原反应的判断：化合价的升降

三、氧化还原反应的实质

电子转移 { 电子得失 / 共用电子对偏移

第2课时　氧化剂和还原剂

一、教材分析

本节内容选自人教版高中化学必修1第二章“化学物质及其变化”第三节“氧化还原反应”。继氧化还原反应的定义、特征、实质之后，本节课安排了氧化剂及还原剂、氧化反应中电子转移的表示方法等教学内容。

氧化还原反应在中学阶段的基本概念、基础理论知识中，处于极为重要的地位，贯穿于中学化学教科书的始终。教科书从分析氧化还原反应中元素的化合价的升高和降低，直接定义了氧化剂和还原剂的概念，并列举了部分常见的氧化剂和还原剂。在中学化学中要学习许多重要元素及其化合物的知识，凡涉及元素价态变化的反应都是氧化还原反应。本节课除了学习氧化剂和还原剂的概念外，还归纳总结了氧化还原反应的基本规律。氧化和还原有着对立和统一的关系，它们既是相反的，又是相互依存的，通过认真引导，能够促使学生形成辩证统一的价值观念。本节内容有着承前启后的作用，既复习了九年级的基本反应类型及氧化反应、还原反应的重要知识，并以此为铺垫展开对氧化还原反应较深层次的学习，还将是今后联系元素化合物知识的重要纽带。

二、学情分析

学生在上节课中已经从化合价和电子转移的角度认识了氧化还原反应，了解了氧化还原反应的定义，能从化合价变化的角度认识氧化还原反应的判断标准，另外也初步了解了氧化还原反应对人类社会的利弊。结合九年级的知识及生活经验，学生虽然能说出一些氧化剂和还原剂，但对氧化剂与还原剂及氧化还原反应的规律没有深入的认识。在能力方面，经过了一年多的学习，学生已经具备了一定的辨析概念、归纳总结规律的能力，这为学习氧化还原反应规律打下了基础。

三、教学目标

知识与技能	（1）认识氧化剂和还原剂的概念。 （2）了解常见的氧化剂和还原剂，学会比较氧化性和还原性的强弱。 （3）掌握氧化还原反应的基本规律
过程与方法	（1）通过学习氧化剂和还原剂，学会从特殊到一般规律，再从一般规律到特殊的认识问题的科学方法。 （2）通过归纳氧化还原反应的基本规律，提高由表及里的学习能力
情感态度与价值观	（1）通过对氧化剂和还原剂这一矛盾体的学习，初步培养学生能用对立统一的观点分析问题的意识。 （2）通过联系生活、生产实际，了解氧化还原反应对人类社会的利弊，树立辩证唯物主义的世界观

四、教学重点和难点

（1）教学重点：氧化剂、还原剂的概念，氧化还原反应中电子转移的表示方法，氧化还原反应的基本规律。

（2）教学难点：氧化还原反应的基本规律。

五、知识结构

- 氧化还原反应
  - 氧化剂和还原剂
    - 常见氧化剂和还原剂
    - 物质氧化性和还原性强弱判断
  - 氧化还原反应的概念及其关系
    - 还原剂→还原性→原子失电子→所含元素化合价升高→氧化反应
    - 氧化剂→氧化性→原子得电子→所含元素化合价降低→还原反应
  - 电子转移表示方法
    - 双线桥法
    - 单线桥法

六、教学过程

环节一：导入新课

【问题引入】 上节课我们主要讨论了氧化还原反应的特征和实质，请判断下列化学反应中，哪些属于氧化还原反应？为什么？哪些元素的化合价升高了？哪些元素的化合价降低了？

【投影】

$$Cu + Cl_2 \xlongequal{点燃} CuCl_2$$

$$Zn + H_2SO_4 \xlongequal{} ZnSO_4 + H_2\uparrow$$

$$CaCO_3 + 2HCl \xlongequal{} CaCl_2 + H_2O + CO_2\uparrow$$

$$Cl_2 + H_2O \xlongequal{} HCl + HClO$$

【讲述】 我们知道，从氧化还原反应的特征来说，反应物有的元素化合价升高，有的元素化合价降低。有化合价变化的反应物被称作是氧化剂或还原剂，那么今天就让我们一起深入学习。

【板书】 2.3.2　氧化还原反应

环节二：展开新课

1. 氧化剂和还原剂

【讲述】 什么是氧化剂和还原剂？在反应中，所含元素的化合价降低的反应物叫做氧化剂；在反应中，所含元素的化合价升高的反应物叫做还原剂。

【练习】 请标出变价元素的化合价，并指出氧化剂、还原剂。

（1）$Cu + Cl_2 \xlongequal{点燃} CuCl_2$

（2）$Zn + H_2SO_4 \xlongequal{} ZnSO_4 + H_2\uparrow$

（3）$Cl_2 + H_2O = HCl + HClO$

【过渡】除了氧化剂、还原剂，九年级的时候我们学习过干燥剂、催化剂等。干燥剂，“剂”表示一种物质，“干燥”为这种物质所具有的性质，该物质具有“干燥”作用，它可以“干燥”别的物质；催化剂，“剂”表示一种物质，“催化”为这种物质所具有的性质，它可以“催化”特定的化学反应。

【讲解】由此及彼，我们从字面可以推导出氧化剂和还原剂的性质，即氧化剂具有氧化性，发生还原反应，还原剂具有还原性，发生氧化反应。

【讲解】我们知道，在氧化还原反应中，元素的化合价升高，是因为反应物失去了电子或电子对偏离；元素的化合价降低，是因为反应物得到了电子或电子对偏向。那么从氧化还原反应的本质来说，在反应中，所含元素的原子得到电子（或电子对偏向）的反应物叫做氧化剂；在反应中，所含元素的原子失去电子（或电子对偏离）的反应物叫做还原剂。

【小结】结合上述的分析可知，氧化剂具有氧化性，反应过程中所含元素化合价降低，得到电子，发生还原反应；还原剂具有还原性，反应过程中所含元素化合价升高，失去电子，发生氧化反应。

【板书】四、氧化剂和还原剂

还原剂→具有还原性→原子失去电子→所含元素化合价升高→发生氧化反应

氧化剂→具有氧化性→原子得到电子→所含元素化合价降低→发生还原反应

2. 电子转移的表示方法

【过渡】为了更好地表示一个反应中电子的转移情况，我们通常采用双线桥和单线桥法来表示。

【板书】五、氧化还原反应中电子转移的表示方法

【讲解】第一种方法，双线桥法，双线桥法共有3个步骤：（1）标价态：正确标明氧化还原反应前后同一元素的化合价，判断其升降；（2）连双线：一条线由氧化剂中化合价降低的元素指向还原产物中的相应元素，另一条线由还原剂中化合价升高的元素指向氧化产物中的相应元素；（3）注得失：标出“失去”或“得到”电子的总数，注明该元素“被氧化”或“被还原”。

【投影】

失去2e⁻

$$Fe + 2HCl = FeCl_2 + H_2\uparrow$$

得到2e⁻

【练习】用双线桥法分析氧化还原反应并标明氧化剂和还原剂。

（1）$Zn + H_2SO_4 = ZnSO_4 + H_2\uparrow$

（2）$C + 2CuO \xlongequal{高温} 2Cu + CO_2\uparrow$

【板书】1. 双线桥法：标价态—连双线—注得失

【提问】锌和稀硫酸反应过程中，锌原子失去电子，失去的电子给了谁？双线桥法能否表明锌原子失去的电子给了谁呢？

【过渡】下面，我们就介绍一种能够直观地表示电子转移方向的方法——单线桥法。

【讲解】还以铁和盐酸的反应为例，单线桥法共 3 个步骤：（1）标价态：明确标明发生氧化还原反应的元素的化合价；（2）连单线：用单线桥连接，箭头由还原剂中失电子元素指向氧化剂中得电子元素；（3）写数目：标出转移的电子的总数，这里不用像双线桥那样，仅需直接标出电子总数即可。

【投影】

$$\overset{2e^-}{\overbrace{Fe + 2HCl}} = FeCl_2 + H_2\uparrow$$

【讲解】单线桥法中也是有规律的，即得电子数 = 失电子数 = 转移的电子数，但是值得注意的是，在我们的表示过程中，不得标明“得”或“失”，否则是错的。

【板书】2. 单线桥法：标价态—连单线—写数目

【练习】请用单线桥法分析下列化学反应的电子得失（或偏移），并指出氧化剂、还原剂。

$$Cu + Cl_2 \xlongequal{点燃} CuCl_2$$

$$2KClO_3 \xlongequal{\triangle} 2KCl + 3O_2\uparrow$$

【过渡】刚刚我们从氧化还原反应本质角度认识了氧化性是物质得电子能力的表现，还原性是物质失电子能力的表现。从氧化还原反应特征角度理解了还原性——元素具有化合价升高的能力，氧化性——元素具有化合价降低的能力。

【提问】如果物质所含元素化合价处于最高价态，具备什么性？元素化合价处于最低价态和中间价态呢？

【讲解】如果物质所含元素化合价处于最高价态，只具有氧化性；元素化合价处于最低价态，只具有还原性；中间价态元素既具有氧化性又具有还原性。

【投影】

1. 常见的氧化剂
   （1）活泼的非金属单质：O_2、Cl_2、Br_2
   （2）含高价金属阳离子的化合物：$FeCl_3$
   （3）含某些较高化合价元素的化合物：浓 H_2SO_4、HNO_3、$KMnO_4$、MnO_2
2. 常见的还原剂
   （1）活泼或较活泼的金属：K、Ca、Na、Al、Mg、Zn
   （2）含低价金属阳离子的化合物：$FeCl_2$
   （3）某些非金属单质：C、H_2
   （4）含有较低化合价元素的化合物：HCl 、H_2S、HI、KI

【提问】常见的氧化剂和还原剂并不少，如何判断物质的氧化性和还原性强弱呢？比较物质的氧化性、还原性强弱可以通过以下 4 种方法：

【讲解】第一，利用化合价。由同种元素形成的不同价态物质的氧化性和还原性的强弱规律：元素的最高价态只具有氧化性，元素的最低价态只具有还原性，元素的中间价态既具有氧化性又具有还原性。如由铁元素组成的物质，氧化性：$Fe < Fe^{2+} < Fe^{3+}$。

【讲解】第二，利用元素活泼性的不同。对金属而言，金属越活泼（金属性越强），其单质的还原性越强，其金属阳离子的氧化性越弱。对金属活动性顺序表而言，K、Ca、Na、Mg、Al、Zn、Fe、Sn、Pb（H）、Cu、Hg、Ag、Pt、Au，其活泼性（金属性）依次减弱：

单质的还原性，$K > Ca > Na > Mg > Al > Hg > Ag > Pt > Au$；

离子的氧化性，$K^{+} < Ca^{2+} < Na^{+} < Mg^{2+} < Al^{3+} < Hg^{2+} < Ag^{+}$。

对非金属而言，非金属越活泼（非金属性越强），其非金属单质的氧化性越强，其阴离子的还原性越弱。对一般的非金属活动性顺序而言，F、Cl、Br、I、S，其活泼性（金属性）依次减弱：

单质的氧化性，$F_2 > Cl_2 > Br_2 > I_2 > S$；

阴离子的还原性，$F^{-} < Cl^{-} < Br^{-} < I^{-} < S^{2-}$。

【讲解】 第三，利用氧化还原反应来比较。对一般的氧化还原反应而言，氧化性：氧化剂 > 氧化产物；还原性：还原剂 > 还原产物。例如，$Zn + H_2SO_4 = ZnSO_4 + H_2\uparrow$，由此判断还原性 $Zn > H_2$，氧化性 $H_2SO_4 > ZnSO_4$。

【讲解】 第四，利用同一起点反应进行的难易程度。与同一还原剂（氧化剂）的反应越易进行，其氧化剂（还原剂）的氧化性（还原性）越强，说明越易得到（失去）电子。

【讲述】 氧化还原反应在工农业生产、科学技术和日常生活中非常常见。它对我们人类既有贡献又有害处，比如我们生活中的酿酒、铁生锈都是利用氧化还原反应，同样，燃料燃烧、易燃物自燃等也同样是氧化还原反应，只是前者属于缓慢氧化还原反应，后者属于剧烈氧化还原反应。

环节三：归纳总结

【归纳总结】 本节课我们学习了氧化剂和还原剂的相关概念，了解到还原剂具有还原性，化学反应中化合价升高，失去电子，发生氧化反应；氧化剂具有氧化性，化学反应中化合价降低，得到电子，发生还原反应。我们也掌握了两种方法——单线桥和双线桥法表示氧化还原反应中的电子转移情况；认识了 4 种判断物质氧化性和还原性的方法。课后请同学们完成教科书课后习题第 38 页 2、3、7、8、9、10 题，再次巩固今天所学的内容。

七、板书设计

2.3.2 氧化还原反应

四、氧化剂和还原剂

还原剂→具有还原性→原子失去电子→所含元素化合价升高→发生氧化反应

氧化剂→具有氧化性→原子得到电子→所含元素化合价降低→发生还原反应

五、氧化还原反应中电子转移的表示方法

1. 双线桥法：标价态—连双线—注得失
2. 单线桥法：标价态—连单线—写数目

第三章　金属及其化合物

本章知识梳理

金属钠及其化合物

- 钠与氧气反应
  - 常温下生成 Na_2O：$4Na + O_2 \xlongequal{} 2Na_2O$（白色固体）
  - 点燃或加热生成 Na_2O_2：$2Na + O_2 \xlongequal{\triangle} Na_2O_2$（淡黄色固体）
- 钠与水反应：$2Na + 2H_2O \xlongequal{} 2NaOH + H_2\uparrow$
- Na_2O
  - 与水反应：$Na_2O + H_2O \xlongequal{} 2NaOH$
  - 与 CO_2 反应：$Na_2O + CO_2 \xlongequal{} Na_2CO_3$
- Na_2O_2
  - 与水反应：$2Na_2O_2 + 2H_2O \xlongequal{} 4NaOH + O_2\uparrow$
  - 与 CO_2 反应：$2Na_2O_2 + 2CO_2 \xlongequal{} 2Na_2CO_3 + O_2$
  - 用途：供氧剂、强氧化剂、漂白剂
- Na_2CO_3 和 $NaHCO_3$
  - 溶解性：$Na_2CO_3 > NaHCO_3$
  - 碱性：$Na_2CO_3 > NaHCO_3$
  - 热稳定性：$Na_2CO_3 > NaHCO_3$
  - 鉴别
    - 方法一：滴加稀盐酸
    - 方法二：在溶液中滴加 $CaCl_2$ 或 $BaCl_2$ 溶液
    - 方法三：加热分解
  - 转化：$Na_2CO_3 \underset{①2NaHCO_3 \xlongequal{\triangle} Na_2CO_3 + CO_2\uparrow + H_2O \quad ②NaHCO_3 + NaOH = Na_2CO_3 + H_2O}{\overset{Na_2CO_3 + CO_2 + H_2O = 2NaHCO_3}{\rightleftharpoons}} NaHCO_3$
- 焰色反应
  - 含义
  - 操作方法：洗—烧—蘸—烧

金属铝及其化合物

- 铝与氧气反应：$4Al + 3O_2 \xlongequal{点燃} 2Al_2O_3$
- 铝与氢氧化钠溶液的反应：$2Al + 2NaOH + 2H_2O \xlongequal{} 2NaAlO_2 + 3H_2\uparrow$
- Al_2O_3
  - $Al_2O_3 + 6H^+ \xlongequal{} 2Al^{3+} + 3H_2O$
  - $Al_2O_3 + 2OH^- \xlongequal{} 2AlO_2^- + H_2O$
- $Al(OH)_3$
  - 物理性质：白色胶状物质
  - 制备：$Al^{3+} + 3NH_3 \cdot H_2O \xlongequal{} Al(OH)_3\downarrow + 3NH_4^+$
  - 化学性质
    - 与酸反应：$Al(OH)_3 + 3H^+ \xlongequal{} Al^{3+} + 3H_2O$
    - 与碱反应：$Al(OH)_3 + OH^- \xlongequal{} AlO_2^- + 2H_2O$
    - 受热分解：$2Al(OH)_3 \xlongequal{\triangle} Al_2O_3 + 3H_2O$
- 明矾：$KAl(SO_4)_2 \cdot 12H_2O$，无色晶体，易溶于水，可做净水剂

- 金属铁及其化合物
  - 铁与氧气反应：$3Fe + 2O_2 \xlongequal{点燃} Fe_3O_4$
  - 铁与水反应：
    - 常温下，铁与水不反应
    - 在高温下，铁与水蒸气发生反应：$3Fe + 4H_2O(g) \xlongequal{\triangle} Fe_3O_4 + 4H_2$
  - FeO、Fe_2O_3、Fe_3O_4 的性质及用途
  - 铁的氢氧化物
    - $Fe(OH)_2$ 的制备和性质
    - $Fe(OH)_3$ 的制备和性质
    - $Fe(OH)_2$ 与 $Fe(OH)_3$ 的相互转化：$4Fe(OH)_2 + O_2 + 2H_2O \xlongequal{} 4Fe(OH)_3$
  - 铁盐和亚铁盐
    - Fe^{2+}、Fe^{3+} 的检验
    - Fe^{2+}、Fe^{3+}、Fe 之间的转化

- 用途广泛的金属材料
  - 合金
    - 定义
    - 常见合金
      - 铜合金
      - 铁合金
      - 铝合金
  - 金属材料的分类与正确选用

第一节　金属的化学性质

第1课时　金属与非金属的反应

一、教材分析

本节内容选自人教版高中化学必修1第三章“金属及其化合物”第一节“金属的化学性质”。依据课程标准“根据生产、生活中的应用实例或通过实验探究，了解钠、铝、铁、铜等金属及其重要化合物的主要性质”的要求，本节课安排了“金属钠的物理性质”和“钠的氧化反应及常见金属的氧化反应”等教学内容。

金属是人类社会发展进程中的功臣，掌握金属的化学性质是十分重要的。教科书中通过提出“为什么大多数金属元素以化合态存在于自然界中呢?”的问题，由问题引导学生进入金属化学性质的学习。通过“思考与交流”栏目中3个问题的讨论，引导学生寻找金属化学性质的共同特点。为了帮助学生更加全面地认识金属的主要性质，以金属钠为代表，通过观察金属钠的光泽和颜色、新切割表面在空气中和加热条件下的变化及其特殊的保存方式等，分析得出金属钠的物理性质及易被氧化的化学性质。金属钠是活泼金属的代表，教科书通过“科学探究”栏目，安排学生探究活泼金属钠与非金属物质（氧气）的化学反应，引导学生构建认知系统，帮助学生掌握金属与非金属的反应，达到本节课的教学目的。

本部分内容在整个中学化学学习阶段起着承上启下的作用。“承上”是指九年级化学中已经初步介绍了金属镁、铁、铜的相关知识，因此，学生对金属元素的学习并不陌生；“启下”是指通过学习金属钠的主要性质，学生能基本掌握学习元素的一般方法，为接下来学习其他金属和非金属元素奠定基础，引导学生学以致用。

二、学情分析

在九年级化学学习阶段，学生已经学习了金属的活动性顺序，并且了解了金属镁、铁、铜的物理性质及镁、铁与氧气的化学反应。但是在九年级学生的认知结构中，并不能完全掌握学习金属元素的科学方法，也不能将金属活动性顺序与金属化学性质的规律相联系，因此，本节课是对学生认知规律的提升。

高一的学生对化学世界充满好奇，在九年级知识的基础上，高中所面临的问题更具有挑战性，这为学生提供了学习动力，并且学生已具备了归纳总结的能力，能够从金属钠的学习过程中，总结出学习金属元素的一般方法，也为后续学习金属元素和非金属元素提供了方法。

三、教学目标

知识与技能	（1）掌握金属钠的物理性质及主要化学性质。 （2）比较钠、铝、铁与氧气的反应。 （3）了解金属氧化膜在生活、生产中的应用

续表

过程与方法	（1）通过学习钠、铝、铁等金属与氧气的反应，发现金属活泼性的递变规律。 （2）通过分析金属与氧气的反应过程，解释金属氧化膜的产生原因。 （3）通过金属钠的系统学习，总结学习金属元素的一般方法
情感态度与价值观	（1）初步学会从实验角度探索和认识物质化学性质的本领。 （2）经过小组讨论总结金属化学性质的共同点，增强合作学习意识

四、教学重点和难点

（1）教学重点：金属钠、铝、铁与氧气的反应。

（2）教学难点：钠在不同条件下与氧气的反应。

五、知识结构

金属与氧气反应
- 钠与氧气反应
  - 常温下生成 Na_2O：$4Na + O_2 = 2Na_2O$（白色固体）
  - 点燃或加热生成 Na_2O_2：$2Na + O_2 \xlongequal{\triangle} Na_2O_2$（淡黄色固体）
- 铝与氧气反应：$4Al + 3O_2 \xlongequal{点燃} 2Al_2O_3$
- 铁与氧气反应：$3Fe + 2O_2 \xlongequal{点燃} Fe_3O_4$

六、教学过程

环节一：导入新课

【引言】五千年前人类进入青铜器时代，三千年前进入铁器时代，20 世纪铝合金成为仅次于铁的金属材料。金属在人类社会发展、改善人类生活等诸多方面发挥了重要作用。本节课我们就来一起讨论它们的性质。

【板书】3.1.1　金属的化学性质

【提问】请同学们根据已学过的知识举例说明金属能发生哪些化学反应？

【思考与交流】教科书中的图 3-2 是金属发生化学反应的一些照片，请分析这些反应，并写出化学方程式。

$$2Al + 3CuSO_4 = Al_2(SO_4)_3 + 3Cu$$

$$2Mg + O_2 \xlongequal{点燃} 2MgO$$

$$Cu + 2AgNO_3 = Cu(NO_3)_2 + 2Ag$$

$$Mg + 2HCl = MgCl_2 + H_2\uparrow$$

【讲述】上述反应都是常见金属的反应，九年级时我们学过金属活动性顺序表，今天这堂课就以其中的金属钠、金属铝以及金属铁为例来学习讨论金属的性质。

环节二：展开新课

1. 金属钠的性质

【板书】一、金属钠的性质

【引入】提起钠，可能大家觉得并不陌生，因为我们每天吃的食盐就是氯化钠，但氯化钠中的钠是钠离子，与我们要研究的钠单质的性质截然不同。

【提问】老师这里有一瓶金属钠，请同学们观察一下，金属钠的保存方式有什么特点。

【讲述】试剂瓶中装有煤油，且没过了金属钠。我们常常将金属钠保存在煤油或者石蜡油中，原因是什么呢？通过下面的实验同学们就会知道。

【演示实验】首先用镊子从桌上盛放钠的试剂瓶里取出一小块钠，用滤纸吸干金属钠表面的煤油，注意不可用手直接接触金属钠，将其放在表面皿上，用小刀切割，实验完成后将切割的钠块用镊子放回原试剂瓶中。

【提问】仔细观察其断面处的变化，描述你们所看到的现象，并通过查阅教科书，总结金属钠的物理性质。

【讲述】同学们观察得很仔细，钠很软，刚切开时，其断面呈银白色，后逐渐变暗，由此我们可以得出金属钠的物理性质。

【板书】1. 钠的物理性质

颜色	状态	硬度	密度	熔点
银白色	固态	质软	小	低

【提问】为什么从切开的断面，我们能观察到钠表面呈光亮的银白色，而刚从试剂瓶中取出的钠表面与放置一段时间的断面都不是呈光亮的银白色呢？

【讲述】因为金属钠非常活泼，切开的钠表面与空气充分接触，与空气中的氧气反应生成氧化钠从而使金属钠失去了光泽，纯净的氧化钠是一种白色粉末状固体，所以我们常常将金属钠保存在煤油或者石蜡油中来隔绝空气，但是由于钠的性质非常活泼，即使保存在煤油或者石蜡油中表面还是有少量被氧化。

【板书】2. 钠与氧气的反应：

（1）常温下：$4Na + O_2 = 2Na_2O$

【讲述】常温下，金属钠在空气中就会发生变化，这说明钠比铁、铝、镁等金属活泼得多。如果加热，钠又会发生什么变化呢？

【演示实验】根据实验3-2，依次将酒精灯、三脚架、泥三角和坩埚按顺序从下至上进行组装，在坩埚中放上一绿豆粒大的金属钠，点燃酒精灯加热，观察实验现象，实验时应注意，钠开始燃烧后立即撤掉酒精灯。

【讲述】在实验中我们观察到金属钠先熔化后燃烧，燃烧时火焰呈黄色，最后留下的固体呈淡黄色，这种呈淡黄色的固体就是金属钠在空气中燃烧的产物——过氧化钠，由此我们可以写出金属钠在空气中加热的化学反应方程式。

【板书】（2）点燃或加热：$2Na + O_2 \xlongequal{\triangle} Na_2O_2$

2. 其他常见金属的氧化反应

【讲述】除了金属钠易与空气中的氧气反应，还有其他金属也会与空气中的氧气反应，并在表面生成一层氧化膜，有的氧化膜疏松，不能保护内层金属，如铁表面的铁锈；有的氧化膜致密，可以保护内层金属不被继续氧化，如镁、铝表面的氧化膜。

【板书】二、其他常见金属的氧化反应

【演示实验】用手撕一小块铝箔，用坩埚钳夹住，在酒精灯上加热至熔化，轻轻晃动，观察实验现象；另取一小块铝箔，用砂纸打磨，除去表面的保护膜，再加热至熔化，轻轻晃动，观察实验现象。

【讲解】我们观察到两次实验中铝箔熔化，失去光泽，而熔化的铝并不滴落。在常温下，铝能与空气里的氧气反应，生成一层致密而坚固的氧化物薄膜，加热时反应加剧，生成白色固体，并放出大量的热。铝表面的氧化膜保护了铝，即使是打磨过的铝箔，在空气中也很快生成了新的氧化膜 Al_2O_3，其熔点为 2050℃，高于铝的熔点 660℃，所以熔化了的液态铝不会滴落。

【提问】请同学们写出金属镁、铝、铁与氧气的反应方程式。

【板书】

$$2Mg + O_2 \xlongequal{点燃} 2MgO$$

$$4Al + 3O_2 \xlongequal{点燃} 2Al_2O_3$$

$$3Fe + 2O_2 \xlongequal{点燃} Fe_3O_4$$

【讲述】同学们将自己写的方程式与老师写的进行对比，在这里我们要着重强调一下铁与氧气反应的产物为 Fe_3O_4，关于这个物质的性质我们在后续学习中进一步探讨。

环节三：归纳总结

【小结】本节课我们主要学习了钠的性质，钠是一种银白色、有金属光泽的固体，质软，密度小，熔点低，并且它在不同的条件下能与氧气反应生成不同的产物，分别是氧化钠与过氧化钠，同时我们也学习了铝箔在空气中加热的反应情况，了解了不同金属与氧气反应的反应方程式。为了巩固以上知识，请同学们完成第 53 页课后习题第 1、3、4 题，并预习下一节课内容。

七、板书设计

3.1.1　金属的化学性质

一、金属钠的性质

1. 钠的物理性质

颜色	状态	硬度	密度	熔点
银白色	固态	质软	小	低

2. 钠与氧气的反应

（1）常温下：$4Na + O_2 \xlongequal{} 2Na_2O$

（2）点燃或加热：$2Na + O_2 \xlongequal{\triangle} Na_2O_2$

二、其他常见金属的氧化反应

$$2Mg + O_2 \xlongequal{点燃} 2MgO$$

$$4Al + 3O_2 \xlongequal{点燃} 2Al_2O_3$$

$$3Fe + 2O_2 \xlongequal{点燃} Fe_3O_4$$

第2课时　金属与酸和水的反应

一、教材分析

本节内容选自人教版高中化学必修1第三章“金属及其化合物”第一节“金属的化学性质”。依据课程标准“依据生产、生活中的应用实例或通过实验探究，了解钠、铝、铁、铜等金属及其重要化合物的主要性质”的要求，本节课安排了“金属与酸和水的反应”这一教学内容。

金属在人类生活中用途广泛，在生活中，金属器皿可以用于盛水，铁、铝、铜等金属可以制成水壶用于烧水，但是这不代表金属与水不发生反应。教科书先通过金属钠与水的实验探究活动，引导学生进一步认识金属钠的化学性质，再通过设计“科学探究”栏目，呈现铁与水的反应，说明了金属能够与水反应，但由于金属活动性顺序的不同而条件不同。因此本节课在教学过程中，通过实验探究学习了钠与酸、钠与盐溶液的反应来对比钠、铁的化学性质与金属活动性顺序，并推测金属铝与水的反应条件，达到构建更加完善的知识体系的教学目标。

为引导学生更加全面地掌握金属的化学性质，本课时“金属与酸和水的反应”的内容是上一节内容的延续。通过对比活泼金属钠和较活泼金属铁与水的反应，联系生活实际推测金属铝与水的反应规律，使知识得到升华，为下一节学习有关金属铝的知识做好铺垫，并且运用实验探究与联系生活实际的方法解决本部分内容，为学习第四章非金属及其化合物的知识提供科学的方法。

二、学情分析

学生通过学习金属与氧气的反应掌握了金属与非金属物质反应的规律，并且在九年级阶段，学生已经初步了解金属的活动性顺序，知道在氢之前的金属都可以和酸反应，因此为学习推测金属与水的反应规律提供了知识基础。

学生在以往的化学学习过程中，已具备了描述实验现象并进行分析归纳的能力，为实验探究提供了能力基础。为了解决铁是否能与水反应的问题，需要学生自主设计实验装置并进行实验操作，学生所具备的实验操作能力为完成本实验提供了可能性。

三、教学目标

知识与技能	（1）掌握金属钠与水反应的实验现象。 （2）了解金属钠与酸反应的实质，掌握钠与盐溶液反应的一般规律。 （3）根据生产、生活中的应用实例和实验探究活动，掌握铁与水蒸气的反应原理

续表

过程与方法	（1）通过分析金属钠与水反应的实验现象，学会由反应现象推测化学性质的方法。 （2）通过尝试设计铁与水蒸气反应的实验方案，概括设计实验的步骤。 （3）通过对比钠和铁与水的反应及金属活动性顺序，推测金属铝与水的反应情况
情感态度与价值观	（1）通过实验现象分析实验结果，养成透过现象看本质的思维方式。 （2）根据实验事实推出金属铝的活动顺序，树立用化学视角解决问题的理念。 （3）通过动手实验体验化学的奥秘，感受化学学习的乐趣

四、教学重点和难点

（1）教学重点：钠、铁和水的反应。

（2）教学难点：钠、铁和水的反应。

五、知识结构

金属的化学性质
- 金属与酸反应
  - 钠与酸的反应：$2Na + 2HCl = 2NaCl + H_2\uparrow$
  - 铁与酸的反应：$Fe + 2H^+ = Fe^{2+} + H_2\uparrow$
- 金属与水反应
  - 钠与水反应：$2Na + 2H_2O = 2NaOH + H_2\uparrow$
  - 铁与水反应：
    - 常温下，铁与水不反应
    - 高温下，铁与水蒸气发生反应：$3Fe + 4H_2O(g) \overset{\triangle}{=} Fe_3O_4 + 4H_2$
- 钠与盐溶液的反应：$2Na + 2H_2O + CuSO_4 = Cu(OH)_2\downarrow + Na_2SO_4 + H_2\uparrow$

六、教学过程

环节一：导入新课

【讲述】都说水火不相容，老师给大家展示一下“滴水生火”。

【演示实验】在酒精灯灯芯处放置一小块金属钠，用胶头滴管在灯芯处滴入几滴蒸馏水。

【提问】为什么水能点燃酒精灯？使物质燃烧需要满足哪几个条件？

【讲述】物质燃烧需要温度达到着火点、可燃物和助燃剂这三个条件。事实上，老师事先在酒精灯灯芯处放置一小块金属钠，滴入的水与金属钠发生了反应并放出热量，所以点燃了酒精灯。那么钠与水的反应原理是什么，又有哪些现象呢？下面我们就来学习今天的内容。

【板书】3. 1. 2　金属的化学性质

三、金属与酸和水的反应

环节二：展开新课

1. 钠与水的反应现象与原理

【提问】从日常生活经验我们知道，像铁、铝等金属在常温下不与水反应，加热条件也很难反应，但金属钠却能与冷水反应，这一事实产生的原因是什么呢？

【讲述】下面我们就通过实验来感受一下钠与水的反应，在实验的同时请同学们思考产生现象的原因。

【板书】1. 钠与水的反应

【演示实验】用镊子取一小块钠置于滤纸上，并吸干钠表面的煤油，用小刀切取绿豆大小的钠，其余放回原瓶；在小烧杯中加小半杯水，并滴入1～2滴酚酞试剂，将切下的钠粒投入小烧杯中。

【讲解】我们看到金属钠浮在水面上，熔成银白色的小球，小球四处游动并发出嘶嘶响声，溶液呈红色。金属钠与水的反应有几个关键点，同时也体现了钠与水的反应本质，首先是钠浮在水面上，说明钠的密度比水小；钠熔化成光亮的小球，说明此反应放热且金属钠的熔点小；钠四处游动，是因为反应放出气体的反作用力推动小球在水中游动，响也是因为反应放出气体，而最后溶液呈红色说明反应生成了碱性物质。因此，我们用“浮、熔、游、响、红”这5个字来概括钠与水的反应现象。

【讲述】通过上面对实验的分析与讨论，接下来我们从氧化还原反应的角度来分析钠与水的反应。首先写出钠与水的反应方程式，通过刚才的实验我们知道反应生成了碱性物质，分析反应物可以知道生成了氢氧化钠。那么钠在反应中是失去了电子，发生了氧化反应，一个反应当中，有化合价的升高必然也有化合价的降低，通过观察发现只有氢离子能够得到电子，从刚才的实验中可以知道反应有气体放出，所以氢离子必然是得到电子变成了氢气，最后配平，得出反应方程式并标出电子转移。

失 $2e^-$（Na → NaOH）

$$2Na + 2H_2O = 2NaOH + H_2\uparrow$$

得 $2e^-$（H_2O → H_2）

【板书】
$$2Na + 2H_2O = 2NaOH + H_2\uparrow$$

2. 钠与酸及盐溶液的反应

【讲述】金属钠与水发生反应是由于水发生了微弱的电离，电离出的氢离子与金属钠相互作用发生了反应，那么金属钠与酸的反应呢？我们以盐酸为例来学习，钠与 H_2O 和酸反应的实质都是将溶液中的 H^+ 还原成 H_2，但是与水相比，盐酸更易电离出氢离子，因此，钠与盐酸反应更剧烈。请同学们写出反应的化学方程式。

【板书】2. 钠与酸的反应

$$2Na + 2HCl = 2NaCl + H_2\uparrow$$

【提问】通过对两节课内容的学习，我们知道金属钠的性质非常的活泼，那么金属钠与硫酸铜溶液反应能否将铜置换出来呢？反应现象又是如何的呢？我们来做实验验证一下。

【演示实验】在盛有硫酸铜溶液的烧杯中投入一小块金属钠，观察实验现象。

【讲解】在实验中金属钠浮在水面上熔成银白色小球，小球四处游动并发出嘶嘶响声，溶液最终生成蓝色难溶物。硫酸铜溶液中有什么呢？除了有硫酸铜溶质之外还有就是溶剂水，将金属钠投入硫酸铜溶液中，事实上是钠先与水反应，生成氢氧化钠和氢气。我们首先写出第一步的化学方程式：$2Na+2H_2O = 2NaOH+H_2\uparrow$，然后生成的氢氧化钠再与硫酸铜生成难溶的氢氧化铜，我们写出第二步的反应方程式：$2NaOH+CuSO_4 = Cu(OH)_2\downarrow+Na_2SO_4$。正是由于这两步反应才得出了以上同学们观察到的实验现象，同样钠与硫酸铜溶液的总反应方程式也正是以上两步相加的结果，请同学们写出总反应方程式。

【板书】3. 钠与盐溶液的反应

$$2Na+2H_2O+CuSO_4 = Cu(OH)_2\downarrow+Na_2SO_4+H_2\uparrow$$

【讲述】了解了活泼金属钠与水的反应，再回过头来看看我们熟悉的金属铁，根据金属活动性顺序表，我们知道铁没有钠活泼，所以根据日常经验我们也知道铁与冷水、热水均不反应，那如果我们再把条件创造得更好一些，该反应是否能进行呢？例如，让高温的铁与炽热的水蒸气接触呢？接下来老师给大家介绍一组装置，来完成铁与水的反应。

3. 铁与水的反应现象与原理

【板书】4. 铁与水的反应

【演示实验】如图所示安装实验装置，在试管底部塞有一团潮湿的棉花，湿棉花左边放有铁粉，蒸发皿中放有肥皂水，加热试管就可以使反应发生了。现在将酒精灯放于湿棉花的位置上加热一会儿，待试管底部温度略高，且有部分水形成蒸气时，再将酒精灯移至放铁粉的位置加热，将导管移入蒸发皿中，待有肥皂泡吹起时，用燃着的火柴去点燃。观察实验现象。

【实验现象】试管内铁粉红热，点燃气体可听到爆鸣声。

【讲述】之所以点燃气体可听到爆鸣声，是因为反应放出了氢气。在写反应方程式时反应条件是高温，而除了氢气之外的产物是 Fe_3O_4，现在请同学们写出反应方程式

【板书】

$$3Fe+4H_2O(g) \xlongequal{高温} Fe_3O_4+4H_2$$

【提问】学习了铁与水的反应，那么铁与盐酸、稀硫酸的反应是如何的呢？

【讲述】铁与盐酸、稀硫酸发生的就是简单的置换反应，跟着老师一起写出反应的离子方程式。

【板书】5. 铁与酸的反应

$$Fe+2H^+ = Fe^{2+}+H_2\uparrow$$

【讲述】以上介绍了两种不同金属与水的反应，其条件各不相同，最本质的原因是金属的活动性不同。因此，我们也可以根据金属的活动性，来推测金属与水、酸反应的情况。

【提问】金属铝的活动性顺序介于金属钠与铁之间，请推测铝是否也能和水发生反应。

【讲述】铝的活动性介于金属钠和铁之间，所以铝与沸水就能发生反应。

【讲述】学习完了以上知识，我们先来听一个故事。一天，英国一家炼铁厂的熔铁炉底部产生了裂缝，顿时炽热的铁水从裂口夺路而出。当温度高达摄氏一千多度的铁水碰上炉旁一条水沟里的水时，刹那间，“轰”的一声震天动地的巨响，整个车间被掀掉了。

【提问】水为什么会产生这么大的相当于 TNT 炸药的威力呢？

【讲述】这是因为高温下铁与水发生了反应，当一千多摄氏度的铁水流入水沟时，在极短的时间内产生了大量易燃易爆的氢气，并且被铁水的高温点燃，所以轻而易举地把巨大的生产车间给炸掉了。

【提问】根据上述故事请大家总结一下，在生产实践中，高温操作铁水应该注意哪些呢？

【讲述】钢铁厂里的铁水包，在注入炽热的铁水与钢水之前，必须进行充分的干燥处理，不让包中留下水，以防止爆炸事故的发生。

环节三：归纳总结

【总结】在这节课中，我们通过实验法了解到金属的化学性质——金属与水的反应，又用对比的方法了解到具有不同金属活动性的金属与同一种物质反应的条件、现象和产物的差异。实验法和对比法这两种方法也将成为我们今后学习其他元素化合物知识的重要方法。

【作业布置】完成第 53 页课后习题第 7 题，并预习下节课的内容。

七、板书设计

3.1.2 金属的化学性质

三、金属与酸和水的反应

1. 钠与水的反应

$$2Na + 2H_2O \xlongequal{} 2NaOH + H_2\uparrow$$

2. 钠与酸的反应

$$2Na + 2HCl \xlongequal{} 2NaCl + H_2\uparrow$$

3. 钠与盐溶液的反应

$$2Na + 2H_2O + CuSO_4 \xlongequal{} Cu(OH)_2\downarrow + Na_2SO_4 + H_2\uparrow$$

4. 铁与水的反应

$$3Fe + 4H_2O(g) \xlongequal{高温} Fe_3O_4 + 4H_2$$

5. 铁与酸的反应

$$Fe + 2H^+ \xlongequal{} Fe^{2+} + H_2\uparrow$$

第3课时　铝与氢氧化钠溶液的反应

一、教材分析

本节内容选自人教版高中化学必修1第三章“金属及其化合物”第一节“金属的化学性质”。依据课程标准“根据生产、生活中的应用实例或通过实验探究，了解钠、铝、铁、铜等金属及其重要化合物的主要性质”的要求，本节课安排了“铝与氢氧化钠溶液的反应”与“物质的量在化学方程式计算中的应用”这两个教学内容。

教科书中以探究实验向学生展示金属铝分别与酸、与碱的反应，引导学生进一步认识金属的化学性质。学生在不断提高自己的认知水平后，发现金属之所以在自然界中多以化合态存在，是因为在反应过程中金属元素的化合价都发生了变化。为了完善学生的知识体系，教科书中提出运用化学方程式中的化学计量数与化学反应中粒子之间的数目关系，进行化学反应中各物质之间量的关系的研究，加深了学生对化学计算的认识。

通过学习本部分内容，学生对金属的化学性质有了新的认识，了解到金属的特性，建立了新的知识体系，为继续学习金属化合物知识打下基础。本节课通过对物质的量及其用法的深入学习，为后面第四章的计算与选修4中的化学反应速率的计算打下基础。

二、学情分析

学生通过以往的学习，对活泼及较活泼金属的通性有了一定的了解，也掌握了氧化还原反应的基本规律，但是学生并不清楚金属铝的特殊性。学生之前学习了物质的量的相关知识，但是对其与化学计量数间的关系并不了解，因此需要通过本节课的学习，提高学生的认知水平。通过以往的学习，学生已具备观察、讨论、归纳、总结、实验探究等能力，这都为继续学习金属的化学性质，掌握化学计量数与物质的量之间的关系奠定了能力基础。

三、教学目标

知识与技能	（1）了解金属铝与碱溶液的反应原理。 （2）掌握化学计量数与物质的量之间的关系
过程与方法	（1）根据讨论金属铝与酸、与碱的反应过程，理解金属铝特殊的化学性质。 （2）通过分析金属的化学反应，归纳金属在自然界有不同存在形式的原因。 （3）归纳化学计量数与物质的量的关系并掌握其运用
情感态度与价值观	（1）通过实验探究学习，提高发现问题、分析问题、解决问题的综合能力。 （2）通过课堂讨论，增强合作意识

四、教学重点和难点

（1）教学重点：铝和氢氧化钠溶液的反应，物质的量在化学方程式计算中的应用。

（2）教学难点：铝和氢氧化钠溶液的反应，物质的量在化学方程式计算中的应用。

五、知识结构

金属的化学性质
- 铝与氢氧化钠溶液的反应：$2Al + 2NaOH + 2H_2O \xlongequal{} 2NaAlO_2 + 3H_2\uparrow$
- 物质的量在化学方程式计算中的应用
  - 计算原理
  - 化学方程式中各物质的化学计量数之比，等于组成各物质的粒子数之比，也等于各物质的物质的量之比

六、教学过程

环节一：导入新课

【导入】能与酸反应是活泼和较活泼金属的通性，但有些金属例如铝，还有一些特殊的性质，本节课我们就来探究一下铝的特性。

【板书】3. 1. 3　金属的化学性质

四、铝与氢氧化钠溶液的反应

环节二：展开新课

1. 铝与强碱的反应原理

【讲述】通过前面的学习我们知道，金属铝与金属镁的活动性接近，今天我们就将两者进行对比来学习金属铝的特性。我们先来做一组实验。

【演示实验】向两支分别装有金属铝片和金属镁条的试管中分别加入盐酸观察实验现象。

【实验现象】两支试管都在冒气泡。

【讲述】这说明了镁与铝都能与盐酸发生反应，那么与碱呢？我们再来做一组实验。

【演示实验】向两支分别装有金属铝和金属镁的试管中分别加入氢氧化钠溶液，并将燃着的小木条放于试管口，观察实验现象。

【实验现象】放入铝的试管中有气泡产生，但是有镁的试管中没有现象，将燃着的小木条放在产生气泡的试管口，可观察到蓝色火焰。

【讲述】放入铝的试管中有气泡产生，但是有镁的试管中没有现象，说明只有金属铝与氢氧化钠发生了反应，将燃着的小木条放在产生气泡的试管口，可观察到蓝色火焰，说明反应放出了氢气，这是金属铝的一大特性，同学们需要牢记，金属铝不仅能与酸发生反应，也能与碱发生反应。

【讲解】但是 Al 只能与强碱（NaOH、KOH）反应，不与弱碱（$NH_3 \cdot H_2O$）反应。Al 与强碱溶液反应，其实质是 Al 被氧化，溶液中的 H^+ 被还原，Al 与 H_2O 反应生成 H_2，同时又生成难溶的 $Al(OH)_3$ 覆盖在 Al 表面，阻止反应的进一步进行，所以，Al 在常温下或加热条件下很难与 H_2O 反应，而在强碱溶液中，$Al(OH)_3 + OH^- \xlongequal{} AlO_2^- + 2H_2O$，从而使 Al 与 H_2O 的反应继续进行。由此，它们反应的化学反应方程式如下。

【板书】$2Al + 2NaOH + 2H_2O \xlongequal{} 2NaAlO_2 + 3H_2\uparrow$

【讲述】反应中水中的 H 得到电子生成了 H_2，Al 失去电子生成了 Al^{3+}，Al^{3+} 与 NaOH 反应生成了新物质偏铝酸钠，$NaAlO_2$ 在水中电离形成 Na^+ 与 AlO_2^-，偏铝酸根是一个整体，带一个单位的负电荷。请同学们牢记这个方程式。

【过渡】我们在九年级就已经接触过有关化学方程式的计算，知道化学反应中各反应物和生成物的质量之间符合一定的关系。能不能把物质的量也应用于化学方程式的计算呢？这就是我们下面所要学习的内容。

2. 物质的量在化学方程式计算中的应用

【板书】五、物质的量在化学方程式计算中的应用

【讲述】我们知道，物质是由原子、分子或离子等粒子构成的，物质之间的化学反应也是这些粒子按一定数目进行的，化学方程式可以明确地表示出化学反应中这些粒子间的数目关系，这些粒子间的数目关系，又叫做化学计量数的关系。

【板书】1. 计算原理：

	$2Al$	+	$2NaOH$	+	$2H_2O$	$=\!=\!=$	$2NaAlO_2$	+	$3H_2\uparrow$
化学计量数之比	2	:	2	:	2	:	2	:	3
扩大 N_A 倍	$2\times N_A$	:	$2\times N_A$	:	$2\times N_A$	:	$2\times N_A$	:	$3\times N_A$
物质的量之比	2mol	:	2mol	:	2mol	:	2mol	:	3mol
相对质量之比	2×27	:	2×40	:	2×18	:	2×82	:	3×2
标况下体积									(3×22.4) L

【讲述】我们以铝与氢氧化钠溶液的反应方程式为例来做练习，将化学方程式写出之后，首先可以得到它的方程式的化学计量数之比为 2:2:2:2:3，然后我们将它们同时都扩大 N_A 倍，就可以推理得到它们的物质的量之比为 2mol:2mol:2mol:2mol:3mol，由以上的分析可知，化学方程式中各物质的化学计量数之比等于组成各物质的粒子数之比，因而也等于各物质的物质的量之比。在计算时，应用的比例项必须性质相同，即上下单位统一。同样，根据化学计量数之比可以得到相对质量之比，等于化学计量数乘以物质相应的相对原子（分子）质量，由于在反应当中还生成了 3mol 气体，也就可以得出在标况下能得到的气体体积是 67.2L。

【板书】2. 化学方程式中：各物质的化学计量数之比 = 组成各物质的粒子数之比 = 各物质的物质的量之比。

【讲述】有了上述结论，我们即可根据化学方程式对物质的物质的量进行定量计算。

【投影】进行物质的量应用于化学方程式的计算，须按以下步骤进行：

（1）写出有关反应方程式；

（2）找出相关物质的计量数之比；

（3）对应计量数，找出相关物质的物质的量；

（4）进行计算。

【过渡】下面我们就在掌握上述各物理量间关系的基础上，来系统、全面地学习物质的量在化学方程式的计算中的应用。

【投影】把 6.5g Zn 放入足量盐酸中，锌完全反应，计算：

（1）6.5g Zn 的物质的量

（2）参加反应的 HCl 的物质的量

（3）生成 H_2 的体积（标准状况）

解：（1）$n(Zn) = m/M = 6.5g/65g \cdot mol^{-1} = 0.1mol$

Zn	+	2HCl	══	$ZnCl_2$	+	$H_2\uparrow$
1mol		2mol				1mol
0.1mol		n(HCl)				x mol

（2）$n(HCl) = 0.1mol \times 2 = 0.2mol$

（3）$V(H_2) = 0.1 \times 22.4L = 2.24L$

【讲述】拿到一道题首先要读清题意。金属锌与盐酸反应，盐酸足量，说明在计算的时候要利用锌的量来进行计算，第一问很好解答，$n(Zn) = \frac{m}{M} = \frac{6.5g}{65g/mol} = 0.1mol$。第二问是问参加反应的 HCl 的物质的量，我们首先写出化学方程式，根据方程式的化学计量数之比可以推算出，每消耗 1mol 的 Zn 就会消耗 2mol 的 HCl，通过第一问可知反应当中的金属锌的物质的量是 0.1mol，设反应的 HCl 的物质的量为 n mol，列出比例式可得出参加反应的 HCl 的物质的量为 0.2mol。第三问是问生成 H_2 的体积（标准状况），要解答这个问题首先我们要回顾一个知识点，气体在标准状况下 1mol 的体积等于 22.4L，所以我们只需要计算出生成氢气的物质的量就可以了。同样，在刚才列出的方程式中我们可以得到每消耗 1mol 的锌就会生成 1mol 的氢气，设生成的氢气的物质的量为 xmol，可以得到氢气的物质的量为 0.1mol，根据前面学过的公式可以得到生成的氢气的体积约为 2.24L。

环节三：归纳总结

【总结】综合以上计算，将物质的量应用于化学方程式的计算时，须注意以下几点：

（1）化学方程式中各物质的化学计量数之比等于各物质的物质的量之比，这是进行各项计算的最根本依据。

（2）计算时要注意物质的量与其他各物理量（如质量、气体体积、浓度等）之间的关系。

（3）存在过量问题时，要根据不过量的物理量来进行计算。

【小结】本节课通过与金属镁的对比学习，学习了金属铝的特性，同样也学习了金属铝与强碱的反应原理，紧接着通过一道例题学习了物质的量在化学方程式的计算中的应用，本节课就讲到这里，请同学们完成第 53 页的习题 8、9 题，并预习下节课的内容。

七、板书设计

3.1.3　金属的化学性质

四、铝与氢氧化钠溶液的反应

$2Al + 2NaOH + 2H_2O = 2NaAlO_2 + 3H_2\uparrow$

五、物质的量在化学方程式计算中的应用

1. 计算原理：

	2Al	+	2NaOH	+	$2H_2O$	══	$2NaAlO_2$	+	$3H_2\uparrow$
化学计量数之比	2	:	2	:	2	:	2	:	3
扩大 N_A 倍	$2\times N_A$	:	$2\times N_A$	:	$2\times N_A$	:	$2\times N_A$	:	$3\times N_A$
物质的量之比	2mol	:	2mol	:	2mol	:	2mol	:	3mol
相对质量之比	2×27	:	2×40	:	2×18	:	2×82	:	3×2
标况下体积									(3×22.4)L

2. 化学方程式中：各物质的化学计量数之比 = 组成各物质的粒子数之比 = 各物质的物质的量之比。

第二节　几种重要的金属化合物

第 1 课时　钠的氧化物

一、教材分析

本节内容选自人教版高中化学必修 1 第三章“金属及其化合物”第二节“几种重要的金属化合物”。依据课程标准“根据生产、生活中的应用实例或通过实验探究，了解钠、铝、铁、铜等金属及其重要化合物的主要性质”的要求，本节课安排了“钠的氧化物”和“焰色反应”等教学内容。

钠是一种活泼金属元素，在自然界中钠元素都以化合态存在，除了九年级我们所了解的氢氧化钠及氯化钠，我们还知道氧化钠与过氧化钠。教科书中以“思考与交流”栏目提出问题，引导学生回顾之前学习的钠与氧气实验中氧化钠与过氧化钠的颜色与状态，了解其物理性质。为了提高学生的自主学习能力，教科书还提出“氧化钠与水的反应和氧化钙与水的反应类似”的信息，引导学生写出氧化钠与水反应的方程式。由于学生对过氧化钠并不了解，因此通过“过氧化钠与水的反应”实验，引导学生观察反应过程中的实验现象，帮助学生了解其化学性质。过氧化钠与水反应生成氧气，过氧化钠与二氧化碳反应也生成氧气，为了体现“性质决定用途”这一理念，教科书中提出过氧化钠的用途，完善了学生对过氧化钠的认知结构。由于大多数金属还有一特性，其在灼烧时能够产生不同的火焰颜色，因此教科书中还向学生介绍了“焰色反应”的概念及其应用，引导学生认识生活与化学的联系。

该部分内容是上一节教学内容的延续，即学习了钠单质的相关性质之后继续学习其化合物的相关知识，做到“承上”；这也为钠的两种重要盐，碳酸钠和碳酸氢钠的学习提供了方法，做到“启下”。将新旧知识结合，符合学生的学习规律，促进学生理解和内化。

二、学情分析

在之前的学习过程中，学生已经学习了钠在不同条件下与氧气的反应，了解了其反应生成物氧化钠与过氧化钠的颜色和状态，但是还不能掌握其化学性质及用途。在九年级学习阶段，学生通过学习非金属碳及其化合物的相关知识，初步掌握了由学习单质向学习化合物进行过渡的方法，但是金属有一些特性，学生的认知水平达不到完全掌握，还需要进一步完善。

由于本节课教学内容是基于旧知识进行的，学生的分析信息、整合资源的能力得到进一步提高。在前面多次实验探究的经验下，学生已基本具备观察实验现象、分析实验过程、总结实验结果的能力，能够分析归纳有关过氧化钠与水反应的信息，为提高学生的综合能力打下基础。

三、教学目标

知识与技能	（1）了解氧化钠和过氧化钠的物理性质。 （2）掌握过氧化钠的化学性质。 （3）了解焰色反应及其用途
过程与方法	（1）通过归纳过氧化钠与水的反应实验现象，推出过氧化钠的化学性质。 （2）根据分析过氧化钠的化学性质，理解其在生活、生产中的用途。 （3）通过类比氧化钙与水的反应写出氧化钠与水的反应方程式，推出金属氧化物的一般规律
情感态度与价值观	（1）通过类比书写氧化钠与水的反应方程式，体验类比推理的学习方法。 （2）根据“焰色反应”及其用途，感受化学与生活的联系

四、教学重点和难点

（1）教学重点：过氧化钠与水、二氧化碳的反应。

（2）教学难点：过氧化钠与水、二氧化碳的反应原理。

五、知识结构

几种重要的金属化合物
- Na_2O
  - 与水反应：$Na_2O + H_2O = 2NaOH$
  - 与 CO_2 反应：$Na_2O + CO_2 = Na_2CO_3$
- Na_2O_2
  - 与水反应：$2Na_2O_2 + 2H_2O = 4NaOH + O_2\uparrow$
  - 与 CO_2 反应：$2Na_2O_2 + 2CO_2 = 2Na_2CO_3 + O_2$
  - 用途：供氧剂、强氧化剂、漂白剂
- 焰色反应
  - 含义
  - 操作方法：洗—烧—蘸—烧

六、教学过程

环节一：导入新课

【回顾】 通过前面的学习我们知道，Na 在不同条件下与 O_2 反应的产物有差异，常温下生成氧化钠，加热或点燃时生成过氧化钠，本节课我们就来学习一下 Na_2O 与 Na_2O_2 的性质。

【板书】 3.2.1 几种重要的金属化合物

一、钠的重要化合物

1. Na_2O 与 Na_2O_2

环节二：展开新课

1. 钠的氧化物的性质

【提问】 老师手中的试剂瓶中是一些氧化钠和过氧化钠，同学们观察一下它们的颜色及状态。

【讲述】氧化钠是白色固体，过氧化钠是淡黄色的固体。回想一下它们的化学式，氧化钠与过氧化钠它们自身的阴阳离子个数之比是多少呢？

【讲解】同学们要牢记这一点，O_2^{2-}是一个整体，它所代表的是一个阴离子，所以氧化钠和过氧化钠中的阴阳离子数之比都是1:2。

【讲述】那么它们两者分别与水反应的情况又是如何的呢？我们做实验来验证一下。

【演示实验】将滴有酚酞试剂的蒸馏水，分别加入盛有少量 Na_2O 固体和 Na_2O_2固体的试管中，并立即将带火星的木条放在试管口，观察实验现象。

【实验现象】盛有 Na_2O 的试管中溶液变红，而盛有 Na_2O_2的试管中溶液先变红后褪色，并伴有气泡冒出，反应生成的气体能使带火星木条复燃。

【提问】能使小木条复燃的气体是什么呢？那说明什么？

【讲解】Na_2O_2与水发生反应生成了氧气，通过前面对物质的分类学习中，我们知道 Na_2O_2是过氧化物，Na_2O 是碱性氧化物，那么它们与水反应的方程式又是如何的呢？我们一起来写一下。

【板书】（1）与水反应

$$Na_2O + H_2O = 2NaOH$$

$$2Na_2O_2 + 2H_2O = 4NaOH + O_2\uparrow$$

【讲述】刚才的实验现象中还有一个小小的细节，Na_2O_2与滴有酚酞的水反应，溶液是先变红后褪色，这是因为什么呢？其实，Na_2O_2与 H_2O 作用的反应分为两步：第一步是Na_2O_2与 H_2O 反应，生成 H_2O_2与 NaOH；第二步是由于 H_2O_2不稳定，所以H_2O_2分解生成 H_2O 和 O_2，由以上反应过程可知，该反应会产生中间产物 H_2O_2，而 H_2O_2有强氧化性，所以酚酞最后会被氧化褪色，同时，因为该反应的另一个产物 NaOH 显碱性，且酚酞与 OH^-的反应速度要快于与强氧化剂反应被氧化的速度，所以溶液会先变红后褪色。

【过渡】我们刚学习了两者与 H_2O 的反应，下面我们再来看一下与 CO_2的反应，首先写出它们的反应方程式。

【板书】（2）与 CO_2反应：

$$Na_2O + CO_2 = Na_2CO_3$$

$$2Na_2O_2 + 2CO_2 = 2Na_2CO_3 + O_2$$

【讲述】我们通过化学方程式来分析两者与 CO_2的反应。Na_2O 与 CO_2的反应是一个简单的化合反应，生成了 Na_2CO_3，而 Na_2O_2与 CO_2的反应不仅生成了 Na_2CO_3，还生成了 O_2。

【讲述】学习了 Na_2O_2 与 H_2O、与 CO_2的反应，我们分别标出两种反应的电子得失来分析一下反应。

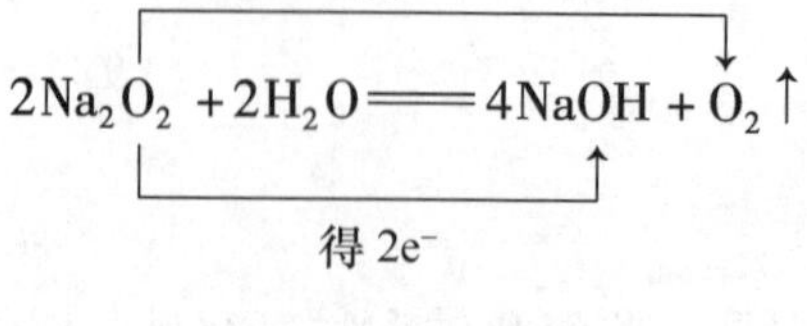

失 $2e^-$

$$2Na_2O_2 + 2CO_2 = 2Na_2CO_3 + O_2$$

得 $2e^-$

【讲解】在两种反应中，反应的得失电子都是由 Na_2O_2 完成的，Na_2O_2 发生了自身氧化还原反应同时，两个反应都产生了氧气，通过这一特性，在生活中我们可以将 Na_2O_2应用在哪些方面?

【讲述】Na_2O_2可用做呼吸面具，人进行呼吸时，需要呼出 CO_2，吸进 O_2，而 CO_2与 Na_2O_2正好可以反应生成 O_2，以保证人体正常呼吸。还可以用作潜水艇里的供氧剂，水资源在地球上是非常充沛的，利用 Na_2O_2与 H_2O 的反应，我们可以在很多方面都将其用做供氧剂。学习了以上性质，请大家根据 Na_2O 和 Na_2O_2的性质填写表格。

【小结】Na_2O 和 Na_2O_2的性质比较

名　称	氧 化 钠	过 氧 化 钠
化学式	Na_2O	Na_2O_2
色　态	白色固体	淡黄色固体
与 H_2O 反应	$Na_2O + H_2O = 2NaOH$	$2Na_2O_2 + 2H_2O = 4NaOH + O_2\uparrow$
与 CO_2反应	$Na_2O + CO_2 = Na_2CO_3$	$2Na_2O_2 + 2CO_2 = 2Na_2CO_3 + O_2$
类　别	碱性氧化物	过氧化物
生成条件	Na 在空气中缓慢氧化	Na 在空气中燃烧
用　途	制烧碱	供氧剂、强氧化剂、漂白剂

2. 焰色反应

【过渡】根据之前的学习知道，K、Na 的化学性质非常相似，通过九年级学习物质的溶解性我们知道，钠盐、钾盐全溶，用离子反应是不可能把 Na^+、K^+鉴别出来的，怎样鉴别钠盐和钾盐呢?

【讲述】同学们，有没有注意到平时我们炒菜时，如果不小心把汤洒在炉火上，火焰会变成黄色，酒精燃烧的火焰本身是淡蓝色的，但是我们使用酒精灯时发现酒精灯的火焰实际上也是黄色，这是为什么呢?

【讲解】在化学上，我们把很多金属或它们的化合物在灼烧时都会使火焰呈现出的特殊的颜色变化，叫做焰色反应。下面我们通过 NaCl 的焰色反应实验让同学们来感受一下这个过程。

【板书】2. 焰色反应

（1）定义：很多金属或它们的化合物在灼烧时都会使火焰发出特殊的颜色，在化学上称为焰色反应。

【演示实验】焰色反应分为以下 4 个步骤：

洗——用稀盐酸洗铂丝；

烧——用盐酸洗涤过的铂丝在火焰上烧到与原来颜色相同为止；

蘸——用灼烧合格的 Pt 丝蘸取 NaCl 固体；

烧——将沾有 NaCl 固体的铂丝在火焰上灼烧，观察其现象。

【板书】（2）操作：洗—烧—蘸—烧

【讲述】我们看到火焰是呈黄色的，钠的化合物在灼烧时火焰都是黄色的。要注意的是，焰色反应不是化学变化而是物理变化，主要用来检验金属元素。

【讲述】值得注意的是，进行焰色反应应选用火焰颜色较浅的煤气灯或酒精灯；选用的金属丝本身在火焰上燃烧应无颜色，同时熔点要高，不易被氧化，用 Pt 丝效果较好，也可用 Fe、Ni、W 来代替。

【讲述】现在再来做一次 KCl 的实验，请一位同学透过蓝色的钴玻璃看颜色。一般来说，晶体中钾、钠有共存现象，很难分离，因此钾的盐会混入钠离子，焰色反应会被钠元素干扰，通过蓝色钴玻璃观察会滤去钠的黄光，这样才能看到钾的颜色。

【板书】钠盐：黄色　　　　钾盐：透过蓝色的钴玻璃呈紫色

【知识拓展】“火树银花不夜天”，通常出现在节日之夜，天空中五彩缤纷、瑰丽多姿的焰火，给节日增添了欢乐的气氛，而这美丽的夜景的创造都归功于化学。之所以产生了五光十色的焰色，是因为烟花中加入了火焰发色剂，常用的火焰发色剂有：

红色：$Sr(NO_3)_2$　黄色：$NaNO_3$　绿色：$Ba(NO_3)_2$　紫红色：$LiNO_3$

Mg、Al、Zn 粉等在烧灼则产生耀眼的白光。

燃放焰火虽可以给人带来欢乐，但引起的环境污染是相当严重的。

【板书】（3）用途：1）离子检验

2）焰色材料

环节三：归纳总结

【小结】本堂课对金属钠的两种氧化物的性质进行了学习，掌握过氧化钠与水、与二氧化碳反应的特殊性，学习了其特殊性在生活中的重要应用，最后学习了金属的重要性质反应——焰色反应，掌握其基本原理与操作方法，并了解常见金属的焰色反应及其颜色。

【作业布置】第 63 页的习题 1、4 题并预习下节课内容。

七、板书设计

3.2.1 几种重要的金属化合物

一、钠的重要化合物

1. Na_2O 与 Na_2O_2

（1）与水反应

$$Na_2O + H_2O = 2NaOH$$

$$2Na_2O_2 + 2H_2O = 4NaOH + O_2\uparrow$$

（2）与 CO_2 反应

$$Na_2O + CO_2 = Na_2CO_3$$

$$2Na_2O_2 + 2CO_2 = 2Na_2CO_3 + O_2$$

2. 焰色反应

（1）定义：很多金属或它们的化合物在灼烧时都会使火焰发出特殊的颜色，在化学上称为焰色反应。

（2）操作：洗—烧—蘸—烧

钠盐：黄色　　钾盐：透过蓝色的钴玻璃呈紫色

（3）用途：1）离子检验

2）焰色材料

第2课时　碳酸钠和碳酸氢钠

一、教材分析

本节内容选自人教版高中化学必修1第三章“金属及其化合物”第二节“几种重要的金属化合物”。依据课程标准“根据生产、生活中的应用实例或通过实验探究，了解钠、铝、铁、铜等金属及其重要化合物的主要性质”的要求，本节课安排了“钠盐的性质”这一教学内容。

碳酸钠和碳酸氢钠在厨房中都是发酵粉，但是它们的化学性质并不相同，教科书中以“科学探究”栏目展开碳酸钠和碳酸氢钠性质的教学。通过两组对照实验，分别了解其物理性质、其碱性的强弱顺序及两者的热稳定性。为了能够更加全面认识钠盐的性质，教科书还提出碳酸钠和碳酸氢钠都可以和稀盐酸反应，通过提供信息引导学生书写离子方程式，并介绍了碳酸钠和碳酸氢钠可作为食用碱或工业用碱的原因，丰富了学生的认知领域，强调了化学与生活、生产的联系。

钠盐是金属钠的重要化合物之一，上节课只介绍了钠的氧化物与过氧化物，这节课继续扩充学生的知识面，通过探究碳酸钠与碳酸氢钠的性质，为下一节学习有关铝的重要化合物提供学习方法。学习钠盐的相关知识也为选修模块“化学反应原理”提供理论基础，帮助学生进一步搭建知识桥梁。

二、学情分析

学生在九年级化学第十一单元（盐化肥）中，对碳酸钠和碳酸氢钠与酸的反应有了初步认识，并且能够描述碳酸钠与碳酸氢钠的物理性质，但是学生从以往学习经验中，无法系统地掌握钠盐的化学性质，因此还需要深入探究，进一步提高学生的认知水平。

通过前几节课的学习，学生具备在已有知识上建立新知识的能力，能够在不断的学习过程中，运用以往知识展开学习，写出碳酸钠和碳酸氢钠与酸反应的离子方程式，使知识得以升华。并且学生具备分析问题及归纳总结的能力，能够在观察实验后总结实验现象及结论，为培养自主学习能力奠定基础。

三、教学目标

知识与技能	（1）了解碳酸钠和碳酸氢钠的物理性质。 （2）掌握碳酸钠和碳酸氢钠的化学性质。 （3）了解碳酸钠和碳酸氢钠在生活、生产中的应用
过程与方法	（1）根据分析碳酸钠和碳酸氢钠在厨房中的用途，推出其化学性质。 （2）通过分析钠盐的有关化学反应，概括两种钠盐的异同点。 （3）通过尝试书写钠盐与酸的离子方程式，理解其反应实质

续表

情感态度与价值观	（1）通过碳酸钠和碳酸氢钠的相互转化，体会化学中的辩证唯物主义思想。 （2）通过实验探究活动，感受化学变化的魅力。 （3）通过对碳酸钠和碳酸氢钠化学性质的学习，感受化学与生活的密切关系

四、教学重点和难点

（1）教学重点：Na_2CO_3和$NaHCO_3$的性质。

（2）教学难点：Na_2CO_3、$NaHCO_3$的鉴别及相互转化。

五、知识结构

几种重要的金属化合物→Na_2CO_3 和 $NaHCO_3$

- 溶解性：$Na_2CO_3 > NaHCO_3$
- 碱性：$Na_2CO_3 > NaHCO_3$
- 热稳定性：$Na_2CO_3 > NaHCO_3$
- 鉴别
  - 方法一：滴加稀盐酸
  - 方法二：在溶液中滴加 $CaCl_2$ 或 $BaCl_2$ 溶液
  - 方法三：加热分解
- 转化：$Na_2CO_3 \xrightarrow{Na_2CO_3 + CO_2 + H_2O = 2NaHCO_3} NaHCO_3$
  - ①$2NaHCO_3 \xlongequal{\triangle} Na_2CO_3 + CO_2\uparrow + H_2O$
  - ②$NaHCO_3 + NaOH = Na_2CO_3 + H_2O$

六、教学过程

环节一：导入新课

【提问】在上一节的学习中，我们学习了钠的两种重要的氧化物——Na_2O 和 Na_2O_2的相关性质，本节课我们来学习钠相关的盐类 Na_2CO_3与 $NaHCO_3$的性质。

【板书】3.2.2　几种重要的金属化合物

一、Na_2CO_3与 $NaHCO_3$

环节二：展开新课

1. 钠盐的性质

【讲述】Na_2CO_3俗名是苏打或纯碱，它还有一个相对分子质量比它小的弟弟——小苏打，也就是 $NaHCO_3$，它们的性质既相似又不同，下面我们就学习一下它们的性质。

【演示实验】碳酸钠与碳酸氢钠的性质

在两支试管里分别加入少量 Na_2CO_3和 $NaHCO_3$（各约 1g）

（1）观察两者外观上的细小差别，分别滴入几滴水，振荡试管，观察现象，用手触摸试管底部。

（2）继续向试管内加入 10mL 水，用力振荡，观察现象。

（3）向试管内滴入 1 ~ 2 滴酚酞溶液，观察现象。

在下表中记录实验现象并得出初步结论。

步　骤	Na_2CO_3	$NaHCO_3$
①	白色粉末，加 H_2O 结块成晶体，放热	细小白色粉末，加 H_2O 部分溶解，没有明显放热感觉
②	振荡长时间后可溶解	振荡长时间后仍有固体残余
③	溶液变红	微红
初步结论	溶解性：$Na_2CO_3 > NaHCO_3$ 碱性：$Na_2CO_3 > NaHCO_3$	

【讲述】 通过对比观察 Na_2CO_3 和 $NaHCO_3$ 的化学式与以上性质可以发现，两者虽然确实有很多相似之处，但是也有很多差异，我们如何通过两者之间的差异来鉴别两者呢？首先通过化学式来看，它们在水溶液中电离，一个产生 CO_3^{2-}，一个产生 HCO_3^-。

【提问】 根据九年级所学的知识回答，检验某一物质是否含有碳酸根（CO_3^{2-}），用什么方法？

【讲述】 九年级时，我们通常通过加入盐酸，将生成的气体通入澄清石灰水中，观察溶液是否变浑浊的方式来检验是否含有碳酸根（CO_3^{2-}）。

【讲解】 如此看来，在 Na_2CO_3 中滴加稀盐酸，必定有气体生成，那么在 $NaHCO_3$ 中滴加稀盐酸，现象又如何呢？是否和 Na_2CO_3 与 HCl 的反应一样？让我们通过实验来得出结论。

【演示实验】 向两支装有等物质的量的 Na_2CO_3 和 $NaHCO_3$ 中同时滴加等浓度的盐酸，观察实验现象。

【讲解】 我们可以很明显地观察到 Na_2CO_3 产生气体要慢一些。慢的原因是反应的最初阶段 CO_3^{2-} 与 H^+ 相结合产生 HCO_3^-，此时溶液中同时存在 CO_3^{2-} 与 HCO_3^-，但是由于 CO_3^{2-} 所携带的负电荷数较 HCO_3^- 为高，所以 CO_3^{2-} 结合 H^+ 的能力比 HCO_3^- 强，因而依旧是以生成 HCO_3^- 为主，直到溶液中的 CO_3^{2-} 反应完全后，才开始产生气体，所以 Na_2CO_3 产生气体要慢一些，我们一起写出反应的离子方程式就能更好地理解这个过程了。

【提问】 这里想问同学们，Na_2CO_3 与 HCl 反应时加入的顺序不同，现象如何？

【讲述】 第一种，在盐酸中逐滴加入 Na_2CO_3 溶液，我们以进入盐酸中的第一滴 Na_2CO_3 溶液为例，Na_2CO_3 溶液进入盐酸后先 CO_3^{2-} 反应生成了 HCO_3^-，但是 HCO_3^- 的周围有大量的 H^+，所以很快结合生成 H_2O 和 CO_2，从宏观观察到的现象就是在盐酸中逐滴加入 Na_2CO_3 溶液，立即产生气泡。第二种，在 Na_2CO_3 溶液中加入稀盐酸时，加入的盐酸电离出的 H^+ 与溶液中的 CO_3^{2-} 相结合产生 HCO_3^-，此时溶液中同时存在 CO_3^{2-} 与 HCO_3^-，但是由于 CO_3^{2-} 所携带的负电荷数较之 HCO_3^- 为高，所以 CO_3^{2-} 结合 H^+ 的能力比 HCO_3^- 强，因而依旧是以生成 HCO_3^- 为主，直到溶液中的 CO_3^{2-} 反应完后，才开始产生气体。

【板书】1. 与盐酸反应：

$$Na_2CO_3 + 2HCl = 2NaCl + H_2O + CO_2\uparrow（慢）$$

$$CO_3^{2-} + 2H^+ = H_2O + CO_2\uparrow$$

$$NaHCO_3 + HCl = NaCl + H_2O + CO_2\uparrow（快）$$

$$HCO_3^- + H^+ = H_2O + CO_2\uparrow$$

【讲述】由此我们得出了鉴别 Na_2CO_3 与 $NaHCO_3$ 的第一个方法：通过滴加盐酸后气体产生的快慢来判断。

【讲述】但是通过气体放出快慢来作为反应物的判断标准存在很多弊端，例如，人眼观察不便等诸多影响因素。根据 CO_3^{2-} 与 HCO_3^- 的性质差异，我们还可以通过什么办法来鉴别两者呢？

【讲述】从上面的实验我们知道 Ca^{2+} 能与 CO_3^{2-} 产生沉淀，那么与 HCO_3^- 呢？我们来做个实验看一下。

【实验】

序号	步　　骤	现　　象
1	向装有 Na_2CO_3 溶液的试管中滴加 $CaCl_2$ 溶液	产生白色沉淀
2	向装有 $NaHCO_3$ 溶液的试管中滴加 $CaCl_2$ 溶液	无现象

【讲述】我们一起来写出反应的离子方程式。

【板书】2. 与 $CaCl_2$ 溶液反应：

$$Ca^{2+} + CO_3^{2-} = CaCO_3\downarrow$$

【讲述】碳酸盐的正盐除了 K^+、Na^+、NH_4^+ 外都不溶于水，而酸式盐却都溶于水，因此，我们又得到了一种鉴别 Na_2CO_3 和 $NaHCO_3$ 的方法：在溶液中滴加 $CaCl_2$ 或 $BaCl_2$ 溶液。

【过渡】这里再向大家介绍 Na_2CO_3 与 $NaHCO_3$ 的另一个不同点，热稳定性的不同，我们通过实验来进一步认识它们的热稳定性。

【演示实验】按照下图安装实验装置，点燃酒精灯对试管进行预热，预热完毕后，进行集中加热，将生成的气体通入澄清石灰水中，观察实验现象并记录表格。

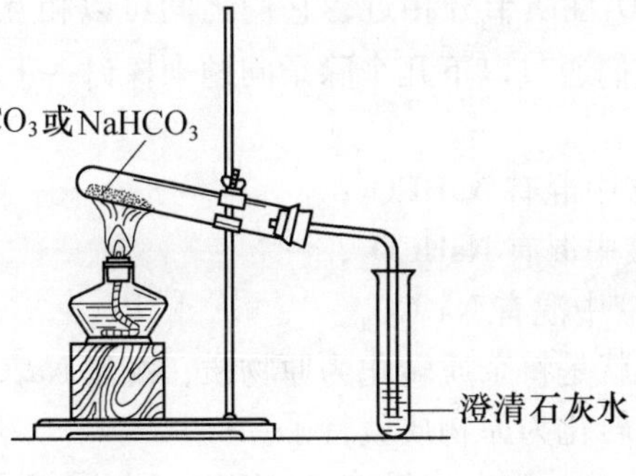

名称	现象	发生反应的化学方程式	结论
Na_2CO_3	石灰水无变化	—	受热不分解
$NaHCO_3$	石灰水变浑浊	$2NaHCO_3 \xlongequal{\triangle} Na_2CO_3 + H_2O + CO_2\uparrow$	易分解

【讲述】通过实验现象我们可以得出两者的热稳定性差异：$Na_2CO_3 > NaHCO_3$。由此，我们得到鉴别 Na_2CO_3和 $NaHCO_3$的第三种方法：加热。

【板书】3. 热稳定性：Na_2CO_3稳定，$NaHCO_3$受热易分解

$$2NaHCO_3 \xlongequal{\triangle} Na_2CO_3 + H_2O + CO_2\uparrow$$

【提问】根据 Na_2CO_3与 $NaHCO_3$各自不同的性质，两者有什么用途?

【讲述】碳酸氢钠能产生较多的 CO_2，通常用作发酵粉，而对于碳酸钠，我们通常是利用它的碱性来制造玻璃，通过前面的学习同学们将下表填写完整。

【小结】Na_2CO_3和 $NaHCO_3$性质比较

物质	碳酸钠	碳酸氢钠
化学式	Na_2CO_3	$NaHCO_3$
俗名	纯碱、苏打	小苏打
色态	白色粉末	白色晶体
溶解性	易溶于水	溶解度相对小
与 H^+反应	慢 $CO_3^{2-} + 2H^+ \xlongequal{} H_2O + CO_2\uparrow$	快 $HCO_3^- + H^+ \xlongequal{} H_2O + CO_2\uparrow$
与可溶性钡、钙盐	$Ba^{2+} + CO_3^{2-} \xlongequal{} BaCO_3\downarrow$ $Ca^{2+} + CO_3^{2-} \xlongequal{} CaCO_3\downarrow$	不反应
热稳定性	稳定	不稳定 $2NaHCO_3 \xlongequal{\triangle} Na_2CO_3 + H_2O + CO_2\uparrow$
用途	玻璃，制皂，造纸，纺织	发酵粉，制药

2. 钠盐的转化

【提问】Na_2CO_3和 $NaHCO_3$性质十分相近，它们之间可以相互转化，那么转化的原理与方法是什么呢？我们通过以下几个除杂问题来探讨一下。

【板书】二、钠盐的转化

（1）Na_2CO_3粉末中混有 $NaHCO_3$；

（2）Na_2CO_3溶液中混有 $NaHCO_3$；

（3）$NaHCO_3$溶液中混有 Na_2CO_3。

【讲述】最好的除杂方法就是将杂质转化为原物质，既然 Na_2CO_3与 $NaHCO_3$可以相互转化，就将少量的杂质转化为原物质就行了。

【讲解】第一种情况，Na_2CO_3粉末中混有 $NaHCO_3$，本质就是将 $NaHCO_3$转化为 Na_2CO_3，

根据 $NaHCO_3$ 的受热不稳定性，加热可以得到 Na_2CO_3。

【板书】$NaHCO_3$ 粉末转化为 Na_2CO_3，加热法：

$$2NaHCO_3 \xlongequal{\triangle} Na_2CO_3 + H_2O + CO_2\uparrow$$

【讲解】第二种情况，Na_2CO_3 溶液中混有 $NaHCO_3$，本质也是将 $NaHCO_3$ 转化为 Na_2CO_3，但这次是在溶液中，我们可以加入适量的 NaOH，化学反应方程式为 $NaHCO_3 + NaOH = Na_2CO_3 + H_2O$。

【板书】在溶液中，$NaHCO_3$ 转化为 Na_2CO_3，滴加适量 NaOH：

$$NaHCO_3 + NaOH = Na_2CO_3 + H_2O$$

【讲解】第三种情况，$NaHCO_3$ 溶液中混有 Na_2CO_3，要将溶液中的 Na_2CO_3 转化为 $NaHCO_3$，此时我们可在溶液中通入 CO_2，化学反应方程式为 $Na_2CO_3 + CO_2 + H_2O = 2NaHCO_3$。

【板书】在溶液中，Na_2CO_3 转化为 $NaHCO_3$，通入过量 CO_2：

$$Na_2CO_3 + CO_2 + H_2O = 2NaHCO_3$$

环节三：归纳总结

【小结】本堂课主要学习了金属钠的两种重要盐—— Na_2CO_3 与 $NaHCO_3$，学习了两者的物理性质与化学性质，并根据相关性质学习 Na_2CO_3 与 $NaHCO_3$ 的鉴别和转化方法，根据以上学习内容请同学们完成课后第 63 页的第 12 题并预习下节课内容。

七、板书设计

3.2.2 几种重要的金属化合物

一、Na_2CO_3 与 $NaHCO_3$

1. 与盐酸反应：

$$Na_2CO_3 + 2HCl = 2NaCl + H_2O + CO_2\uparrow（慢）$$

$$CO_3^{2-} + 2H^+ = H_2O + CO_2\uparrow$$

$$NaHCO_3 + HCl = NaCl + H_2O + CO_2\uparrow（快）$$

$$HCO_3^- + H^+ = H_2O + CO_2\uparrow$$

2. 与 $CaCl_2$ 溶液反应：

$$Ca^{2+} + CO_3^{2-} = CaCO_3\downarrow$$

3. 热稳定性：Na_2CO_3 稳定，$NaHCO_3$ 受热易分解

$$2NaHCO_3 \xlongequal{\triangle} Na_2CO_3 + H_2O + CO_2\uparrow$$

二、钠盐的转化

除　杂	转化类型	方法	化学方程式
Na_2CO_3 粉末中混有 $NaHCO_3$	$NaHCO_3$ 粉末转化为 Na_2CO_3	加热法	$2NaHCO_3 \xlongequal{\triangle} Na_2CO_3 + H_2O + CO_2\uparrow$
Na_2CO_3 溶液中混有 $NaHCO_3$	在溶液中，$NaHCO_3$ 转化为 Na_2CO_3	滴加适量 NaOH	$NaHCO_3 + NaOH = Na_2CO_3 + H_2O$
$NaHCO_3$ 溶液中混有 Na_2CO_3	在溶液中，Na_2CO_3 转化为 $NaHCO_3$	通入过量 CO_2	$Na_2CO_3 + CO_2 + H_2O = 2NaHCO_3$

第3课时　铝的重要化合物

一、教材分析

本节内容选自人教版高中化学必修1第三章“金属及其化合物”第二节“几种重要的金属化合物”。依据课程标准“根据生产、生活中的应用实例或通过实验探究，了解钠、铝、铁、铜等金属及其重要化合物的主要性质”的要求，本节课安排了“铝的重要化合物”这一教学内容。

铝是地壳中含量最多的金属元素，并且在人们的生活、生产中用途广泛，但是由于铝很活泼，因此在自然界中以化合态存在，而金属化合物的性质与金属单质的性质息息相关，金属单质在化学反应过程中由于失去部分电子才会转变为金属的相应化合物，例如之前学习的金属铝与氧气反应生成氧化铝。教科书为了加深学生对铝及其重要化合物的认识，通过介绍氧化铝的物理性质，能与酸、与碱反应的化学性质及其用途，并且通过实验探究活动，制备铝的重要化合物氢氧化铝，引导学生继续探究氢氧化铝的化学性质。通过氢氧化铝能够与酸、与碱反应的探究实验，进一步证明金属化合物的性质与金属单质的性质有一定的联系，提高了学生的认知水平，并根据氢氧化铝的化学性质提出其在医学上的用途，激发了学生对化学学习的兴趣。

该部分教学内容安排在钠及其重要化合物的教学内容之后，根据之前的学习经验，本部分的学习对学生来说更加容易理解，并且铝及其化合物在生活、生产中很常用，因此本节课的学习很有意义。而且根据氢氧化铝的制备，教科书还提供了硫酸铝钾的信息，为以后学习复盐的组成及性质、特点做好了铺垫。

二、学情分析

学生在此之前学习了金属铝与非金属、与酸、与碱及氢氧化钠溶液的反应，并了解了金属单质与金属化合物性质之间的关系，但是并不能验证铝的化合物是否具有能够与酸、与碱反应的特性，因此需要通过实验探究完善知识体系。

学生在学习了有关金属化学性质的知识后，具有很强的逻辑思维能力，基本掌握了学习金属元素化学性质的方法，但是根据金属的活泼性不同，其化合物的化学性质还不能很好的掌握，需进一步提高学生解决问题的能力。

三、教学目标

知识与技能	（1）了解氧化铝和氢氧化铝的物理性质。 （2）掌握氧化铝和氢氧化铝的化学性质。 （3）了解硫酸铝钾在生活、生产中的应用

续表

过程与方法	（1）通过对比金属铝、氧化铝、氢氧化铝的化学性质，归纳其共同点。 （2）通过探究性实验，进一步掌握应用实验探究物质性质的思路和方法。 （3）通过思考与交流，提高综合分析问题的能力
情感态度与价值观	（1）通过对铝及其化合物用途的学习，意识到化学对生活的重要性。 （2）通过对铝及其化合物两性的实验探究活动，体验学习化学的乐趣

四、教学重点和难点

（1）教学重点：氧化铝和氢氧化铝的化学性质。

（2）教学难点：氧化铝和氢氧化铝与强碱溶液的反应及其化学方程式的书写。

五、知识结构

金属铝及其化合物
- Al_2O_3
  - $Al_2O_3 + 6H^+ = 2Al^{3+} + 3H_2O$
  - $Al_2O_3 + 2OH^- = 2AlO_2^- + H_2O$
- $Al(OH)_3$
  - 物理性质：白色胶状物质
  - 制备：$Al^{3+} + 3NH_3 \cdot H_2O = Al(OH)_3\downarrow + 3NH_4^+$
  - 化学性质
    - 与酸反应：$Al(OH)_3 + 3H^+ = Al^{3+} + 3H_2O$
    - 与碱反应：$Al(OH)_3 + OH^- = AlO_2^- + 2H_2O$
- 明矾：$KAl(SO_4)_2 \cdot 12H_2O$，无色晶体，易溶于水，可做净水剂

六、教学过程

环节一：导入新课

【导入】 19 世纪，法国王宫一次宴会上，法国皇帝拿破仑三世独自用一种比金、银轻得多的金属制成的刀叉，而其他人都用黄金或白银制成的餐具，以体现其王者的风范。大家猜猜看，拿破仑的刀叉是用什么金属制成的？

这种金属就是铝，由于当时冶炼铝很难，铝十分珍贵，据说泰国当时的国王曾用过铝制的表链，在 1855 年巴黎万国博览会上，展出了一小块铝，标签上写道："来自黏土的白银"，并将它放在最珍贵的珠宝旁边；直到 1889 年，伦敦化学会还把铝合金制的花瓶和杯子作为贵重的礼物送给门捷列夫。随着科学技术的发展，铝的冶炼变得很简单，现在铝和铝制品在生活中，可以说无处不在。

【板书】 3.2.3　几种重要的金属化合物

二、铝的重要化合物

环节二：展开新课

1. 氧化铝的性质

【提问】 铝是较活泼的金属，那么，它的化合物都以何种形态存在于自然界中？

【讲述】 铝在自然界中仅有化合态。占地壳总质量的 7.7%，在所有元素中是第 3 位，在

金属中为第 1 位，主要存在的形式为：铝土矿（Al_2O_3）、明矾石、长石、云母等。

【过渡】铝的最常见的重要化合物有 Al_2O_3、$Al(OH)_3$、$KAl(SO_4)_2$ 等，它们有哪些性质呢？下面我们就来学习这几种重要的铝的化合物的性质。

【板书】1. 氧化铝

【讲述】Al_2O_3为白色粉末，不溶于水，熔点 2050℃，用作耐火材料，自然界中纯净的 Al_2O_3为无色晶体，俗称刚玉。硬度仅次于金刚石，通常所说的红蓝宝石是混有少量不同氧化物杂质的刚玉。

【讲述】我们知道金属镁与金属铝在周期表中的位置十分相近，而且从金属活动顺序来看两者也十分相近，今天就以两者来对比学习铝的化合物的化学性质，首先通过实验来学习氧化物的化学性质。

【实验】

序号	步　骤	现　象
1	向两支分别加有氧化镁和氧化铝的试管中滴加盐酸，观察实验现象	两支试管中的氧化物都溶解
2	向两支分别加有氧化镁和氧化铝的试管中滴加氢氧化钠溶液，观察实验现象	只有加有氧化铝的试管中固体溶解

【讲述】我们曾提到过，既能与酸发生反应，又能与碱发生反应，仅生成盐和水的氧化物就是两性氧化物，因此，Al_2O_3就是典型的两性氧化物，下面跟着老师一起写出 Al_2O_3分别与盐酸、氢氧化钠溶液反应的离子反应方程式。

【板书】Al_2O_3是典型的两性氧化物

$$Al_2O_3 + 6H^+ = 2Al^{3+} + 3H_2O$$

$$Al_2O_3 + 2OH^- = 2AlO_2^- + H_2O$$

【讲述】Al_2O_3呈两性，那么它对应的水化物——$Al(OH)_3$的性质又怎么样呢？我们以氢氧化镁来对比学习。

2. 氢氧化铝的性质与制备方法

【板书】2. 氢氧化铝

【实验】

序号	步　骤	现　象
1	向两支分别加有氢氧化镁和氢氧化铝的试管中滴加盐酸溶液，观察实验现象	两支试管中的氢氧化物均溶解
2	向两支分别加有氢氧化镁和氢氧化铝的试管中滴加氢氧化钠溶液，观察实验现象	氢氧化铝溶解，而氢氧化镁不溶解

【讲解】由实验可知，$Al(OH)_3$就是典型的两性氢氧化物。为什么 $Al(OH)_3$既能与盐酸反应又能与氢氧化钠溶液发生反应呢？事实上 $Al(OH)_3$在溶液中会发生两种电离，一种是酸式电离，一种是碱式电离，可以将它写成 $H^+ + AlO_2^- + H_2O \rightleftharpoons$

$Al(OH)_3 \rightleftharpoons Al^{3+} + 3OH^-$，当向 $Al(OH)_3$ 中加酸时，抑制酸式电离，促进碱式电离，若加入足量的酸，则 $Al(OH)_3$ 将完全以碱的形式电离，即 $Al(OH)_3$ 溶于酸中；当向 $Al(OH)_3$ 加入碱时，抑制碱式电离，促进酸式电离，若加入足量的碱，则 $Al(OH)_3$ 完全以酸的形式电离，即 $Al(OH)_3$ 溶于碱中。在相应的酸碱溶液中发生不同的电离促进反应的发生，现在我们来写出 $Al(OH)_3$ 与盐酸、氢氧化钠溶液反应的离子反应方程式。

【板书】（1）$Al(OH)_3$ 是典型的两性氢氧化物

$$H^+ + AlO_2^- + H_2O \rightleftharpoons Al(OH)_3 \rightleftharpoons Al^{3+} + 3OH^-$$

（酸式电离）　　　　　　（碱式电离）

（2）化学性质：

$$Al(OH)_3 + 3H^+ = Al^{3+} + 3H_2O$$

$$Al(OH)_3 + OH^- = AlO_2^- + 2H_2O$$

【讲述】但是，$Al(OH)_3$ 既不与弱酸反应，如向 $Al(OH)_3$ 浊液中通入 CO_2 不反应；也不与弱碱反应。利用这一原理，实验室将过量的 $NH_3 \cdot H_2O$ 加入铝盐中来制备 $Al(OH)_3$，$NH_3 \cdot H_2O$ 能够与铝盐反应生成 $Al(OH)_3$，但过量的 $NH_3 \cdot H_2O$ 并不能与反应生成的 $Al(OH)_3$ 继续发生反应。下面我们一起来写出实验室制备 $Al(OH)_3$ 的化学反应方程式与离子反应方程式。

【板书】（3）$Al(OH)_3$ 的制备：

$$Al_2(SO_4)_3 + 6NH_3 \cdot H_2O = 2Al(OH)_3 \downarrow + 3(NH_4)_2SO_4$$

$$Al^{3+} + 3NH_3 \cdot H_2O = Al(OH)_3 \downarrow + 3NH_4^+$$

【过渡】下面我们再介绍一种常见的铝的化合物。

3. 金属铝的复盐的性质

【板书】3. 硫酸铝钾

（1）化学式：$KAl(SO_4)_2$

【讲述】明矾就是带 12 个结晶水的硫酸铝钾，即 $KAl(SO_4)_2 \cdot 12H_2O$。

【讲述】$KAl(SO_4)_2$ 是由两种不同的金属离子和一种酸根离子组成的化合物，是一种复盐，写出 $KAl(SO_4)_2$ 的电离方程式。

【板书】（2）电离方程式：$KAl(SO_4)_2 = K^+ + Al^{3+} + 2SO_4^{2-}$

【讲述】明矾水解所产生的胶状物 $Al(OH)_3$ 的吸附能力强，可以吸附水里的杂质，并形成沉淀使水澄清。所以，明矾常用做净水剂。

【板书】（3）用途：用做净水剂

环节三：归纳总结

【总结】本节课通过与 MgO 的对比实验学习了 Al_2O_3 的两性，通过与 Mg(OH) 的对比实验学习了 $Al(OH)_3$ 的两性原理与制取原理，同时还学习了复盐的相关性质，以及两性氧化物与两性氢氧化物的基本方法。

【作业布置】第 62 页的第 2、3 题，预习下节课的内容。

七、板书设计

3.2.3　几种重要的金属化合物

二、铝的重要化合物

1. 氧化铝

Al_2O_3 是典型的两性氧化物

$$Al_2O_3 + 6H^+ = 2Al^{3+} + 3H_2O$$

$$Al_2O_3 + 2OH^- = 2AlO_2^- + H_2O$$

2. 氢氧化铝

（1）$Al(OH)_3$是典型的两性氢氧化物

$$H^+ + AlO_2^- + H_2O \rightleftharpoons Al(OH)_3 \rightleftharpoons Al^{3+} + 3OH^-$$

（酸式电离）　　　　（碱式电离）

（2）化学性质：

$$Al(OH)_3 + 3H^+ = Al^{3+} + 3H_2O$$

$$Al(OH)_3 + OH^- = AlO_2^- + 2H_2O$$

（3）$Al(OH)_3$的制备

$$Al_2(SO_4)_3 + 6NH_3 \cdot H_2O = 2Al(OH)_3\downarrow + 3(NH_4)_2SO_4$$

$$Al^{3+} + 3NH_3 \cdot H_2O = Al(OH)_3\downarrow + 3NH_4^+$$

3. 硫酸铝钾

（1）化学式：$KAl(SO_4)_2$

（2）电离方程式：$KAl(SO_4)_2 = K^+ + Al^{3+} + 2SO_4^{2-}$

（3）用途：用做净水剂

第4课时　铁的氧化物和氢氧化物

一、教材分析

本节内容选自人教版高中化学必修1第三章“金属及其化合物”第二节“几种重要的金属化合物”。依据课程标准“根据生产、生活中的应用实例或通过实验探究，了解钠、铝、铁、铜等金属及其重要化合物的主要性质”的要求，本节课安排了“铁的氧化物”与“铁的氢氧化物”两部分教学内容。

在地壳中铁的含量位居第四，主要以+2和+3价化合物的形式存在，本节课主要学习铁的氧化物及氢氧化物的知识。铁的氧化物作为铁的重要化合物之一，有3种氧化物类型，分别为氧化亚铁、氧化铁和四氧化三铁。为了引导学生深入认识铁的3种氧化物，教科书中分别介绍了3种物质的物理性质及用途，由于氧化铁和氧化亚铁都是碱性氧化物，能够与酸反应生成铁盐及亚铁盐，不断地扩充学生的知识面。铁的氢氧化物也有两种，教科书中通过实验探究将两种可溶性铁盐与碱溶液反应生成相应的铁的氢氧化物，直接以制备两种铁的氢氧化物为教学内容，引导学生从本质上认识它们。在实验过程中，可溶性铁盐先变为白色的氢氧化亚铁，在空气中进一步被氧化为红褐色的氢氧化铁，该变化过程能够有效地引起学生的学习兴趣，颜色的不断转变也激发了学生对这两种铁的氢氧化物的好奇。为了更加深入地引导学生接受新知，教科书通过“学与问”栏目，引导学生书写氢氧化铁及氢氧化亚铁与酸的反应离子方程式，加深学生对两种反应本质的认识。

本节课是在多次学习有关金属化合物性质的基础上展开的教学，所以该部分内容对学生来说并不陌生，并且能够很好地与以往知识相呼应。探究3种铁的氧化物及两种铁的氢氧化物的化学性质，能够有效地帮助学生体验实验探究过程。

二、学情分析

学生在九年级学习阶段已经接触了铁的冶炼原理，初步认识了铁的一些化合物，并且铁和铁的化合物是我们生活中常见的物质，因此学习这部分内容可以建立在生活经验上，但是学生对以上物质只是初步了解，还未能深入探究，所以还需要进一步的学习。

通过以往化学实验的积累，学生能够掌握基本的实验操作并且具备分析实验问题的能力，本节课在制备氢氧化铁时，出现了由白色絮状物转换为灰绿色最后变成红褐色的过程，有一定的趣味性，能够激发学生的兴趣。

三、教学目标

知识与技能	（1）了解铁的氧化物及铁的氢氧化物的物理性质及用途。 （2）掌握铁的氧化物及铁的氢氧化物的化学性质。 （3）掌握氢氧化亚铁被氧化为氢氧化铁的过程

续表

过程与方法	（1）通过图片展示及实验演示，知道几种铁的重要化合物的颜色。 （2）通过掌握几种铁的重要化合物与生活之间的联系，建立"性质决定用途"的观念。 （3）通过对铁的氢氧化物制备实验的观察分析，提高用科学的方法分析问题的能力
情感态度与价值观	（1）体会化学实验和科学探究对学习化学的重要性。 （2）通过观察氢氧化亚铁被氧化为氢氧化铁过程中颜色的变化，感受化学实验的趣味性

四、教学重点和难点

（1）教学重点：铁的氧化物与氢氧化物的性质。

（2）教学难点：$Fe(OH)_2$和$Fe(OH)_3$的相互转化。

五、知识结构

几种重要的金属化合物
- FeO、Fe_2O_3、Fe_3O_4 的性质及用途
- 铁的氢氧化物
  - $Fe(OH)_2$ 的制备和性质
  - $Fe(OH)_3$ 的制备和性质
  - $Fe(OH)_2$ 与 $Fe(OH)_3$ 的相互转化：$4Fe(OH)_2+O_2+2H_2O = 4Fe(OH)_3$

六、教学过程

环节一：导入新课

【引入】 通过前面的学习我们知道，铁在生活中的用途很广泛，其实不仅仅是铁单质，铁的化合物在我们的生活中也占有很重要的地位，今天就让我们一起来学习铁的化合物的相关知识。

【板书】 3.2.4　几种重要的金属化合物

三、铁的重要化合物

环节二：展开新课

1. 铁的氧化物的性质

【过渡】 首先，我们来看铁的氧化物，在这里，老师给大家看几张图片。

【投影】

FeO　　Fe_2O_3　　Fe_3O_4

【讲解】从图片中，我们都看到了，铁有 3 种常见氧化物，分别是 FeO、Fe_2O_3、Fe_3O_4，首先我们来看一下 FeO 的性质。

【板书】1. 铁的氧化物

【讲解】从前面老师给大家展示的图片就可以看到，FeO 是黑色粉末，Fe 元素的化合价为 +2，因此不稳定。FeO 是一种碱性氧化物，不溶于水，能溶于酸。

【讲解】Fe_2O_3，它是一种红棕色粉末，又名铁红。Fe 元素的化合价为 +3 价，属于碱性氧化物，不溶于水，能溶于酸。那么它有哪些用途呢？

【讲述】除了做颜料外还可以用作色素。

【讲解】我们再来看最后一张图片，Fe_3O_4，它是黑色固体，Fe 元素的化合价为 +2、+3 价，具有磁性，故又名磁性氧化铁。

【讲述】学习完了 3 种常见铁的氧化物的基本信息，那么它们分别与酸反应的情况又是如何的呢？请同学们根据以前学习过的知识写出铁的不同氧化物与盐酸的离子反应方程式。

【讲述】我看到很多同学都已经完成了，请同学们对比老师给出的正确答案，进行修改。

【投影】与盐酸的反应

$$FeO + 2H^+ = Fe^{2+} + H_2O$$

$$Fe_2O_3 + 6H^+ = 2Fe^{3+} + 3H_2O$$

$$Fe_3O_4 + 8H^+ = Fe^{2+} + 2Fe^{3+} + 4H_2O$$

【过渡】同学们，学完了 3 种氧化物，我们仔细来回想一下，它们之间有哪些共性，又有哪些差异性呢？

【讲解】大家都想得很认真，我们一起来进行总结。

【板书】

名称	氧化亚铁	三氧化二铁	四氧化三铁
化学式	FeO	Fe_2O_3	Fe_3O_4
俗名	—	铁红	磁性氧化铁
色态	黑色粉末	红棕色粉末	黑色晶体
价态	+2 价	+3 价	+3，+2 价
水溶性	不溶	不溶	不溶
与盐酸反应	$FeO + 2H^+ = Fe^{2+} + H_2O$	$Fe_2O_3 + 6H^+ = 2Fe^{3+} + 3H_2O$	$Fe_3O_4 + 8H^+ = Fe^{2+} + 2Fe^{3+} + 4H_2O$

2. 铁的氢氧化物

【过渡】铁的氧化物有 3 种，那么，铁的氢氧化物有哪些呢？它们又分别是什么颜色呢？下面我们就进入第二部分内容的学习——铁的氢氧化物。

【板书】2. 铁的氢氧化物

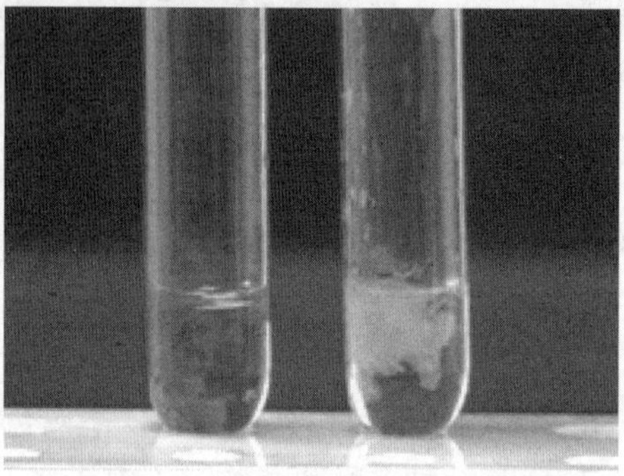

【讲解】铁有两种氢氧化物——$Fe(OH)_2$ 和 $Fe(OH)_3$，它们可以由相应价态的可溶性盐和碱溶液反应而制得，具体过程是怎样的呢？我们通过实验来看一下。

【演示实验】分别向盛有 $FeCl_3$、$FeSO_4$溶液的试管中滴入 NaOH 溶液。

【实验现象】在 $FeCl_3$溶液中滴入 NaOH 溶液，生成红褐色的 $Fe(OH)_3$沉淀；在 $FeSO_4$溶液中滴入 NaOH 溶液，先生成白色絮状的 $Fe(OH)_2$沉淀，而后迅速变为灰绿色，最后变为红褐色的 $Fe(OH)_3$沉淀。

【提问】$FeSO_4$溶液中产生的沉淀迅速变化的原因是什么呢？

【讲解】事实上，$Fe(OH)_2$是白色沉淀，因为它放在空气中很容易被氧化生成$Fe(OH)_3$，所以我们几乎看不到白色，在氧化过程中，先变为灰白色，再变为灰绿色，最后变为红褐色。所以在实验室常常用上面改进后的实验方案进行$Fe(OH)_2$的制备。

【演示实验】将吸有 NaOH 溶液的长滴管伸入到 $FeSO_4$溶液的液面下，挤出 NaOH 溶液，观察现象。

【实验现象】$FeSO_4$溶液先转化生成白色絮状的 $Fe(OH)_2$沉淀，一段时间后，变为灰绿色，最后变为红褐色的 $Fe(OH)_3$沉淀。

【讲述】写出反应的离子方程式

$FeCl_3$溶液	$FeSO_4$溶液
$Fe^{3+} + 3OH^- = Fe(OH)_3\downarrow$	$Fe^{2+} + 2OH^- = Fe(OH)_2\downarrow$ $4Fe(OH)_2 + O_2 + 2H_2O = 4Fe(OH)_3$

【讲解】正是因为 $Fe(OH)_2$极易被氧化，所以在配制时要用煮沸后的水，达到尽量排尽水中 O_2的目的。并且要用新制的 $FeSO_4$溶液，防止反应物中存在 Fe^{3+}，而直接生成 $Fe(OH)_3$。

【提问】怎样才能使 Fe^{2+}溶液能长时间保存呢？

【讲述】在配制溶液时，要加少量 Fe 防止 Fe^{2+}氧化，加少量酸抑制其水解，我们用离子反应方程式来解释原理，$2Fe^{3+}+Fe=3Fe^{2+}$，$Fe^{2+}+2H_2O \rightleftharpoons Fe(OH)_2+2H^+$。

【讲述】从刚才的学习中我们知道，两者的色态分别是白色固体和红褐色固体。它们的溶解性如何呢？

【讲述】$Fe(OH)_2$ 和 $Fe(OH)_3$ 都难溶于水。$Fe(OH)_2$、$Fe(OH)_3$ 均为弱碱，具有碱的通性。那么通过以上知识的学习我们大家一起来填一张表格来巩固一下有关 $Fe(OH)_2$ 和 $Fe(OH)_3$ 的知识。

【板书】$Fe(OH)_2$ 和 $Fe(OH)_3$ 的性质比较

名称	氢氧化亚铁	氢氧化铁
化学式	$Fe(OH)_2$	$Fe(OH)_3$
色态	白色固体	红褐色固体
溶解性	难溶于水	难溶于水
类别	二元弱碱	三元弱碱
制法	$Fe^{2+}+2OH^- = Fe(OH)_2\downarrow$	$Fe^{3+}+3OH^- = Fe(OH)_3\downarrow$
转化	$4Fe(OH)_2+O_2+2H_2O = 4Fe(OH)_3$	

【讲述】同学们一定要牢记以上知识，特别是转化关系的方程式。

环节三：归纳总结

【总结】本节课学习了铁的 3 种氧化物的性质及用途，两种氢氧化物的性质及其制备原理，同时也学习两种氢氧化物之间的转化。请同学们完成第 59 页课后 7、9、10 三道练习题，并将本节课所有知识点加以总结记忆。

七、板书设计

3.2.4　几种重要的金属化合物

三、铁的重要化合物

1. 铁的氧化物

名称	氧化亚铁	三氧化二铁	四氧化三铁
化学式	FeO	Fe_2O_3	Fe_3O_4
俗名	—	铁红	磁性氧化铁
色态	黑色粉末	红棕色粉末	黑色晶体
价态	+2 价	+3 价	+3，+2 价
水溶性	不溶	不溶	不溶
与盐酸反应	$FeO+2H^+ = Fe^{2+}+H_2O$	$Fe_2O_3+6H^+ = 2Fe^{3+}+3H_2O$	$Fe_3O_4+8H^+ = Fe^{2+}+2Fe^{3+}+4H_2O$

2. 铁的氢氧化物

$Fe(OH)_2$ 和 $Fe(OH)_3$ 的性质比较

名称	氢氧化亚铁	氢氧化铁
化学式	$Fe(OH)_2$	$Fe(OH)_3$
色态	白色固体	红褐色固体
溶解性	难溶于水	难溶于水
类别	二元弱碱	三元弱碱
制法	$Fe^{2+} + 2OH^- = Fe(OH)_2\downarrow$	$Fe^{3+} + 3OH^- = Fe(OH)_3\downarrow$
转化	$4Fe(OH)_2 + O_2 + 2H_2O = 4Fe(OH)_3$	

第5课时　铁盐与亚铁盐

一、教材分析

本节内容选自人教版高中化学必修1第三章“金属及其化合物”第二节“几种重要的金属化合物”。依据课程标准“根据生产、生活中的应用实例或通过实验探究，了解钠、铝、铁、铜等金属及其重要化合物的主要性质”的要求，本节课安排了“铁盐与亚铁盐的鉴别和转化”这一教学内容。

铁的重要化合物有很多种类，按其化合价的不同，铁的盐类又包括了铁盐和亚铁盐。铁的化合物主要以+2价和+3价的形式存在，由于它们之间会相互转化，因此需要能够检验的方法，教科书为了解决这一问题，通过对照实验，分别向盛有两种盐的试管中滴加少量硫氰化钾溶液，根据+3价的铁盐能够与硫氰化钾反应变为红色为依据，进而分辨两种铁盐。为了进一步引导学生了解两种铁盐的化学性质，教科书通过“科学探究”栏目，利用硫氰化钾溶液将铁离子、亚铁离子、铁之间的相互转化完整展现，由于是通过颜色的转换来分辨3种物质之间的转化，因此实验既使学生的知识得到升华，又展现了化学实验的魅力。为了促进学生的全面发展，扩充学生的知识面，教科书通过“资料卡片”向学生介绍了铜盐的相关知识，并提出有关“铝盐和铁盐的净化作用”的实践活动，将化学与生活相联系。引导学生认识到化学是一门实用的学科，要能够联系社会、生活和生产实际，做到学以致用。

二、学情分析

学生在九年级学习阶段已经认识了Fe^{2+}和Fe^{3+}的基本性质如颜色，并且在不断的学习过程中已初步掌握了化学实验的基本方法、离子反应、氧化还原反应等知识，但是学生还不能掌握Fe、Fe^{2+}、Fe^{3+}之间的相互转化关系，因此之前的学习经验能够为本节课的学习提供知识基础。

学生经过多次实验探究活动，已具备了描述实验现象并进行分析归纳总结的能力，这为理解“铁三角”相互转化关系提供了能力基础，但是学生未系统地学习铁盐及亚铁盐的知识，还需进一步学习。

三、教学目标

知识与技能	（1）掌握铁盐和亚铁盐的主要性质，能够写出反应的离子方程式。 （2）理解Fe^{3+}检验的基本原理。 （3）掌握Fe、Fe^{2+}、Fe^{3+}之间的相互转化关系
过程与方法	（1）学会从氧化还原反应理论的角度分析微粒化学性质的方法。 （2）通过探究Fe^{3+}的检验及Fe^{2+}、Fe^{3+}相互转化的条件，体验实验探究的过程
情感态度与价值观	（1）通过观察实验探究活动中的颜色变化，激发学习化学的兴趣。 （2）通过实验现象分析实验结果，养成透过现象看本质的思维方式

四、教学重点和难点

（1）教学重点：Fe^{3+}和Fe^{2+}的鉴别；Fe^{3+}和Fe^{2+}的相互转化。

（2）教学难点：Fe^{3+}和Fe^{2+}的相互转化。

五、知识结构

- 几种重要的金属化合物
  - Fe、Fe^{2+}、Fe^{3+}的相互转化
    - 1. $Fe \rightarrow Fe^{2+}$：铁与较弱的氧化剂反应，如S、I_2、Cu^{2+}、$2Fe^{3+}$、H^+（非氧化性酸）等
    - 2. $Fe^{2+} \rightarrow Fe$：Fe^{2+}与具有还原性的物质反应被还原成铁，如C、CO、Al、Zn等
    - 3. $Fe \rightarrow Fe^{3+}$：铁与强氧化剂反应时，如Cl_2、稀HNO_3、等反应时，均可生成+3价铁的化合物
    - 4. $Fe^{3+} \rightarrow Fe$：+3价铁的化合物与H_2、Al、C、CO等还原剂反应均可还原成铁
    - 5. $Fe^{2+} \rightarrow Fe^{3+}$：$Fe^{2+}$具有还原性，当遇到强氧化剂如$O_2$、$Cl_2$、$Br_2$、$KMnO_4$、$HNO_3$等时，均可生成+3价铁
    - 6. $Fe^{3+} \rightarrow Fe^{2+}$：当$Fe^{3+}$遇到强还原剂，如Fe、Cu、$H_2S$、$I^-$（HI）等时，均可将它还原成$Fe^{2+}$
  - Fe^{2+}和Fe^{3+}的检验
    - 1. 直接观察颜色
    - 2. 利用氢氧化物沉淀的颜色
    - 3. 利用显色反应
    - 4. 利用Fe^{2+}的还原性
    - 5. 利用Fe^{3+}的氧化性

六、教学过程

环节一：导入新课

【引入】 铁是人体必需微量元素中量最多的一种，在人体中主要存在于细胞的血红蛋白中，担负着许多重要的生理功能。铁缺乏时，红细胞中血红蛋白质减少，我们称之为“缺铁性贫血”。

【提问】 那人得了缺铁性贫血怎么办呢？

环节二：展开新课

1. 铁盐和亚铁盐的鉴别

【过渡】 研究表明只有Fe^{2+}能促进血红蛋白的形成，而Fe^{3+}则不能，这说明铁盐和亚铁盐的性质和作用是不同的，今天我们就进一步来研究铁盐和亚铁盐的性质。

【板书】 3.2.5 几种重要的金属化合物

一、铁盐和亚铁盐的鉴别

【讲述】 通过九年级的学习我们知道，二价铁离子在水溶液中显浅绿色，而三价铁离子在

水溶液中显棕黄色，所以检验 Fe^{3+} 和 Fe^{2+} 的第一种方法就是观察颜色。

【板书】1. 直接观察颜色

【讲解】通过上节课对铁的两种氢氧化物的学习我们知道，两者的性质有一定的差异性，在水溶液中 $Fe(OH)_2$ 是白色沉淀，$Fe(OH)_3$ 是红褐色沉淀，可通过加入 NaOH 溶液将可溶性的铁盐与亚铁盐转化为铁的氢氧化物来鉴别 Fe^{3+} 和 Fe^{2+}。即加入 NaOH 溶液：

产生红褐色沉淀→含有 Fe^{3+}；产生白色沉淀，然后迅速变为灰绿色，最后变成红褐色→含有 Fe^{2+}。

【板书】2. 利用氢氧化物沉淀的颜色（加入 NaOH 溶液）

【讲述】在这里向大家介绍一种新的物质 KSCN，我们通过实验来认识一下它的特殊性。

【演示实验】在两支试管里分别加入 5mL $FeCl_2$ 溶液和 5mL $FeCl_3$ 溶液，各滴入几滴 KSCN 溶液，观察现象，继续向 $FeCl_2$ 溶液滴加新制氯水，观察现象。

【讲解】实验时 $FeCl_2$ 溶液没有明显变化，加新制氯水后溶液呈红色，而 $FeCl_3$ 溶液中产生了明显的血红色物质，这就是 KSCN 遇到 Fe^{3+} 后产生的特殊物质——配合物，关于这个反应同学们只需要记住，这也是一种检验 Fe^{3+} 和 Fe^{2+} 的方法，而 KSCN 遇到 Fe^{3+} 后的产物是血红色的配合物——$Fe(SCN)_3$。即加入 KSCN 溶液：

溶液呈红色→含有 Fe^{3+}

溶液不变红加新制氯水呈红色→含有 Fe^{2+}

【板书】3. 利用显色反应

Fe^{3+} 遇 KSCN 溶液生成血红色的配合物——$Fe(SCN)_3$

2. "铁三角"

【讲述】高中阶段主要学习铁元素的 3 种价态，这 3 种价态的铁在一定条件下可以相互转化，我们称之为"铁三角"。

【板书】二、"铁三角"

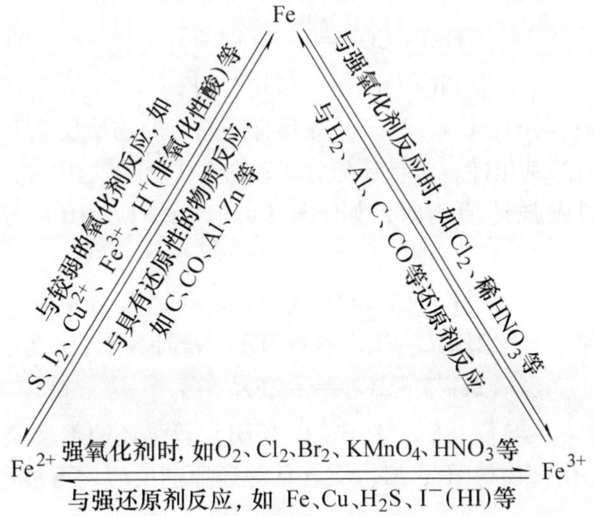

【讲解】Fe 只具有还原性，可以被氧化成 +2 价或 +3 价的铁。反应有以下 3 种情况。

【投影】1. 铁与较弱的氧化剂反应，如 S、I_2、Cu^{2+}、$2Fe^{3+}$、H^+（非氧化性酸）等。

$$Fe + S \xlongequal{\triangle} FeS$$

$$Fe + I_2 \xlongequal{} FeI_2$$

$$Fe + Cu^{2+} \xlongequal{} Fe^{2+} + Cu$$

$$Fe + 2Fe^{3+} \xlongequal{} 3Fe^{2+}$$

$$Fe + 2H^+ \xlongequal{} Fe^{2+} + H_2\uparrow$$

【板书】1. $Fe \rightarrow Fe^{2+}$：与 S、I_2、Cu^{2+}、Fe^{3+}、H^+（非氧化性酸）等较弱的氧化剂反应

【投影】2. 铁与强氧化剂反应时，如 Cl_2、稀 HNO_3 等反应时，均可生成 +3 价铁的化合物。

$$2Fe + 3Cl_2 \xlongequal{点燃} 2FeCl_3$$

$$Fe + 4HNO_3(稀) \xlongequal{} Fe(NO_3)_3 + NO\uparrow + 2H_2O$$

【板书】2. $Fe \rightarrow Fe^{3+}$：与 Cl_2、稀 HNO_3 等强氧化剂反应

【讲解】Fe^{2+}既有氧化性又有还原性。

【投影】3. Fe^{2+}具有还原性，当遇到强氧化剂时，如 O_2、Cl_2、Br_2、$KMnO_4$、HNO_3等均可生成 +3 价铁。如：

$$3Fe^{2+} + 4H^+ + NO_3^- \xlongequal{} 3Fe^{3+} + NO\uparrow + 2H_2O$$

$$2FeCl_2 + Cl_2 \xlongequal{} 2FeCl_3$$

$$2FeBr_2 + Br_2 \xlongequal{} 2FeBr_3$$

$$4Fe(OH)_2 + O_2 + 2H_2O \xlongequal{} 4Fe(OH)_3$$

$$5Fe^{2+} + 8H^+ + MnO_4^- \xlongequal{} 5Fe^{3+} + Mn^{2+} + 4H_2O$$

【板书】3. $Fe^{2+} \rightarrow Fe^{3+}$：与 O_2、Cl_2、Br_2、$KMnO_4$、HNO_3等强氧化剂反应

【投影】4. Fe^{2+}与具有还原性的物质反应被还原成铁，如 C、CO、Al、Zn 等。

$$2FeO + C \xlongequal{高温} 2Fe + CO_2\uparrow$$

$$FeO + CO \xlongequal{高温} Fe + CO_2$$

$$Zn + Fe^{2+} \xlongequal{} Zn^{2+} + Fe$$

【板书】4. $Fe^{2+} \rightarrow Fe$：与 C、CO、Al、Zn 等具有还原性的物质反应

【讲解】Fe^{3+}具有较强的氧化性，可被还原为 +2 价或 0 价的铁。

【投影】5. 当 Fe^{3+} 遇到强还原剂时，如 Fe、Cu、H_2S、I^-（HI）等，均可将它还原成 Fe^{2+}，如：

$$2Fe^{3+} + Cu \xlongequal{} 2Fe^{2+} + Cu^{2+}$$

$$2Fe^{3+} + H_2S \xlongequal{} 2Fe^{2+} + S\downarrow + 2H^+$$

$$2Fe^{3+} + 2I^- \xlongequal{} 2Fe^{2+} + I_2$$

【板书】5. $Fe^{3+} \rightarrow Fe^{2+}$：与 Fe、Cu、$H_2S$、$I^-$（HI）等强还原剂反应

【投影】6. +3 价铁的化合物与 H_2、Al、C、CO 等还原剂反应均可被还原成铁，如：

$$Fe_2O_3 + 3CO \xlongequal{高温} 2Fe + 3CO_2$$

$$Fe_2O_3 + 2Al \xlongequal{高温} 2Fe + Al_2O_3$$

【板书】6. $Fe^{3+} \rightarrow Fe$：与 H_2、Al、C、CO 等还原剂反应

环节三：归纳总结

【小结】本节课通过对“铁三角”的解读，学习了 Fe、Fe^{3+}、Fe^{2+}之间如何进行相互转化，利用铁盐与亚铁盐之间的相互关系，学习了 3 种鉴别 Fe^{3+} 和 Fe^{2+} 的具体方法，请同学们认真复习本节课的内容并完成课后习题第 63 页的第 9、11 题，认真预习下一节课的内容。

七、板书设计

3.2.5　几种重要的金属化合物

一、铁盐和亚铁盐的鉴别

1. 直接观察颜色
2. 利用氢氧化物沉淀的颜色（加入 NaOH 溶液）
3. 利用显色反应

   Fe^{3+} 遇 KSCN 溶液生成血红色的配合物——$Fe(SCN)_3$

二、“铁三角”

1. $Fe \rightarrow Fe^{2+}$：与 S、I_2、Cu^{2+}、Fe^{3+}、H^+（非氧化性酸）等较弱的氧化剂反应
2. $Fe \rightarrow Fe^{3+}$：与 Cl_2、稀 HNO_3 等强氧化剂反应
3. $Fe^{2+} \rightarrow Fe^{3+}$：与 O_2、Cl_2、Br_2、$KMnO_4$、HNO_3等强氧化剂反应
4. $Fe^{2+} \rightarrow Fe$：与 C、CO、Al、Zn 等具有还原性的物质反应
5. $Fe^{3+} \rightarrow Fe^{2+}$：与 Fe、Cu、$H_2S$、$I^-$（HI）等强还原剂反应
6. $Fe^{3+} \rightarrow Fe$：与 H_2、Al、C、CO 等还原剂反应

第三节 用途广泛的金属材料

一、教材分析

本节内容选自人教版高中化学必修1第三章“金属及其化合物”第三节“用途广泛的金属材料”。依据课程标准“根据生产、生活中的应用实例或通过实验探究，了解钠、铝、铁、铜等金属及其重要化合物的主要性质，能列举合金材料的重要应用”的要求，本节课安排了“用途广泛的金属材料”这一教学内容。

本节教学内容是在学习了金属及其化合物性质的基础上展开的。为进一步学习金属的相关知识，了解金属材料的广泛用途，教科书以生活、生产中的实例向学生介绍能够推动社会发展的几种常见合金。通过“学与问”栏目，引导学生了解常见合金的组成及用途，帮助学生形成“性质决定用途”的思维方式。铜合金有多种，黄铜、青铜等都是生活中常见到的，但是学生对其组成却很陌生，对于铁合金，以生铁和钢作为代表，而钢又会根据组成物质之间的比例不同，可分为很多种，最常使用的是“不锈钢”。为了能够更加全面的认识金属材料，教科书引导学生根据生活经验，正确选用金属材料，达到学以致用的目的，促进学生在生活中学化学，在生活中用化学。

该部分内容是对金属化学性质的补充，虽然教科书以介绍金属材料的性质及用途为主，但是在不断深入教学的过程中，更多的是帮助学生树立正确的价值观和培养学生学习化学的兴趣，将前面学习到的知识进行整合，为今后无机物及其重要化合物性质的学习做好铺垫。

二、学情分析

学生已经学习了钠、铝、铁三种金属及其重要化合物的相关化学知识，能够理解金属单质与金属化合物的性质有必然联系，并且通过科学探究，能够基本掌握金属的相应化合物之间的转化，为学习金属材料的相关知识提供帮助。

学生在不断合作交流中获得新知，已经具备查询资料、读取有效信息、顺畅表达的能力。在本节课中，学生通过自主学习，在老师的引导下，成为课堂的主体，从其他同学的讲述中提取有效信息，并与自己的资料相结合，提高认知水平，培养自主探究精神。

三、教学目标

知识与技能	（1）了解合金的概念以及合金的主要性质。 （2）了解常见合金的主要组成、机械性能和用途
过程与方法	（1）归纳合金的组成，理解其能够产生不同机械性能的原因。 （2）通过日常生活中广泛使用金属材料等具体事例，认识金属材料与人类生活和社会发展的密切关系
情感态与价值观	（1）通过了解金属材料的发展历史、重要作用和面临的挑战，形成社会责任感、树立化学科学能够推动社会发展的观念。 （2）通过了解金属材料可回收，树立保护环境的意识

四、教学重点和难点

1. 教学重点：常见合金的性质及应用。
2. 教学难点：常见合金的性质及应用。

五、知识结构

- 用途广泛的金属材料
  - 合金
    - 铜合金：青铜、黄铜、白铜
    - 铁合金
      - 生铁
      - 钢
        - 碳素钢：低碳钢、中碳钢、高碳钢
        - 合金钢：锰钢、硅钢、不锈钢
    - 铝合金
  - 金属材料的分类与正确选用

六、教学过程

环节一：导入新课

【讲述】 金属材料在生产和生活中是非常重要的。环顾四周，很多物品是由金属材料制成的，合金因为其具有优良性能而被广泛应用。今天让我们来了解身边的合金。

【板书】 3.3　用途广泛的金属材料

一、常见合金的重要应用

【投影】 合金的广泛应用

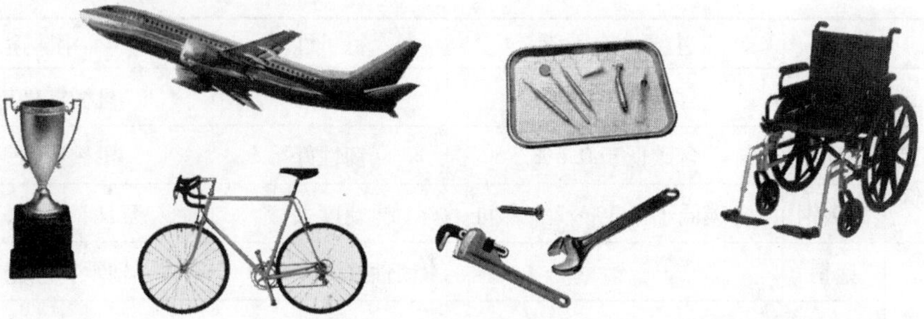

环节二：展开新课

【回顾】 投影中展示的金属材料都是合金，从上面的举例可以看出合金材料有着广泛用途。那么回顾九年级学过的合金知识，什么是合金？合金具有哪些优良性能？

【讲述】 合金是指由两种或两种以上的金属或非金属所组成的具有金属特性的物质。合金具有优良的物理、化学或机械性能：硬度比各成分的大，熔点比各成分的低。不同的合金具有不同的性能，主要表现在机械强度、韧性、强度、可塑性、耐腐蚀性等方面。例如，不锈钢抗腐蚀性好，用来做医疗器械、炊具等；硬铝强度和硬度好，用来制门窗，也用于制火箭、飞机、轮船等；青铜强度高、可塑性好、耐磨、耐腐蚀，用于制机器零件等。下面我们来学习常见的合金种类。

【投影】司母戊鼎

【讲述】投影出的是司母戊鼎，它是商后期（约公元前十四世纪至公元前十一世纪）的铸品，作为代表当时最先进的金属冶炼、铸造技术的青铜，也主要用在祭祀礼仪和战争上。夏、商、周三代所发现的青铜器，都是礼仪用具、武器及围绕二者的附属用具，这一点与世界各国青铜器有所区别。青铜是历史上应用最早的一种合金，原指铜锡合金，因颜色呈青灰色，故称青铜。为了改善合金的工艺性能和机械性能，大部分青铜内还加入其他合金元素，如铅、锌、磷等。由于锡是一种稀缺元素，所以工业上还使用许多不含锡的无锡青铜，它们不仅价格便宜，还具有需要的特殊性能。无锡青铜主要有铝青铜、铍青铜、锰青铜、硅青铜等。现在除黄铜和白铜以外的铜合金均称为青铜。

【板书】1. 铜合金

【讲述】黄铜与白铜也是常见的铜合金，黄铜是指含锌及少量的锡、铅、铝等的物质，白铜是指含镍、锌及少量锰的物质。

【板书】2. 钢

【讲述】钢是用途最广、用量最大的金属合金，它是铁的合金，含碳量在0.03%~2%之间，常含少量硅、锰，几乎不含硫、磷等元素，依据成分可分为两大类：碳素钢、合金钢。下面介绍一些钢制品的特性与在生活中的应用。

【板书】（1）定义：铁的合金，含碳量在0.03%~2%之间常含少量硅、锰，几乎不含硫、磷等元素

（2）分类：碳素钢、合金钢

【投影】

钢		主要合金元素	特　性	用　途
碳素钢	低碳钢	含碳低于0.3%	韧性好	机械零件钢管
	中碳钢	含碳低于0.6%	韧性好	机械零件钢管
	高碳钢	含碳低于0.3%~2%之间	硬度大	刀具、量具、模具
合金钢	锰钢	锰	韧性好、硬度大	钢轨、轴承、坦克、装甲车等
	不锈钢	铬	抗腐蚀	医疗器械
	硅钢	硅	导磁性	变压器、发电机芯
	钨钢	钨	耐高温、硬度大	刀具

【提问】生铁和钢在性质上有何不同?

【讲述】钢和生铁主要是由于含碳量不同，生铁一般含碳2%~4.3%，钢含碳0.03%~2%。

【讲述】学习完了常见的金属合金，了解了其在生活中的应用，那么我们在应用时应如何选择合适的金属材料呢?

【板书】二、金属材料的分类

【讲述】通过前面的学习，金属材料按组成分为纯金属和合金，按性能分为黑色金属材料和有色金属材料，前者是指金属以及它们的合金，后者是除了黑色金属以外的其

他金属及其合金。

【过渡】我们了解金属合金的性质以及分类，那么在实际生活中如何使用呢?

【板书】三、正确选用金属材料

【思考与交流】某家庭准备装修门窗（计划使用十年），可共选用的材料有：木材、钢板、铝合金、塑钢，选用何种材料好?

【提示】选择材料时，需考虑主要用途、外观、物理性质、化学性质、价格、加工难度、日常维修、对环境的影响………。

【讲述】根据老师的提示，请同学们课下进行讨论，将此问题的答案作为课后作业，下次课我们一起交流。

【投影】科学视野：用途广泛的稀土金属

【讲述】我国稀土资源占世界稀土资源的80%，以氧化物（REO）计达3600万吨，远景储量实际是1亿吨。稀土元素是镧系元素系稀土类元素群的总称，包含钪Sc、钇Y及镧系中的镧La、铈Ce、镨Pr、钕Nd、钷Pm、钐Sm、铕Eu、钆Gd、铽Tb、镝Dy、钬Ho、铒Er、铥Tm、镱Yb、镥Lu，共17个元素。稀土元素能与其他元素组成品种繁多、功能千变万化、用途各异的新型材料，被称为“现代工业的维生素，和神奇的新材料宝库”。

环节三：归纳总结

【课堂小结】本节课通过对九年级所学合金知识的回顾，加深了对合金的特点、组成和性质的了解。通过了解合金材料在我国的发展和应用现状，重点学习铜合金与钢的组成与性质。在科学视野栏目中学习稀土金属，同时在九年级的基础上继续学习了如何正确选择金属材料。

【课外实践】

1. 调查或实验：易拉罐的主要成分。
2. 查阅资料：新型合金的用途。
3. 就近参观金属材料的生产、加工企业（或者观看有关影像），收集有关资料，撰写有关科学小品。

七、板书设计

3.3　用途广泛的金属材料

一、常见合金的重要应用

1. 铜合金

2. 钢

（1）定义：铁的合金，含碳量在0.03%~2%之间常含少量硅、锰，几乎不含硫、磷等元素

（2）分类：碳素钢、合金钢

二、金属材料的分类

二、正确选用金属材料

第四章 非金属及其化合物

本章知识梳理

1. 硅及其化合物

- 硅及其化合物
  - 晶体硅
    - 物理性质：灰黑色、有金属光泽、硬而脆的固体，熔、沸点高
    - 化学性质：常温下，只与 F_2、HF、NaOH 溶液反应；加热时，可与 O_2、Cl_2 反应
    - 结构：类似金刚石
    - 用途：制造硅芯片、集成电路、晶体管等半导体器件；制造太阳能电池等
  - 二氧化硅
    - 存在形态：结晶形（石英、水晶、玛瑙、沙子）、无定形（硅藻土）
    - 晶体结构：由硅原子和氧原子按 1∶2 的个数比所组成的空间立体网状结构
    - 物理性质：无色透明的晶体、硬度大、熔点高、不溶于水
    - 化学性质
      - 与碱性氧化物反应：$SiO_2 + CaO \xlongequal{高温} CaSiO_3$
      - 与碱反应：$SiO_2 + 2NaOH \xlongequal{} Na_2SiO_3 + H_2O$
      - 与 HF 反应：$SiO_2 + 4HF \xlongequal{} SiF_4\uparrow + 2H_2O$
    - 用途：光导纤维、耐火材料、化学仪器、工艺饰品等
  - 硅酸
    - 物理性质：难溶于水的白色胶状物质
    - 化学性质：酸性比碳酸弱，受热易分解
    - 制法
      - $Na_2SiO_3 + 2HCl \xlongequal{} H_2SiO_3$（胶体）$+ 2NaCl$
      - $Na_2SiO_3 + H_2O + CO_2 \xlongequal{} H_2SiO_3$（胶体）$+ Na_2CO_3$
  - 硅酸盐
    - 硅酸盐组成表示
      - 氧化物法：$CaMg_3Si_4O_{12}$ 可表示为 $CaO \cdot 3MgO \cdot 4SiO_2$
      - 化学式法：Na_2SiO_3
    - 硅酸盐的性质：溶解度小、硬度大、化学性质不活泼
    - 典型硅酸盐：硅酸钠，其水溶液俗称水玻璃
    - 硅酸盐产品：陶瓷、玻璃、水泥

2. 氯气

- 氯气
  - 物理性质：黄绿色、有刺激性气味的气体，密度比空气大、能溶于水、有毒
  - 化学性质
    - 与金属反应
      - $2Na + Cl_2 \overset{点燃}{=\!=\!=} 2NaCl$（白烟）
      - $2Fe + 3Cl_2 \overset{点燃}{=\!=\!=} 2FeCl_3$（棕褐色的烟）
      - $Cu + Cl_2 \overset{点燃}{=\!=\!=} CuCl_2$（棕黄色的烟）
    - 与非金属反应：$H_2 + Cl_2 \overset{点燃}{=\!=\!=} 2HCl$
    - 与水反应
      - $Cl_2 + H_2O \rightleftharpoons HCl + HClO$
      - HClO 具有强氧化性、漂白性，弱酸性，不稳定性，光照下易分解
      - $2HClO \overset{光照}{=\!=\!=} 2HCl + O_2\uparrow$
    - 与碱反应
      - 与氢氧化钠反应：$Cl_2 + 2NaOH = NaCl + NaClO + H_2O$（制漂白液）
      - （漂白原理：$2NaClO + CO_2 + H_2O = Na_2CO_3 + 2HClO$）
      - 与氢氧化钙反应：$2Cl_2 + 2Ca(OH)_2 = Ca(ClO)_2 + CaCl_2 + 2H_2O$（制漂白精、漂白粉）
      - （漂白原理：$Ca(ClO)_2 + CO_2 + H_2O = CaCO_3\downarrow + 2HClO$）
  - 氯气的实验室制法
    - 反应原理：$4HCl(浓) + MnO_2 \overset{\triangle}{=\!=\!=} MnCl_2 + Cl_2\uparrow + 2H_2O$
    - 发生装置：固-液加热型装置
    - 净化装置：饱和食盐水（除 HCl）；浓硫酸（除水蒸气）
    - 收集装置：向上排空气法
    - 验满方法：湿润的淀粉-KI 试纸或湿润的蓝色石蕊试纸
  - 氯离子的检验：取待测液少许于试管中，先加少量的稀硝酸酸化，再滴几滴硝酸银，若有白色沉淀生成，则证明有氯离子

3. 硫及其化合物

- 硫及其化合物
  - 硫
    - 存在形式：游离态和化合态
    - 物理性质：黄色晶体，质脆、易研成粉末，不溶于水，微溶于酒精，易溶于二硫化碳
    - 化学性质
      - $S + O_2 \overset{点燃}{=\!=\!=} SO_2$
      - $Fe + S \overset{\triangle}{=\!=\!=} FeS$，与变价金属反应生成低价金属化合物
  - 二氧化硫
    - 物理性质：无色，有刺激性的气味，有毒、易溶于水
    - 化学性质
      - 漂白性：品红 $\xrightarrow{SO_2}$ 褪色 $\xrightarrow{加热}$ 恢复红色
      - 酸性氧化物的通性
        - 与水的反应：$SO_2 + H_2O \rightleftharpoons H_2SO_3$
        - 与碱的反应：$SO_2 + 2NaOH = Na_2SO_3 + H_2O$
          $SO_2 + Ca(OH)_2 = CaSO_3\downarrow + H_2O$
        - 与碱性氧化物反应：$SO_2 + CaO = CaSO_3$
      - 还原性：$SO_2 + H_2O_2 = H_2SO_4$（能与氧气、酸性高锰酸钾溶液、氯水、溴水、碘水等多种氧化剂发生反应）
      - 氧化性：$2H_2S + SO_2 = 3S\downarrow + 2H_2O$
    - 用途：漂白纸浆、毛、丝、草帽辫等；杀菌消毒；制取硫酸
  - 硫酸
    - 稀硫酸：酸的通性（与指示剂作用，与碱、碱性氧化物、活泼金属发生反应）
    - 浓硫酸
      - 物理性质：无色油状、黏稠液体，难挥发，易溶于水，溶解时放出大量的热
      - 化学性质
        - 脱水性：与蔗糖反应，使蔗糖碳化
        - 吸水性：干燥剂
        - 强氧化性
          - 与某些非金属反应：$2H_2SO_4(浓) + C \overset{\triangle}{=\!=\!=} CO_2\uparrow + 2SO_2\uparrow + 2H_2O$
          - 与金属反应：$Cu + 2H_2SO_4(浓) \overset{\triangle}{=\!=\!=} CuSO_4 + SO_2\uparrow + 2H_2O$
          - 与某些还原性化合物反应：$H_2S + H_2SO_4(浓) = S\downarrow + SO_2 + 2H_2O$
  - SO_4^{2-} 的检验：稀盐酸酸化后，无现象，加入氯化钡溶液有白色沉淀生成，证明有硫酸根离子

4. 氮及其化合物

- 氮及其化合物
  - 氮的氧化物
    - 一氧化氮
      - 物理性质：无色无味的有毒气体，密度比空气略大，不溶于水
      - 化学性质：$2NO + O_2 \xlongequal{} 2NO_2$
    - 二氧化氮
      - 物理性质：红棕色、有刺激性气味的有毒气体，密度比空气大，易液化，易溶于水
      - 化学性质：$3NO_2 + H_2O \xlongequal{} 2HNO_3 + NO$（工业制硝酸）
  - 氨
    - 物理性质：无色、有刺激性气味、极易溶于水、易液化的气体
    - 化学性质
      - 氨与水反应：$NH_3 + H_2O \rightleftharpoons NH_3 \cdot H_2O \rightleftharpoons NH_4^+ + OH^-$（氨水呈碱性）
      - 氨与酸的反应：$NH_3 + HCl \xlongequal{} NH_4Cl$（检验氨气）
    - 实验室制法
      - 反应原理：$2NH_4Cl + Ca(OH)_2 \xlongequal{} CaCl_2 + 2NH_3\uparrow + 2H_2O$
      - 发生装置：固体 + 固体 $\xlongequal{\triangle}$ 气体（同制氧气）
      - 净化装置：碱石灰（氧化钙与氢氧化钠的混合物）
      - 收集装置：向下排空气法
      - 验满方法：湿润的红色石蕊试纸（变蓝）；蘸有浓盐酸的玻璃棒（白烟）
      - 尾气处理装置：用水或者酸液吸收（棉花团）
    - 用途：制冷剂、制氮肥、硝酸、铵盐
  - 铵盐
    - 物理性质：白色晶体，易溶于水
    - 化学性质
      - 不稳定性：$NH_4Cl \xlongequal{\triangle} NH_3\uparrow + HCl\uparrow$；$(NH_4)_2CO_3 \xlongequal{\triangle} 2NH_3\uparrow + CO_2\uparrow + H_2O$
      - 与碱反应：$2NH_4Cl + Ca(OH)_2 \xlongequal{\triangle} CaCl_2 + 2NH_3\uparrow + 2H_2O$
  - 硝酸
    - 物理性质：无色、沸点低、易挥发、有刺激性气味、能产生酸雾的液体
    - 化学性质
      - 酸的通性
      - 不稳定性：$4HNO_3 \xlongequal[\text{或见光}]{\text{受热}} 2H_2O + 4NO_2\uparrow + O_2\uparrow$
      - 强氧化性
        - 常温下，浓硝酸能使铁、铝钝化
        - 与铜反应：$Cu + 4HNO_3(浓) \xlongequal{} Cu(NO_3)_2 + 2NO_2\uparrow + 2H_2O$
          $3Cu + 8HNO_3(稀) \xlongequal{} 3Cu(NO_3)_2 + 2NO\uparrow + 4H_2O$
        - 与非金属反应：$C + 4HNO_3(浓) \xlongequal{\triangle} CO_2\uparrow + 4NO_2\uparrow + 2H_2O$

第一节　无机非金属材料的主角——硅

第 1 课时　二氧化硅和硅酸

一、教材分析

本节内容选自人教版高中化学必修 1 第四章“非金属及其化合物”第一节“无机非金属材料的主角——硅”，依据课程标准“通过实验了解氯、氮、硫、硅等非金属及其重要化合物的主要性质，认识其在生产中的应用和对生态环境的影响”的要求，本节课安排了“二氧化硅和硅酸性质”的教学内容。

硅及其化合物在材料科学和信息技术等领域具有广泛的用途，在半导体、计算机、建筑、通信以及宇宙航行、卫星等方面发挥着重要作用，因此它们的应用前景十分广阔。“硅”作为高中化学非金属及其化合物部分的开篇，具有重要地位。教科书通过展示硅广泛存在的 3 张图片，促使学生更直观地了解到硅在生活中扮演的角色；通过“科学视野”解释二氧化硅晶体的结构，解除学生思维上的误区；通过展示大量生活中的彩图促进学生了解二氧化硅的组成、用途以及硅胶的用途。本节课在教科书中起着承前启后的作用，是在第三章“金属及其化合物”内容的基础上，继续学习有关元素化合物的性质及应用方面的知识，也为后续学习非金属元素打下良好的基础。

二、学情分析

学生通过前面的学习，已初步具备“结构决定性质”的化学观念，了解了元素化合物的学习思路，但是硅元素的学习是非金属元素的开篇，非金属材料也是第一次出现在学生的印象中，学生并未系统地学习。学生在九年级阶段已学习了碳及碳的化合物知识，了解了二氧化碳的化学性质，在探究二氧化硅的性质中，以酸性氧化物二氧化碳的化学性质作为类比依据，这对推理二氧化硅的化学性质起到了支持和辅助的作用。

学习者为高一的学生，已经具备了一定的推理、分析、判断、归纳总结能力，在学习过程中，能够进一步运用推理分析法，判断二氧化硅的物理性质，根据类比推理法，判断二氧化硅的化学性质，并归纳总结其共性和特性。

三、教学目标

知识与技能	（1）了解二氧化硅的主要物理性质，掌握其主要化学性质。 （2）知道硅酸的制取、性质，了解硅酸的用途。 （3）了解二氧化硅在生产、信息技术、材料科学等领域的应用
过程与方法	（1）通过对比学习硅的化合物（二氧化硅及硅酸）与碳的化合物（二氧化碳及碳酸），掌握对比、归纳总结的学习方法。 （2）“结构—性质—用途”是学习硅及其化合物等内容的共同模式，能够通过物质的结构猜测物质的性质，从而推出物质的用途

续表

情感态度与价值观	（1）通过了解二氧化硅及硅酸在生产、生活等领域的应用，感受化学的实用性，赞赏化学对个人生活和社会发展的贡献。 （2）通过认识化学在材料科学中的重要地位，体验中华民族的传统文化

四、教学重点和难点

（1）教学重点：二氧化硅和硅酸的化学性质；硅酸的制法。

（2）教学难点：二氧化硅的化学性质。

五、知识结构

- 硅及其化合物
  - 二氧化硅
    - 存在形态：结晶形（石英、水晶、玛瑙、沙子）、无定形（硅藻土）
    - 晶体结构：由硅原子和氧原子按1:2的个数比所组成的空间立体网状结构
    - 物理性质：无色透明的晶体、硬度大、熔点高、不溶于水
    - 化学性质
      - 与碱性氧化物反应：$SiO_2 + CaO \xlongequal{高温} CaSiO_3$
      - 与碱反应：$SiO_2 + 2NaOH = Na_2SiO_3 + H_2O$
      - 与HF反应：$SiO_2 + 4HF = SiF_4\uparrow + 2H_2O$
    - 用途：光导纤维、耐火材料、化学仪器、工艺饰品等
  - 硅酸
    - 物理性质：难溶于水的白色胶状物质
    - 化学性质：酸性比碳酸弱，受热易分解
    - 制法
      - $Na_2SiO_3 + 2HCl = H_2SiO_3$（胶体）$+ 2NaCl$
      - $Na_2SiO_3 + H_2O + CO_2 = H_2SiO_3$（胶体）$+ Na_2CO_3$

六、教学过程

环节一：导入新课

【情境导入】课程开始前，我们通过几张图片欣赏一下祖国的大好河山。同学们有没有想过这些岩石、沙子和土壤是由什么组成的呢？

【投影】

【讲述】我们知道硅在地壳中的含量仅次于氧，硅的氧化物及硅酸盐构成了地壳中大部分的岩石、沙子和土壤，约占地壳质量的90%以上。今天我们就一起走进无机非金属材料的主角——硅的世界。

【板书】4. 1. 1　无机非金属材料的主角——硅

环节二：展开新课

1. 二氧化硅

【提问】从古到今，在无机非金属材料中，硅一直扮演着重要的角色，它在地壳中的含量仅次于氧，约占26. 3%。硅这么重要，那它在元素周期表中的“住处”又在哪？

【讲述】硅位于元素周期表的第ⅣA 族就是碳族，这一族可谓名门望族。请同学阅读课本第74 页第1、2、3 段，填表完成知识整理，然后思考硅和碳的原子结构示意图的异同及其在自然界的存在形式的异同点。

元　素	周期表中的位置	原子结构示意图	在自然界中的存在
碳			
硅			

【总结】通过比较，我们可以得出原子结构的共性是：它们最外层均为4 个电子，既不容易得到电子，也不容易失去电子，主要形成共价（四价）化合物。差异性体现在碳、硅都是亲氧元素，但由于硅的亲氧性强于碳的亲氧性，所以碳元素在自然界中可以以单质的形式存在，而硅元素在自然界都是以氧化物及硅酸盐的形式存在，接下来我们来学习硅的氧化物。

【板书】一、二氧化硅

【过渡】SiO_2是硅的重要化合物。地球上存在的天然SiO_2约占地壳质量的12%，其存在形式有结晶形（石英、水晶、玛瑙等）和无定形（硅藻土），统称硅石。

【讲述】说到SiO_2，同学们见过它的样子吗？通过显微镜，我们就看到了二氧化硅物质。这些白色的小球就是SiO_2的胶状球。可能同学们看过后，对SiO_2这种物质依然很模糊，但是其实大家并不陌生。

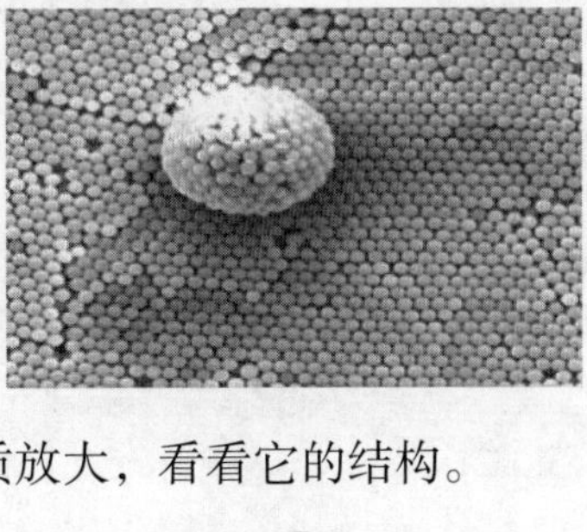

【讲述】我们再将二氧化硅物质放大，看看它的结构。

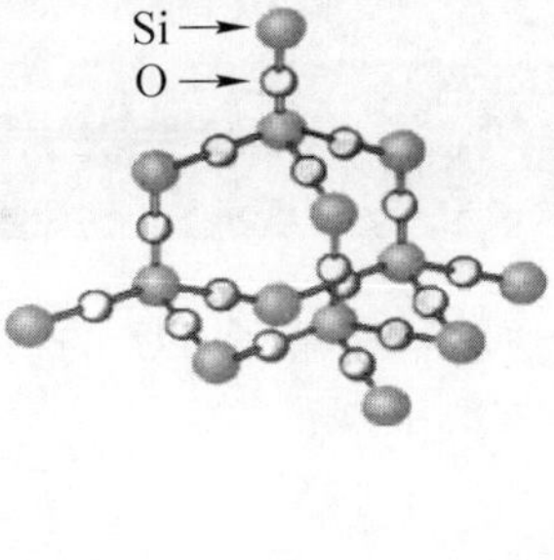

【讲述】同学们看到的图片其实就是老师手中的模型，根据 SiO_2 晶体结构模型我们就会发现，每个 Si 周围结合 4 个 O，Si 在中心，O 在 4 个顶角；许多这样的四面体又通过顶角的 O 相连接，每个 O 为两个四面体所共有，即每个 O 与 2 个 Si 相结合。实际上，SiO_2 晶体是由 Si 和 O 按 1:2 的比例所组成的立体网状结构的晶体。虽然 SiO_2 晶体的化学式为 SiO_2，但其中没有 SiO_2 分子，晶体中只有 Si、O 原子。这样的空间网状结构同学们熟悉吗？回忆一下，这和我们学过的什么物质的结构很相似？

【讲述】九年级时候，我们就接触过金刚石的结构模型，在金刚石中，每个碳原子都与相邻的 4 个碳原子以强的相互作用直接连接，形成正四面体结构。在 SiO_2 中，也存在着这样的空间结构。

【板书】1. SiO_2 的结构

SiO_2 晶体是由 Si 和 O 按 1:2 的比例所组成的立体网状结构的晶体

【讲述】结构决定性质，同学们还记得金刚石有什么特性吗？金刚石所表现出的性质有硬度大，熔、沸点高，不溶于水。那么 SiO_2 也拥有这些性质吗？

【提问】老师准备了一些图片，第一张图片上是 SiO_2 的晶体，第二张图片是沙湖里的沙子，主要成分为 SiO_2，第三张图片中玻璃的主要成分为 SiO_2，第四张图片中石英的主要成分为 SiO_2。这些图片上的物质主要成分都是 SiO_2，那么根据它们的用途，请同学们分为几个小组，根据生活、学习经验分析总结一下，SiO_2 有什么样的物理性质。

【投影】

【讲述】根据同学们的观察和讨论，我们了解了 SiO_2 的物理性质，二氧化硅是无色透明的晶体、硬度大、熔点高、不溶于水。

【板书】2. SiO_2的物理性质：无色透明的晶体、硬度大、熔点高、不溶于水

【提问】CO_2和 SiO_2都是非金属氧化物，C 和 Si 的最外层电子数也是相同的，它们都是显正四价的元素。九年级的时候我们学过，最外层电子数相同的一类物质，它们的化学性质具有相似性，CO_2都具有哪些化学性质呢？

【讲述】请写出 CO_2与 CaO、与 NaOH、与 H_2O 的反应。

【提问】CO_2和 SiO_2的组成相似，CO_2是酸性氧化物，类比推理 SiO_2是酸性氧化物吗？是否可以和碱、碱性氧化物、水发生反应？

【讲述】若 SiO_2与 NaOH 溶液反应，可能生成硅酸钠，硅酸钠是一种有黏合性的物质。那么我们根据硅酸钠的性质，通过实验来验证一下这个反应是否会发生。

【提问】老师准备了两瓶 NaOH 溶液，同学们观察一下，它们有什么不同？

【实验 + 讲述】老师分别用橡胶塞和玻璃塞作为瓶塞。玻璃的主要成分是 SiO_2，现在老师分别打开装有氢氧化钠溶液的瓶塞。我们发现用橡胶塞的试剂瓶很容易打开，而用玻璃塞的试剂瓶很难打开。说明二氧化硅和强碱是可以发生反应的，因此在实验室中，保存碱溶液的试剂瓶要用橡皮塞，而不能用玻璃塞。根据这一性质，人们就将二氧化硅和强碱混合，制作黏合剂。

【提问】若二氧化硅可以和碱性氧化物发生反应，会生成硅酸钙，那到底这个猜测是否正确呢？我们来看个资料卡片。

> 硅酸钙是由氧化钙和二氧化硅在高温煅烧熔融而成的，主要用作建筑材料（水泥）、保温材料、耐高温材料等。

【讲述】根据提供的资料卡片，可以得出二氧化硅确实可以和碱性氧化物发生反应生成硅酸钙，最常见的就是我们每天都会接触到的水泥的主要成分。

【提问】CO_2可以和水反应，那么 SiO_2可以和水反应吗？

【讲述】SiO_2并不像 CO_2一样与水可以发生反应。所以同学们一定要注意，化学性质相似，并不一定相同。

【讲述】通过上面的实验和探讨，我们可以得出结论，SiO_2能和碱、碱性氧化物反应，它具有酸性氧化物的通性，是酸性氧化物。

【板书】3. SiO_2的化学性质

（1）酸性氧化物

酸性氧化物	SiO_2
与碱反应（NaOH）	$SiO_2 + 2NaOH = Na_2SiO_3 + H_2O$
与碱性氧化物反应（CaO）	$SiO_2 + CaO \xlongequal{高温} CaSiO_3$
与水反应	不反应

【过渡】SiO_2在通常条件下很稳定，也就是说它的化学性质很不活泼。但是我们经常看到玻璃上雕刻有精美的花纹，这是怎样刻上去的呢？

【讲述】其实并不全是用钻头、刀子等利器雕刻的，而是用一种特殊的酸——“氢氟酸

（HF）”实现的，SiO_2 可以和氢氟酸发生反应，并且只和氢氟酸这一种酸发生反应。我们一起来写一下这个反应的化学方程式。

【板书】（2）与 HF 反应：$SiO_2 + 4HF \xlongequal{} SiF_4\uparrow + 2H_2O$

【讲述】大家注意生成的 SiF_4 一定要打气体符号。由于 HF 可以和 SiO_2 反应，所以 HF 的保存就不能使用玻璃瓶，而要用塑料或橡胶瓶。

【提问】学习了 SiO_2 这么多的性质，那它在生活中究竟都有哪些用途呢？

【板书】4. 用途：光导纤维、耐火材料、化学仪器、工艺饰品等

2. 硅酸

【过渡】CO_2 溶于水生成 H_2CO_3，我们知道 SiO_2 是不能溶于水的，那如何制得 H_2SiO_3 呢？

【引导】大家回忆一下我们九年级是怎样制备 CO_2 的，写出化学方程式：$CaCO_3 + 2HCl \xlongequal{} CaCl_2 + CO_2\uparrow + H_2O$。我们观察这个方程式，反应物中盐酸酸性强还是生成物中碳酸的酸性强呢？其实这就是利用了“强酸制取弱酸”的规律。类比碳酸的制法，我们该怎样制备硅酸呢？

【讲述】硅酸不溶于水，是一种弱酸，且酸性比碳酸还弱。只要往硅酸盐溶液中加入比硅酸强的酸就可以制出硅酸。

【板书】二、硅酸

1. 不溶于水，酸性比碳酸弱

【实验】硅酸的制备

在试管中加入 3～5 滴 Na_2SiO_3 溶液，滴入 1～2 滴酚酞溶液，再用胶头滴管逐滴加入稀盐酸，边加边振荡，至溶液红色变浅并接近消失时停止。静置，仔细观察其现象。

【提问】大家观察到什么现象呢？由现象可以得出怎样的结论？请大家完成书上面的表格。

现　象	溶液先变红，后变浅并接近消失，有白色胶状物生成
结　论	硅酸是一种白色胶状物质

【讲述】通过实验我们观察到溶液先变红，后变浅并接近消失，有白色胶状物生成，生成的白色胶状物质就是 H_2SiO_3，我们在写化学方程式的时候，一定要标注清楚 H_2SiO_3 是一种胶体。

【板书】2. 硅酸的制备

$$Na_2SiO_3 + 2HCl \xlongequal{} H_2SiO_3(\text{胶体}) + 2NaCl$$

【提问】H_2SiO_3 的酸性比 H_2CO_3 还弱，若将 CO_2 通入到 Na_2SiO_3 溶液会发生怎样的反应呢？大家来写一下这个化学方程式。

【板书】
$$Na_2SiO_3 + H_2O + CO_2 \xlongequal{} H_2SiO_3(\text{胶体}) + Na_2CO_3$$

【讲述】硅酸这种物质不稳定，受热干燥很容易失水，大家写一下这个方程式。

【板书】
$$H_2SiO_3 \xlongequal{\triangle} SiO_2 + H_2O$$

【提问】通过实验探究相信同学们已经了解了硅酸的制备过程及其性质。那么大家注意过袋装食品里面的干燥剂吗？

【讲述】其实，目前硅胶常用作袋装食品、瓶装药品等的干燥剂。硅胶就是将前面实验中得到的软而透明、胶冻状的硅酸凝胶干燥脱水后得到多孔的硅酸干凝胶。

【总结】由于硅胶多孔，吸附水分能力强，因而就常用作袋装食品、瓶装药品等的干燥剂，还可以用作催化剂载体。

【板书】3. 用途：干燥剂、催化剂载体

环节三：归纳总结

【课堂小结】同学们，本节课在分析二氧化硅结构特点的基础上，学习了二氧化硅的物理性质，对比二氧化碳的性质学习了二氧化硅的化学性质。通过比较学习，相信同学们对二氧化硅的化学性质有了一定的认识。还完成了硅酸一系列的探究实验，知道了硅酸是不能溶于水的无机酸。除此之外，我们还了解了二氧化硅、硅酸的应用等。当然，还存在其他形式硅的化合物，下一节课我们继续进行学习。

【作业布置】（1）预习下节课的内容并完成第 81 页的课后习题 1、3、4、7 题；

（2）网上查询“硅及其化合物对人类文明的影响”。

七、板书设计

4.1.1　无机非金属材料的主角——硅

一、二氧化硅

1. SiO_2的结构

SiO_2晶体是由 Si 和 O 按 1:2 的比例所组成的立体网状结构的晶体

2. SiO_2的物理性质：无色透明的晶体、硬度大、熔点高、不溶于水

3. SiO_2的化学性质

（1）酸性氧化物

酸性氧化物	SiO_2
与碱反应（NaOH）	$SiO_2 + 2NaOH = Na_2SiO_3 + H_2O$
与碱性氧化物反应（CaO）	$SiO_2 + CaO \xlongequal{高温} CaSiO_3$
与水反应	不反应

（2）与 HF 反应：$SiO_2 + 4HF = SiF_4\uparrow + 2H_2O$

4. 用途：光导纤维、耐火材料、化学仪器、工艺饰品等

二、硅酸

1. 不溶于水，酸性比碳酸弱

2. 硅酸的制备

$$Na_2SiO_3 + 2HCl = H_2SiO_3(胶体) + 2NaCl$$

$$Na_2SiO_3 + H_2O + CO_2 = H_2SiO_3(胶体) + Na_2CO_3$$

$$H_2SiO_3 \xlongequal{\triangle} SiO_2 + H_2O$$

3. 用途：干燥剂、催化剂载体

第2课时 硅酸盐和硅单质

一、教材分析

本节内容选自人教版高中化学必修1第四章“非金属及其化合物”第一节“无机非金属材料的主角——硅”，依据课程标准“通过实验了解氯、氮、硫、硅等非金属及其重要化合物的主要性质，认识其在生产中的应用和对生态环境的影响”的要求，本节课安排了“硅酸盐和硅单质”等教学内容。

由于本课时“硅及硅酸盐的性质”属于了解层次，内容浅显易懂，学生完全可以在课堂活动中自主构建知识。教科书在呈现这些内容时形式非常丰富，在“资料卡片”栏目中展示了用二氧化硅和金属氧化物的组合形式表示硅酸盐的组成，在“科学视野”栏目中展示了硅酸盐的丰富性和多样性，以及硅酸盐制成的新型陶瓷的优良用途，还通过图片展示了硅酸盐产品、硅单质和硅的用途，以多样化、最优化的方式呈现本节课的知识，能促使学生真正认识到硅酸盐工业以及硅与人类生产生活的密切关系。

本节课的内容包括硅酸盐组成的表示、性质及重要用途和硅的性质、用途，处于常见金属及其化合物的知识之后，在氯、硫、氮等非金属知识之前，本节课的内容既是对元素化合物知识的深化，又是对非金属元素知识的引入。从认知角度讲，硅及硅的化合物性质稳定，与之后的氯、硫、氮相比化学性质较少，知识较为简单，并且与现实生活联系紧密，先学习硅及其化合物的知识，比较贴近学生生活实际，学起来较为轻松，也有利于激发学生学习非金属元素知识的兴趣和积极性。

二、学情分析

学生已经学习过常见的金属及其化合物的知识，对元素化合物的学习内容已经有所了解，本节知识要求相对较低，高中新知识不多，主要通过课堂探究活动及教学活动，培养学生学习化学的浓厚兴趣，帮助学生认识化学学科的发展与人类社会进步之间的关系。学生在知识的学习过程中是没有障碍的，但仅仅靠一节课无法深入了解硅酸盐产品的生产过程，课下可以查阅更多关于硅酸盐的资料加深认识。

三、教学目标

知识与技能	（1）了解硅单质、硅酸盐的物理性质。 （2）掌握主要硅酸盐的化学性质，学会用氧化物形式表示复杂硅酸盐的方法。 （3）知道晶体硅是良好的半导体材料，能说出它的主要用途
过程与方法	（1）能自主学习、探究，在教师的指导下，通过上网查阅资料养成独立查阅资料的能力。 （2）通过对硅单质主要性质的学习，掌握硅单质在现代科技中的应用

续表

情感态度与价值观	（1）通过学习硅酸盐和硅材料，感悟中华民族的传统文化。 （2）知道硅、硅酸盐在国防、科技、民用、工业、农业等方面的用途，感受化学与生产生活的联系

四、教学重点和难点

（1）教学重点：硅酸盐的组成表示及性质。

（2）教学难点：硅酸盐的化学性质和组成表示。

五、知识结构

硅及其化合物
- 晶体硅
  - 物理性质：灰黑色、有金属光泽，硬而脆的固体，熔、沸点高
  - 化学性质：常温下，只与 F_2、HF、NaOH 溶液反应；加热时，可与 O_2、Cl_2 反应
  - 结构：类似金刚石
  - 用途：制造硅芯片、集成电路、晶体管等半导体器件；制造太阳能电池等
- 硅酸盐
  - 硅酸盐组成表示
    - 氧化物法：$CaMg_3Si_4O_{12}$ 可表示为 $CaO \cdot 3MgO \cdot 4SiO_2$
    - 化学式法：Na_2SiO_3
  - 硅酸盐的性质：溶解度小、硬度大、化学性质不活泼
  - 典型硅酸盐：硅酸钠，其水溶液俗称水玻璃
  - 硅酸盐产品：陶瓷、玻璃、水泥

六、教学过程

环节一：导入新课

【情境导入】 中国有着五千年的文化底蕴，是世界上最早制造和使用陶瓷、玻璃等硅酸盐产品的国家，这一点可以从出土的文物得到见证，在生活学习中也处处能遇到硅酸盐和硅材料的物品，如水泥、沙子等。今天这节课老师就带领大家一起走进硅酸盐和硅的世界，让大家感受硅材料物品的多样性。

【板书】 4.1.2　无机非金属材料的主角——硅

三、硅酸盐和硅单质

环节二：展开新课

1. 硅酸盐

【提问】 陶瓷、玻璃、水泥、沙子等都是硅酸盐，那究竟什么是硅酸盐呢？它是如何来定义的呢？

【讲述】 硅酸盐是指硅、氧和金属组成的化合物的总称，在自然界分布极广。由于硅酸盐种类繁多，结构复杂，组成各异，我们来看几种常见的硅酸盐的分子式。

【投影】 翡翠：$NaAlSi_2O_6$；正长石：$KAlSi_3O_8$；石棉：$CaMg_3Si_4O_{12}$

【讲述】 为了简化硅酸盐组成的表示，硅酸盐常采用金属氧化物和二氧化硅的组合形式来

表示其组成。但实际上硅酸盐不是以简单氧化物形式存在的。

【提问】如何改写成氧化物形式呢？

【讲述】改写成氧化物形式，先写金属氧化物，后写非金属氧化物，即：金属氧化物、二氧化硅、水。若都是金属氧化物的话，先写活泼金属的氧化物。值得注意的是氧化物之间以“·”隔开，计量数配平出现分数时应化为整数。

【提问】氧化物和原来盐的原子个数是不是相同，化合价有没有变化呢？

【讲述】原子个数要守恒，化合价不变。

【练习】请大家写出石棉和翡翠氧化物的组成表示。

石棉 $CaMg_3Si_4O_{12}$__________；翡翠 $NaAlSi_2O_6$__________。

【讲述】像石棉、翡翠等组成比较复杂的硅酸盐，我们常采用二氧化硅和金属氧化物的组合形式来表示其组成，但是对于硅酸钠、硅酸钙等组成简单的物质直接用化学式表示。

【板书】1. 硅酸盐

（1）硅酸盐组成的表示

氧化物法：$CaMg_3Si_4O_{12}$可表示为 $CaO \cdot 3MgO \cdot 4SiO_2$

化学式法：Na_2SiO_3

【提问】既然硅酸盐是我们身边地壳岩石的主要成分，那么，请大家总结下大部分硅酸盐的相似性质。

【讲述】它们在水里溶解度小、硬度大、化学性质不活泼。

【板书】（2）硅酸盐的性质：在水里溶解度小、硬度大、化学性质不活泼

2. 硅酸钠

【实验】“神奇的布条”：从一块布上剪下两块相同大小的布，一起在酒精灯上点燃，一块燃烧，一块不燃烧，为什么这块布就不燃烧呢？

【讲述】这是一块浸没了硅酸钠溶液后晒干的布，所以这块布没有燃烧。由此我们可以得出什么结论呢？硅酸钠可以作防火剂。

【讲述】Na_2SiO_3可溶于水，其水溶液俗称“水玻璃”。

【板书】2. 硅酸钠

（1）Na_2SiO_3易溶于水，其水溶液俗称“水玻璃”

（2）硅酸钠是一种防火剂

【提问】硅酸钠除了这个性质还有其他性质吗？结合碳酸钠的性质，猜测一下硅酸钠显什么性？能和什么试剂发生反应？下面通过实验来探讨这两个问题。

【实验】

实验内容	实验现象
硅酸钠溶液中滴入酚酞	溶液由无色变为红色
再滴入稀盐酸	溶液由红变浅并接近消失，有白色胶状物生成

【讲述】由实验可以得出，硅酸钠显碱性，硅酸钠和盐酸的反应是复分解反应，酸性强的酸可以制备酸性弱的酸。

【板书】（3）硅酸钠溶液显碱性

$$Na_2SiO_3 + 2HCl = H_2SiO_3(\text{胶体}) + 2NaCl$$

【提问】这是一瓶久置的硅酸钠溶液，那瓶底为什么有白色物质呢？发生了什么反应，请写出化学方程式。

【板书】$$Na_2SiO_3 + H_2O + CO_2 = H_2SiO_3(\text{胶体}) + Na_2CO_3$$

【讲述】既然硅酸钠能和空气中的水、二氧化碳反应，应密封保存。

【板书】密封保存

3. 硅酸盐产品

【过渡】学习完了硅酸盐的性质，老师再为同学们介绍几种重要的硅酸盐产品——陶瓷、玻璃、水泥，它们都是使用量最大的无机非金属材料。

【板书】3. 硅酸盐产品：陶瓷、玻璃、水泥

【提问】生活中的盘子、碗等，它们的成分都是硅酸盐，但它们并不是天然的矿物，而是生产出来的，因此它们属于硅酸盐产品。那水泥、玻璃和陶瓷是怎么制得的呢？

【讲述】请大家阅读课本内容，小组讨论并归纳3类硅酸盐产品的生产工艺过程，整理完成表格，小组进行汇报总结。

硅酸盐产品	主要原料	生产设备	生产条件	发生反应	产品主要成分
普通水泥					
普通玻璃					
陶　瓷					

4. 硅

【过渡】虽然硅的化合物随处可见，而且远古时期人类就已经开始加工和使用陶瓷，但硅的单质直到18世纪才由化学家制备出来。近年来，硅单质在生产生活中越来越常见了，下面我们就一起来认识一下硅单质。

【板书】4. 硅

【讲述】结构决定性质，我们从结构出发来总结硅的性质。与碳相似，硅单质也有晶体和无定形体两种，硅晶体中每个Si原子都是以4个共价键和另外4个Si原子相连，形成空间正四面体的网状结构，类似于金刚石的结构。

【提问】既然结构决定性质，请同学们根据硅的结构来推断一下硅单质有什么物理性质呢？

【总结】由结构我们推出，硅单质是硬而脆的固体，熔、沸点高。除此之外，它是灰黑色的，有金属光泽，硅在元素周期表中处于金属与非金属的过渡位置，晶体硅的导电性介于导体与绝缘体之间，因而是良好的半导体材料。

【板书】（1）硅的物理性质：灰黑色、有金属光泽，硬而脆的固体，熔、沸点高

【讲述】我们知道碳在常温下，化学性质不活泼。同样，常温下，硅的化学性质也不活泼，除F_2、HF和强碱外，硅不与其他物质发生反应。我们一起来写一下这几个化学方程式。

【板书】（2）硅的化学性质

1）常温下，硅的化学性质不活泼，只和F_2、HF和强碱反应

$$Si + 4F_2 = SiF_4 \qquad Si + 4HF = SiF_4\uparrow + 2H_2\uparrow$$

$$Si + 2NaOH + H_2O = Na_2SiO_3 + 2H_2\uparrow$$

【提问】在半导体行业有句行话"从沙滩到用户"，你怎样理解这句话？

【讲解】我们知道沙中含有SiO_2，用户的手中有手机芯片等含硅的物质，那么从沙到用户经历了怎样的变化呢？这个过程就是工业制硅的过程：主要是利用焦炭在电炉中还原SiO_2实现，这个反应是在高温条件下发生的，我们一起来写一下这个化学方程式：

$$SiO_2 + 2C \xlongequal{高温} Si + 2CO\uparrow$$

【提问】但是该方法得到的硅是粗硅，制得的硅可能含有哪些杂质？我们如何进一步提纯得到纯硅呢？

【讲述】从反应物和生成物的状态来看，可能含有过量的固体杂质 C 或 SiO_2等。为了进一步分离提纯，是否可考虑加入某种反应物，使 Si 转变成非固体物质？

【讲述】在生产中，常用硅在高温下与氯气反应得到$SiCl_4$，常温下$SiCl_4$为液体，将生成的$SiCl_4$提纯后，再用氢气将硅还原出来。

【板书】2）粗硅制法：$SiO_2 + 2C \xlongequal{高温} Si + 2CO\uparrow$

3）高纯硅制法：$Si + 2Cl_2 \xlongequal{\triangle} SiCl_4$

$$SiCl_4 + 2H_2 \xlongequal{高温} Si + 4HCl$$

【提问】从 20 世纪中叶开始，硅成了信息技术的关键材料，那硅单质都有哪些用途呢？

【板书】(3) 硅的用途

用于制造硅芯片、集成电路、晶体管等半导体器件；制造太阳能电池；制造合金

环节三：归纳总结

【课堂小结】同学们，本节课我们主要学习了硅酸盐的表示方法、硅酸钠的性质和硅酸盐产品的知识、硅单质的结构和性质及用途，知道了硅在电子等行业发挥着重要作用，但是硅还有其他未知功能正在等待我们的开发，希望同学们以后能够开发出更多的用途。预习下节课的内容并完成第 81 页的课后习题 9、10 题。

七、板书设计

4.1.2　无机非金属材料的主角——硅

三、硅酸盐和硅单质

1. 硅酸盐

(1) 硅酸盐组成的表示

氧化物法：$CaMg_3Si_4O_{12}$可表示为$CaO \cdot 3MgO \cdot 4SiO_2$

化学式法：Na_2SiO_3

(2) 硅酸盐的性质：在水里溶解度小、硬度大、化学性质不活泼

2. 硅酸钠

(1) Na_2SiO_3易溶于水，其水溶液俗称"水玻璃"

(2) 硅酸钠是一种防火剂

(3) 硅酸钠溶液显碱性

$Na_2SiO_3 + 2HCl \xlongequal{} H_2SiO_3$(胶体)$+ 2NaCl$

$Na_2SiO_3 + H_2O + CO_2 \xlongequal{} H_2SiO_3$(胶体)$+ Na_2CO_3$

密封保存

3. 硅酸盐产品：陶瓷、玻璃、水泥

4. 硅

（1）硅的物理性质：灰黑色、有金属光泽，硬而脆的固体，熔、沸点高

（2）硅的化学性质

1）常温下，硅的化学性质不活泼，只和 F_2、HF 和强碱反应

$$Si + 4F_2 = SiF_4 \qquad Si + 4HF = SiF_4\uparrow + 2H_2\uparrow$$

$$Si + 2NaOH + H_2O = Na_2SiO_3 + 2H_2\uparrow$$

2）粗硅制法：$SiO_2 + 2C \xlongequal{高温} Si + 2CO\uparrow$

3）高纯硅制法：$Si + 2Cl_2 \xlongequal{\triangle} SiCl_4$

$$SiCl_4 + 2H_2 \xlongequal{高温} Si + 4HCl$$

（3）硅的用途

用于制造硅芯片、集成电路、晶体管等半导体器件；制造太阳能电池；制造合金

第二节　富集在海水中的元素——氯

第1课时　氯气的性质

一、教材分析

本节内容选自人教版高中化学必修1第四章“非金属及其化合物”第二节“富集在海水中的元素——氯”，依据课程标准“通过实验了解氯、氮、硫、硅等非金属及其重要化合物的主要性质，认识其在生产中的应用和对生态环境的影响”的要求，本节课安排了“氯气的物理性质和化学性质”等教学内容。

氯元素是典型的、重要的非金属元素，富集在海水中，资源丰富，食盐、漂白粉等含氯的物质与生活联系密切，能有效激发学生的求知欲。教科书在“科学史话”栏目中呈现了氯气的发现和确认的过程，学生通过阅读科学史话可以获得一些启示，能够根据里面的内容写出制备氯气的化学方程式。氯元素也是学生在化学1中学习到的第二个非金属元素，教科书安排了一系列实验探究活动，促进学生理解氯气的性质。在“科学视野”栏目中学生也可以了解一些成盐元素——卤素的知识，使知识面得到扩展。通过对本节内容的学习，学生将进一步掌握研究物质的一般方法——实验探究法，为后面硫、氮等元素及其化合物的学习奠定知识基础和提供科学方法。

二、学情分析

在九年级阶段学生对非金属元素的性质了解不多，只学习了氧元素的性质，在高中阶段通过学习金属的性质和非金属“硅”的性质，基本可以运用原子结构分析元素性质。以上内容为学生能够推测出氯元素是一种活泼的非金属元素做了铺垫。

学生在九年级已学过氧气，氯气和氧气都是非金属气体，在学习方法上具有一些共性，都是从物理性质、化学性质、实验室制法和用途等方面进行学习，学生通过类比学习的方法可以更好地掌握氯气的性质。但是，对于氯气和水反应生成次氯酸的过程，学生容易出现理解偏差，另外，在对氯水漂白性实质的推导中可能也存在理解上的困难。

三、教学目标

知识与技能	（1）了解氯气的物理性质及其重要用途。 （2）知道氯气是一种很活泼的非金属单质，掌握氯气的化学性质。 （3）掌握次氯酸的不稳定性和氧化性，理解它的漂白原理
过程与方法	（1）通过对氯气物理性质的总结，知道分析常见气体物理性质的方法。 （2）通过对氯气化学性质的学习，了解探究物质性质的一般方法——实验探究法。 （3）在学习中，学会运用观察、实验、查阅资料等多种手段获取信息，并能够通过比较、分类、归纳、概括等方法对信息进行加工

续表

情感态度与价值观	（1）通过认识海水是人类宝贵的自然资源，培养与大自然友好相处的情感。 （2）通过对氯气性质的探究，体会化学实验的重要性

四、教学重点和难点

（1）教学重点：氯气与金属、非金属、水的反应。

（2）教学难点：氯水漂白作用的原理。

五、知识结构

- 氯气
  - 物理性质：黄绿色，有刺激性气味的气体，密度比空气大，能溶于水，有毒
  - 化学性质
    - 与金属反应
      - $2Na + Cl_2 \xlongequal{点燃} 2NaCl$（白烟）
      - $2Fe + 3Cl_2 \xlongequal{点燃} 2FeCl_3$（棕褐色的烟）
      - $Cu + Cl_2 \xlongequal{点燃} CuCl_2$（棕黄色的烟）
    - 与非金属反应：$H_2 + Cl_2 \xlongequal{点燃} 2HCl$
    - 与水反应
      - $Cl_2 + H_2O \xlongequal{} HCl + HClO$
      - HClO 具有强氧化性，漂白性，弱酸性，不稳定性，光照下易分解
      - $2HClO \xlongequal{光照} 2HCl + O_2\uparrow$

六、教学过程

环节一：导入新课

【导入】氯元素（Cl）是最重要的“成盐元素”，主要以 NaCl 的形式存在于海水和陆地的盐矿中。据探测，海洋中含盐 3%，主要为 NaCl，因此海洋是包括 NaCl 在内的巨大的资源宝库，下面我们就来学习富集在海水中的元素——氯。

【板书】4.2.1　富集在海水中的元素——氯

环节二：展开新课

1. 氯气的物理性质

【提问】在九年级我们已经学习了氧气、二氧化碳、氮气等气体，对气体的物理性质的研究常从颜色、状态、气味、有无毒性、溶解性、密度等方面进行考虑和分析，那今天我们新学的氯气又具有怎样的物理性质呢?

【讲述】我们学过的大多数气体都是无色的，但氯气的颜色很特殊，它是中学所学过的唯一显黄绿色的气体，它的相对分子质量明显比空气大，因此氯气的密度比空气大，它是具有刺激性气味的气体，在下面的实验中大家就可以闻到，此外氯气易液化、能溶于水，并且有毒。

【板书】一、氯气的物理性质

状态	颜色	气味	密度	溶于水	毒性
气体	黄绿色	有刺激性气味	比空气大	能溶于水	有毒

2. 氯气的化学性质

【过渡】学习了氯气的物理性质，还远远不能满足我们对氯气的认知，那下面我们就更深入地了解氯气的化学性质。首先，我们先来回忆一下氯原子的结构。

【板书】二、氯气的化学性质

1. 氯元素的原子结构

【讲述】氯原子最外层有7个电子，易得一个电子变成负一价，因此氯气是一种化学性质非常活泼的气体，类比我们九年级学习过的另一种活泼的气体——氧气，我们来学习一下氯气的化学性质。

【板书】2. 氯气的化学性质

【提问】在九年级的学习中，我们已经学习过氧气不仅可以和金属单质反应，还可以和氢气反应，那氯气是不是也具有相同的性质呢？我们已经学习了钠在氯气中可以燃烧的反应，大家来写一下这个化学方程式。

【板书】(1) 氯气和金属反应

$$2Na + Cl_2 \xlongequal{点燃} 2NaCl\text{（白烟）}$$

【讲述】对于这个反应大家需注意的是，常温下，钠在氯气中是不反应的，只有在点燃的条件才能反应。我们从氧化还原反应的角度来分析一下，氯气是具有氧化性，还是具有还原性？氯气中的氯元素由0价变为－1价，化合价降低，作为氧化剂，因此表现出氧化性。

【讲述】其实，它不仅可以和钠、铁等活泼金属反应，同样还可以与铜等不活泼金属反应，接下来我们通过视频来观察实验现象，并类比氯气和钠的反应，大家来写一下氯气和铁、铜的反应方程式。

【讲述】将加热的铁丝伸入氯气中我们看到铁丝剧烈燃烧，生成棕褐色的烟；把加热的铜丝伸入到氯气中，能够看到铜丝剧烈燃烧，生成棕黄色的烟。

【板书】氯气具有强氧化性

$$2Fe + 3Cl_2 \xlongequal{点燃} 2FeCl_3\text{（棕褐色的烟）}$$

$$Cu + Cl_2 \xlongequal{点燃} CuCl_2\text{（棕黄色的烟）}$$

【总结】综上所讲，氯气可与大多数金属在点燃或加热的条件下直接化合，表现出氯气的强氧化性，而且生成高价态金属氯化物，例如铁被氯气直接氧化为高价＋3价。

【练习】写出反应的化学方程式

(1) 氯气与铝反应：______________

(2) 氯气与镁反应：______________

(3) 氯气与银反应：______________

【过渡】氯气不仅可以和金属反应，还可以和非金属反应。

【板书】(2) 氯气和非金属反应

【实验】氯气和氢气反应

实 验 步 骤	实 验 现 象
在空气中点燃氢气，然后把导管缓缓伸入盛满氯气的集气瓶中，观察现象	氢气在氯气中安静地燃烧，火焰呈苍白色，瓶口有白雾产生

【板书】

$$H_2 + Cl_2 \xlongequal{点燃} 2HCl$$

【讲述】氯气和氢气在点燃的条件下可以发生反应，当氢气与氯气混合后在光照的条件下也是可以发生反应的，此时会释放出大量的热，发生爆炸。

【板书】

$$H_2 + Cl_2 \xlongequal{光照} 2HCl$$

【讲述】由此，我们可以得出这样的结论：反应条件不同时，现象不同，但产物相同。

【过渡】目前很多自来水厂用氯气来杀菌、消毒，我们偶尔闻到的自来水中散发出来的刺激性气味就是余氯的气味，那氯气是溶于水还是与水发生了反应呢？

【讲述】我们向盛满氯气的集气瓶中注入约 1/5 的水，然后迅速塞紧橡皮塞，充分振荡，观察到溶液为浅黄绿色，这说明氯气能溶于水。既然氯气能溶于水，那么它在水中的溶解性怎样呢？

【讲述】常温下，1 体积水能溶解 2 体积的氯气，氯气的水溶液称为氯水。

【追问】氯气溶于水是否发生了化学反应呢？如果发生反应会生成什么呢？溶液中都有哪些粒子存在呢？

【猜测】如果发生反应，氯水中可能含有的分子有水分子、氯分子等；可能含有的离子有 H^+、Cl^- 等。

【提问】那如何检验可能含有的 Cl^- 和 H^+ 呢？

【实验】

名 称	实 验 步 骤	实 验 现 象
检验 Cl^-	向氯水中加入 $AgNO_3$ 溶液和稀硝酸	有白色沉淀产生
检验 H^+	向氯水中加入 2～3 滴紫色石蕊试液	溶液变红

【讲述】通过实验，我们发现氯气溶于水并且会和水发生化学反应，再将滴加石蕊溶液的试管振荡，又出现什么现象，说明了什么呢？

【追问】振荡试管后我们发现溶液由红色变成无色，是氯气起漂白作用还是反应生成了具有漂白作用的新物质？

【实验】向干燥氯气集气瓶中放入一半湿润一半干燥的红纸条。

【现象】湿润的一半褪色，干燥的一半不褪色。

【分析】从上述实验可以看出，干燥的氯气不具有漂白作用，其实起漂白作用的是氯气和水反应生成的新物质，叫做次氯酸 (HClO)，大家来写一下氯气和水反应的化学方程式。

【板书】(3) 氯气和水反应

$$Cl_2 + H_2O \xlongequal{} HCl + HClO$$（次氯酸）

【总结】通过上面的学习，我们可以总结出：氯气易溶于水，且溶于水的氯气能够与水发生反应，氯水因水中溶有氯气而呈黄绿色，但是起漂白作用的是次氯酸而不是氯气。

【讲述】虽然第一次听到“次氯酸（HClO）”这种物质，但是它在我们的生活中却很常用，例如自来水厂常用氯气来杀菌消毒，而其中真正起到作用的就是次氯酸。次氯酸从名字上我们就可以看出它是一种酸，但是它的酸性比碳酸的酸性还要弱。次氯酸不稳定，只存在于水溶液中，在光照下很容易分解产生氧气，大家来写一下这个方程式。

【板书】HClO 具有强氧化性，漂白性，弱酸性，不稳定性，光照下易分解

$$2HClO \xlongequal{光照} 2HCl + O_2\uparrow$$

【提问】那现在我们可以确定新制氯水中都含有哪些粒子呢？由于次氯酸放置时间长了会分解，那么久置的氯水中又含有哪些粒子呢？

【板书】氯气、新制氯水、久置氯水的比较

名称	液氯（氯气）	氯　水	
分类	纯净物	混合物	
成分	只有 Cl_2 分子	新制（三分子、四离子）	久置
		分子：Cl_2、HClO、H_2O； 离子：H^+、Cl^-、ClO^-、OH^-	分子：H_2O； 离子：H^+、Cl^-、OH^-

环节三：归纳总结

【课堂小结】本节课我们学习了氯气的物理性质和化学性质，通过本节课的学习，我们知道氯气虽然有毒，但是也能为我们的生产和生活服务，所以我们要用辩证的眼光看待事物，下节课我们继续学习关于氯的知识，请同学们做好预习，并完成第 87 页 1、2 题。

七、板书设计

4.2.1　富集在海水中的元素——氯

一、氯气的物理性质

状态	颜色	气味	密度	溶于水	毒性
气体	黄绿色	有刺激性气味	比空气大	能溶于水	有毒

二、氯气的化学性质

1. 氯元素的原子结构
2. 氯气的化学性质

（1）氯气和金属反应

氯气具有强氧化性

$$2Na + Cl_2 \xlongequal{点燃} 2NaCl$$（白烟）

$$2Fe + 3Cl_2 \xlongequal{点燃} 2FeCl_3$$（棕褐色的烟）

$$Cu + Cl_2 \xlongequal{点燃} CuCl_2$$（棕黄色的烟）

（2）氯气和非金属反应

$$H_2 + Cl_2 \xlongequal{点燃} 2HCl$$

$$H_2 + Cl_2 \xlongequal{光照} 2HCl$$

（3）氯气和水反应

$$Cl_2 + H_2O \rightleftharpoons HCl + HClO$$（次氯酸）

HClO 具有强氧化性，漂白性，弱酸性，不稳定性，光照下易分解

$$2HClO \xlongequal{光照} 2HCl + O_2\uparrow$$

氯气、新制氯水、久置氯水的比较

名称	液氯（氯气）	氯　水	
分类	纯净物	混合物	
成分	只有 Cl_2 分子	新制（三分子、四离子）	久置
		分子：Cl_2、HClO、H_2O； 离子：H^+、Cl^-、ClO^-、OH^-	分子：H_2O； 离子：H^+、Cl^-、OH^-

第2课时　氯气的制备和氯离子的检验

一、教材分析

本节内容选自人教版高中化学必修1第四章“非金属及其化合物”第二节“富集在海水中的元素——氯”，依据课程标准“通过实验了解氯、氮、硫、硅等非金属及其重要化合物的主要性质，认识其在生产中的应用和对生态环境的影响”的要求，本节课安排了“氯气和碱反应及氯气的实验室制备、氯离子的检验”等教学内容。

氯气的制备实验是高中化学制备气体物质的实验之一，涉及很多实验基本操作，同时制备氯气有不同的实验设计方案和处理方法，所以这一内容也作为高考命题热点考察学生运用知识和技能进行实验设计和处理的能力。在教科书中氯气的性质和用途安排在实验室制法之前，作为学习制法的知识基础，而学习制法又是对性质的进一步理解和运用。九年级阶段已经学习过氧气、氢气、二氧化碳的实验室制法，学习氯气的实验室制法将进一步完善学生关于实验室制取气体的思路和方法，通过对比、联想、归纳推理等方法促进所学知识系统化、规律化。

本节内容是在对氯气的性质进行了探究学习之后，对氯气的用途、制法等进行的比较全面、细致的学习和研究，不仅为以后学习和研究同族元素性质变化规律、介绍氯碱工业等联系实际的知识奠定了基础，同时对学生全面认识化学元素、形成正确观点、掌握正确学习方法等也具有重要的作用；氯气和氢氧化钠反应的化学性质也是第二章所学氧化还原反应知识的进一步应用和巩固。

二、学情分析

学生在生活中常见到84消毒液、漂白液等物质，只知道它们具有漂白性，但是对它们的漂白成分以及漂白原理并不了解，因此在学习过程中会充满好奇，并且学生已经掌握了氯气和水的反应，为学习氯气和氢氧化钠、氢氧化钙的反应，以及掌握漂白液、漂白粉的漂白实质打下知识基础。同时，学生在九年级阶段已经学习过氧气、氢气、二氧化碳的实验室制法，能够利用实验原理选择装置，知道气体制取的流程，上节课学习的氯气的物理和化学性质，为学习氯气的实验室制法奠定一定的基础。高一学生已经历过制取气体的学习过程，对常见离子也会检验，已经具备了一定的实验操作技能。

三、教学目标

知识与技能	（1）掌握氯气和氢氧化钠反应的化学性质。 （2）掌握实验室制取氯气的原理和收集方法，知道制取氯气时所需的药品、仪器、步骤、现象。 （3）掌握氯离子的检验方法
过程与方法	（1）通过解读84消毒液的产品标签，学会阅读和分析文本内容。 （2）通过实验室制取氯气，进一步理解和掌握关于实验室制取气体的思路、方法和程序

续表

情感态度与价值观	（1）通过进行实验，养成严谨求实、勇于探索的科学作风，体验学习化学的乐趣。 （2）通过联系生活实例，形成理论联系实际的思想，能利用学习的知识解决生活中的问题

四、教学重点和难点

（1）教学重点：氯气与碱的反应；实验室制取氯气；氯离子的检验方法。

（2）教学难点：氯气的实验室制法。

五、知识结构

氯气

- 与碱反应
  - 与氢氧化钠反应：$Cl_2 + 2NaOH = NaCl + NaClO + H_2O$（制漂白液）
  - （漂白原理：$2NaClO + CO_2 + H_2O = Na_2CO_3 + 2HClO$）
  - 与氢氧化钙反应：$2Cl_2 + 2Ca(OH)_2 = Ca(ClO)_2 + CaCl_2 + 2H_2O$（制漂白精、漂白粉）
  - （漂白原理：$Ca(ClO)_2 + CO_2 + H_2O = CaCO_3\downarrow + 2HClO$）
- 氯气的实验室制法
  - 反应原理：$4HCl(浓) + MnO_2 \xlongequal{\triangle} MnCl_2 + Cl_2\uparrow + 2H_2O$
  - 发生装置：固-液加热型装置
  - 净化装置：饱和食盐水（除 HCl）；浓硫酸（除水蒸气）
  - 收集装置：向上排空气法
  - 验满方法：湿润的淀粉-KI 试纸或湿润的蓝色石蕊试纸
  - 尾气处理装置：氢氧化钠溶液
- 氯离子的检验：取待测液少许于试管中，先加少量的稀硝酸酸化，再滴几滴硝酸银，若有白色沉淀生成，则证明有氯离子

六、教学过程

环节一：导入新课

【导入】 2003 年，一场突如其来的灾难——“非典”，扰乱了人们正常的生产和生活秩序，全国人民万众一心，众志成城，谱写了一曲可歌可泣抗击“非典”的动人篇章。在抗击非典的斗争中，一种有效的消毒剂——84 消毒液得到了广泛的应用。大家知道 84 消毒液的有效成分是什么吗？它是怎样制备的？带着这些问题我们进入今天的新课学习。

环节二：展开新课

1. 氯气的化学性质

【板书】 2. 氯气的化学性质

【阅读材料】 请大家认真研读 84 消毒液的产品标签，认识 84 消毒液的功能、使用常识、

注意事项和产品保质期。

84 消毒液标签上的部分说明

本品为含氯消毒剂，有效成分为 NaClO 原液勿接触衣物，对带色衣物易脱色 勿用 40℃以上的热水稀释原液 宜贮存在避光阴凉处 保质期：3 个月

【讲述】阅读 84 消毒液的标签说明，我们可以知道 84 消毒液的有效成分是 NaClO，那么怎样制备 NaClO 呢？

【提问】上节课我们学习了氯气与水的反应，那将氯气通入 NaOH 溶液中，会发生怎样的反应呢？

【讲述】氯气与水发生如下反应：$Cl_2 + H_2O = HClO + HCl$，当向 NaOH 溶液中通入 Cl_2 后，Cl_2不与 NaOH 溶液直接反应，而是 Cl_2先与水反应生成 HClO 和 HCl，然后两者再分别与 NaOH 溶液发生中和反应生成 NaClO、NaCl 和 H_2O，$HCl + NaOH = NaCl + H_2O$，$HClO + NaOH = NaClO + H_2O$。将上述三个分反应两边分别相加，即可得到氯气与碱溶液反应的化学方程式：$Cl_2 + 2NaOH = NaCl + NaClO + H_2O$。实验室也是根据这一原理来吸收 Cl_2尾气的。

【板书】（4）氯气与氢氧化钠反应：$Cl_2 + 2NaOH = NaCl + NaClO + H_2O$

【讲述】84 消毒液的有效成分是 NaClO，其实我们常用的漂白液、漂白剂的有效成分也是 NaClO。除了能用漂白液进行漂白外，还常用到一种物质来进行漂白，它是漂白粉，也叫漂白精，工业上常用氯气与消石灰反应制取漂白粉，请写出这一反应的化学方程式。

【板书】氯气和氢氧化钙反应：$2Cl_2 + 2Ca(OH)_2 = Ca(ClO)_2 + CaCl_2 + 2H_2O$

【提问】漂白液、漂白粉（精）本身有漂白性吗？它的漂白原理是怎样的？

【讲述】漂白液或漂白粉本身并没有漂白作用，也就是说它本身不能直接用来漂白。使用时，它必须与水及空气中的 CO_2共同作用生成具有强氧化性的 HClO 才能用来漂白有色物质。请同学们写出漂白液、漂白粉的漂白原理。

【板书】漂白原理：$2NaClO + CO_2 + H_2O = Na_2CO_3 + 2HClO$；

$Ca(ClO)_2 + CO_2 + H_2O = CaCO_3\downarrow + 2HClO$

【提问】我们知道 HClO 具有漂白性，为什么不用 HClO 直接做漂白液呢？

【讲述】因为次氯酸不稳定，难以保存，使用起来不方便，效果也不明显。NaClO 虽然也会分解，但它的水溶液在低温下存放 3 年才分解一半，比 HClO 稳定得多。

【总结】大家来填一下这个表格，总结一下漂白粉、漂白精和漂白液的成分以及有效成分。

【板书】

名　称	漂白粉	漂白精	漂白液
成　分	$Ca(ClO)_2 + CaCl_2$	$Ca(ClO)_2 + CaCl_2$	NaCl + NaClO
有效成分	$Ca(ClO)_2$	$Ca(ClO)_2$	NaClO

2. 氯气的用途

【阅读思考】阅读课本第 85 页资料卡片及其左侧的内容，思考氯气有哪些重要用途？这些用途各由氯气的什么性质决定的？

【板书】三、氯气的用途

【小结】氯气的用途是由其性质决定的。通过氯气能在一定条件下与大多数金属、非金属反应而制备各种重要的氯化物，如 $SiCl_4$、$GeCl_4$、$TiCl_4$等；通过氯气与很多有机物反应可制备一些重要的有机产品，如合成塑料、橡胶、人造纤维、农药、染料和药品等；通过氯气与水反应生成强氧化作用的 HClO 而用于自来水杀菌、消毒；通过氯气与碱的反应来制备漂白液和漂白粉等。

【板书】制备重要的氯化物；制备重要的有机产品；制备漂白粉和漂白液。

3. 氯气的实验室制法

【过渡】以上是我们对氯气的性质和用途的学习，那么氯气是怎样制得的呢？请大家阅读课本第 82 页的科学史话，试着回答“思考与交流”栏目中的问题。

【板书】四、氯气的实验室制法

【讲述】舍勒将 MnO_2和浓盐酸混合加热得到了一种黄绿色的气体，也就是氯气，请大家写出舍勒发现氯气的化学方程式。

【板书】原理：$4HCl(浓) + MnO_2 \xlongequal{\triangle} MnCl_2 + Cl_2\uparrow + 2H_2O$

【讲述】此反应必须在加热条件下进行，而且必须使用浓盐酸，我们在书写其方程式时需要注意到反应条件。

【提问】在九年级我们学习过了 O_2、CO_2等气体的实验室制法，思考一下一整套制气装置包括哪些部分呢？

【讲述】包括制取、净化、收集、尾气处理。

【提问】对于氯气的制取我们应该选择哪种发生装置呢？需要的仪器和药品都有哪些？

【讲述】根据反应物状态和条件，采用固-液加热型装置，药品为浓盐酸和二氧化锰，仪器为圆底烧瓶、分液漏斗、酒精灯、铁架台、石棉网。组装仪器应该从下往上，从左往右。在做实验的过程中，制取氯气加热时要微热、间断，防止由于温度过高，液体沸腾堵塞支管及带入大量水蒸气和氯化氢气体，导致收集的氯气不纯。

【板书】发生装置：固-液加热型装置

【提问】我们收集到的气体纯净吗？为什么？

【讲述】不纯净，浓盐酸会挥发，产生 HCl 气体，并且会产生水蒸气。我们应该在中间加一个净化装置，那用什么药品来除去 HCl 和水蒸气呢？

【讲述】可以用饱和食盐水除去 HCl 气体，因为氯化氢气体极易溶于水，溶解度是 1:500，而氯气的溶解度才 1:2。另外，Cl_2溶于水会发生反应：$Cl_2 + H_2O \xlongequal{\quad} HCl + HClO$，溶液中的饱和 Cl^- 和已经存在的 HCl 会抑制该反应的进行，从而在一定程度上抑制了 Cl_2的溶解，因此 Cl_2中混有的 HCl 能用饱和食盐水除去。水蒸气可以采用浓硫酸除去。

【提问】除杂的顺序是什么？为什么？

【讲述】应该先除去氯化氢气体，后除水，因为若先除水，后除氯化氢的话，气体通过饱和食盐水溶液还会带出水蒸气。

【板书】净化方法：HCl 用饱和食盐水除去；水蒸气用浓硫酸除去

【提问】知道了氯气的物理性质，那我们应该用哪种方法来收集氯气呢？为什么？

【讲述】氯气的密度比空气大且易溶于水，可以采用向上排空气法，也可以采用排饱和食盐水的方法进行收集。

【板书】收集方法：向上排空气法或排饱和食盐水的方法

【提问】那怎样证明氯气已收集满？

【讲述】氯气为黄绿色，可以直接观察颜色。除了观察法，我们常用湿润的淀粉-KI 试纸平放在瓶口，可以观察到试纸变蓝，还可用湿润的蓝色石蕊试纸，会观察到先变红后褪色，变红是由于有酸生成，褪色是由于生成了次氯酸。

【板书】验满方法：湿润的淀粉-KI 试纸（变蓝）；湿润的蓝色石蕊试纸（先变红后褪色）

【提问】多余的氯气能否直接排放，为什么？那么应该选用哪种吸收液呢？

【讲述】氯气对人体和环境有害，因此不能直接排放，需要用氢氧化钠溶液来吸收。安装收集装置时，漏斗要浸入氢氧化钠溶液液面下 1cm 处，防止倒吸。

【板书】尾气处理：氢氧化钠溶液

【总结】实验室制取氯气的一般思路是：制备（原料、装置、反应发生装置）、净化（除杂、干燥）、收集（收集方法、验满）、尾气处理。

4. 氯离子（Cl^-）的检验

【过渡】请同学们观察一下，这是用自来水配制的硝酸银溶液，为什么是浑浊的？

【讲述】自来水用氯气消毒，水中含有 Cl^-，会发生反应 $Ag^+ + Cl^- \xlongequal{} AgCl\downarrow$。

【提问】如何检验自来水中是否含有氯离子？

【讲述】溶液中加入硝酸银溶液，产生白色沉淀，一定能证明溶液中含有氯离子吗？

【实验探究】下面就让我们一起来观察实验 4-6，请大家认真观察实验现象，并完成课本第 85 页的表格。

【提问】从实验现象中我们可以看出，前 4 支试管都有沉淀产生，但第 1、2、4 支试管中的沉淀不溶于稀硝酸，而第 3 支试管中的沉淀溶于稀硝酸，这是为什么呢？

【讲述】Cl^- 和 CO_3^{2-} 遇到 $AgNO_3$ 溶液都会产生白色沉淀，但 AgCl 不溶于稀硝酸，Ag_2CO_3 溶于稀硝酸。

【提问】那如何检验溶液中是否含有氯离子？

【讲述】检验 Cl^-，先滴加 $AgNO_3$ 溶液，产生白色沉淀，再滴加稀 HNO_3，振荡，若仍有白色沉淀存在，则证明含有 Cl^-。还可以先滴加稀 HNO_3 排除干扰离子的影响，再滴加 $AgNO_3$ 溶液，若产生白色沉淀，则说明水中有 Cl^- 的存在。两种方法都对，但我们一般采用的实验步骤是先加稀 HNO_3 酸化，再加 $AgNO_3$ 溶液，这样产生的实验现象会比较直观。

【板书】五、氯离子（Cl^-）的检验

取待测液少许于试管中，先加少量的稀 HNO_3 酸化，再滴几滴 $AgNO_3$ 溶液，

若有白色沉淀生成，则证明有氯离子

环节三：归纳总结

【总结】 本节课我们学习了氯气和氢氧化钠的反应，知道含氯消毒剂，它们本身并没有漂白性，起漂白作用的主要是次氯酸根和水、二氧化碳反应后生成的次氯酸。我们还学习了制取氯气的过程，以及氯离子的检验方法，希望大家课下能够温故知新，并完成练习册习题。

【投影】

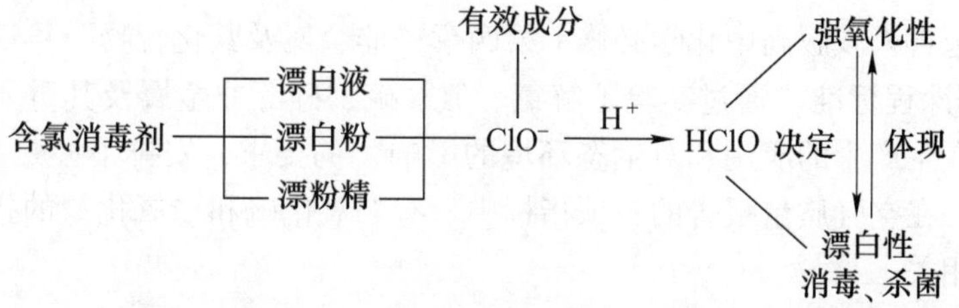

七、板书设计

4.2.1　富集在海水中的元素——氯

2. 氯气的化学性质

（4）氯气与氢氧化钠反应：$Cl_2 + 2NaOH = NaCl + NaClO + H_2O$

氯气和氢氧化钙反应：$2Cl_2 + 2Ca(OH)_2 = Ca(ClO)_2 + CaCl_2 + 2H_2O$

漂白原理：$2NaClO + CO_2 + H_2O = Na_2CO_3 + 2HClO$；

$Ca(ClO)_2 + CO_2 + H_2O = CaCO_3 \downarrow + 2HClO$

名　称	漂白粉	漂白精	漂白液
成　分	$Ca(ClO)_2 + CaCl_2$	$Ca(ClO)_2 + CaCl_2$	$NaCl + NaClO$
有效成分	$Ca(ClO)_2$	$Ca(ClO)_2$	$NaClO$

三、氯气的用途

制备重要的氯化物；制备重要的有机产品；制备漂白粉和漂白液。

四、氯气的实验室制法

原　理	$4HCl(浓) + MnO_2 \overset{\triangle}{=} MnCl_2 + Cl_2\uparrow + 2H_2O$
发生装置	固-液加热型装置
净化方法	HCl 用饱和食盐水除去；水蒸气用浓硫酸除去
收集方法	向上排空气法或排饱和食盐水的方法
验满方法	湿润的淀粉-KI 试纸（变蓝）；湿润的蓝色石蕊试纸（先变红后褪色）
尾气处理	氢氧化钠溶液

五、氯离子（Cl^-）的检验

取待测液少许于试管中，先加少量的稀 HNO_3 酸化，再滴几滴 $AgNO_3$ 溶液，若有白色沉淀生成，则证明有氯离子

第三节　硫和氮的氧化物

第1课时　二氧化硫

一、教材分析

本节内容选自人教版高中化学必修1第四章“非金属及其化合物”第三节“硫和氮的氧化物”，依据课程标准“通过实验了解氯、氮、硫、硅等非金属及其重要化合物的主要性质，认识其在生产中的应用和对生态环境的影响”的要求，安排了“二氧化硫的性质”这一教学内容。在空气质量报告的各项指标中、有二氧化硫和二氧化氮的指数，因此人类健康与其休戚相关。

硫的氧化物知识是元素化合物学习中的重要内容，同时也涉及有关环保方面的知识，教科书力争把两者有机结合融为一体。本节内容包括二氧化硫的酸性氧化物的性质、还原性、漂白性等化学性质和二氧化硫对环境的污染两部分内容。教科书先通过“空气质量日报”引入二氧化硫，设计实验探究二氧化硫和水反应以及二氧化硫的漂白性，通过“资料卡片”栏目促使学生了解硫化氢。

对于非金属氧化物，学生在九年级曾详细学习过二氧化碳的性质。二氧化硫的性质与二氧化碳既有相似之处，也有很多不同之处。尤其是二氧化硫的氧化性和还原性，在学完氧化还原反应以后，这是一个非常好的应用和巩固的时机。学习本部分内容也可以更好地为学习后面的非金属元素打下基础。

二、学情分析

经过前阶段的学习，学生已经初步积累了一些元素化合物知识的学习技巧，通过本节课的学习，为形成完整的元素化合物知识体系打下基础；学生也已经具备一定的分析推理和类比迁移能力，能够通过物质分类理论知识，判断出二氧化硫是酸性氧化物，具有酸性氧化物的通性；学生也能够通过氧化还原反应的理论知识，分析出+4价的硫既有氧化性又有还原性；另外，学生已经具备了一定的设计实验和实际操作能力，这为进行实验探究做了充分的准备。

三、教学目标

知识与技能	（1）了解 SO_2 的物理性质和用途，理解可逆反应。 （2）知道 SO_2 是一种酸性氧化物。 （3）掌握 SO_2 的漂白性、还原性和氧化性等化学性质
过程与方法	（1）通过讨论、实验、观察、思考等过程掌握实验探究的方法。 （2）通过实验探究归纳出 SO_2 的性质，提高实验探究能力、团队协作能力

续表

情感态度与价值观	（1）知道科学技术是一把双刃剑，树立正确的环境保护价值观。 （2）养成关心环境的情感和利用化学知识化害为利的科学思想，形成良好的环境保护意识

四、教学重点和难点

（1）教学重点：二氧化硫的氧化性和还原性、漂白性原理。

（2）教学难点：二氧化硫的氧化性和还原性。

五、知识结构

二氧化硫
- 物理性质：无色，有刺激性的气味，有毒、易溶于水
- 化学性质
  - 漂白性：品红 $\xrightarrow{SO_2}$ 褪色 $\xrightarrow{加热}$ 恢复红色
  - 酸性氧化物的通性
    - 与水的反应：$SO_2 + H_2O \rightleftharpoons H_2SO_3$
    - 与碱的反应：$SO_2 + 2NaOH = Na_2SO_3 + H_2O$
      $SO_2 + Ca(OH)_2 = CaSO_3\downarrow + H_2O$
    - 与碱性氧化物反应：$SO_2 + CaO = CaSO_3$
  - 还原性：$SO_2 + H_2O_2 = H_2SO_4$（能与氧气、酸性高锰酸钾溶液、氯水、溴水、碘水等多种氧化剂发生反应）
  - 氧化性：$2H_2S + SO_2 = 3S\downarrow + 2H_2O$
- 用途：漂白纸浆、毛、丝、草帽辫等；杀菌消毒；制取硫酸

六、教学过程

环节一：导入新课

【创设情境】大家是否见过这样的图片：公园里的大理石雕像、寺院里古塔上美丽的图案都变得模糊了，森林里的树木枯死了，湖泊里的鱼死了。那到底是什么使雕像模糊、树木枯死？

【提问】对，是酸雨造成了今天这么多严重的环境问题。那什么是酸雨？是什么化学物质使雨水呈酸性？

【讲述】煤炭、石油等化石燃料燃烧产生的尾气中除了含有温室气体二氧化碳外，还含有较高浓度的二氧化硫、氮氧化物，它们是形成酸雨的主要物质。其中，SO_2是形成酸雨最主要的物质。今天我们就一起来学习一下SO_2的性质。

【板书】4.3.1　硫和氮的氧化物

一、二氧化硫

环节二：展开新课

1. 二氧化硫的物理性质

【过渡】同学们阅读课本第89页中国环境监测总站发布的全国重点城市空气质量日报，我

们可以看到这些城市的首要污染物之一是二氧化硫，那二氧化硫都具有哪些物理性质呢？

【引导】这是老师事先收集好的一瓶 SO_2 气体，大家仔细观察它，尽可能多地说出它都有哪些物理性质。

【讲述】无色，有刺激性气味。

【实验探究】向装有气体的矿泉水瓶中加入 1/5 的水，立即旋紧瓶盖。振荡，观察现象并分析。

【提问】大家观察到什么现象呢？

【追问】我们发现矿泉水瓶被压成了扁平，那这是为什么呢？

【讲述】由此实验我们可以看出，SO_2 易溶于水，在常温常压下，1 体积水大约能溶解 40 体积的 SO_2。

【板书】1. 二氧化硫的物理性质

颜色	状态	毒性	气味	溶解性
无色	气态	有毒	有刺激性气味	易溶于水

2. 二氧化硫的化学性质

【提问】通常情况下，研究物质的化学性质可从哪些方面入手？

【讲述】我们常从物质组成元素、化合价、用途 3 个方面出发来研究物质的化学性质，首先从组成元素出发，SO_2 与 CO_2 都由非金属元素组成，我们通常说组成相似，性质相似。CO_2 溶于水后会发生化学反应而生成 H_2CO_3，那么 SO_2 溶于水仅仅只是溶于水吗？是否也会发生化学反应呢？

【讲述】CO_2 溶于水后生成 H_2CO_3，那么如果 SO_2 溶于水后发生化学反应，应该也会生成一种酸，如果溶液表现出酸的性质是不是就可以证明它和水发生了反应呢？

【实验】取少量刚才矿泉水瓶中的 SO_2 水溶液于试管中，滴入 2～3 滴石蕊试液，观察溶液颜色的变化

【讲述】通过实验发现，溶液变红色，说明 SO_2 水溶液呈酸性，实质上有部分 SO_2 与水发生了化学反应，体现了酸性氧化物的性质，请同学们写出 SO_2 与水的反应方程式。

【板书】2. 二氧化硫的化学性质

(1) SO_2：酸性氧化物

与水的反应：$SO_2 + H_2O \rightleftharpoons H_2SO_3$

【讲述】SO_2 溶于水不是生成 H_2SO_4，而是生成了亚硫酸（H_2SO_3）。H_2SO_3 不稳定，容易分解成 SO_2 和 H_2O，那我们怎样用化学语言来表示这样的反应呢？

【讲述】我们把在相同条件下，既能向正反应方向进行、又能向逆反应方向进行的反应叫做可逆反应，在书写可逆反应方程式时不用“═”来表示，而应该用“⇌”表示。

【讲述】我们以前学过 CO_2 和 H_2O 反应生成 H_2CO_3，H_2CO_3 在同一条件下同时也会分解成 CO_2 和 H_2O，同样也是可逆反应，$CO_2 + H_2O \rightleftharpoons H_2CO_3$。

【练习】判断以下几组反应有哪些属于可逆反应？

A. $2H_2 + O_2 \xlongequal{点燃} 2H_2O$ 和 $2H_2O \xlongequal{通电} 2H_2\uparrow + O_2\uparrow$

B. $N_2 + 3H_2 \xlongequal[500℃，20\sim50MPa]{铁触媒} 2NH_3$ 和 $2NH_3 \xlongequal[500℃，20\sim50MPa]{铁触媒} N_2 + 3H_2$

C. $H_2 + I_2 \xlongequal{高温} 2HI$ 和 $2HI \xlongequal{高温} H_2 + I_2$

D. $2Na + Cl_2 \xlongequal{点燃} 2NaCl$ 和 $2NaCl_{(熔融)} \xlongequal{通电} 2Na + Cl_2\uparrow$

【提问】通过上面的例子，你能归纳出可逆反应的注意事项吗？

【提问】通过上面的例子，你能归纳出可逆反应的注意事项吗？

【讲述】可逆反应的发生必须在同一条件下，正、逆反应同时进行。

【提问】SO_2是一种酸性氧化物，除了和水反应外，还可以和哪些物质发生反应？请写出化学方程式。

【板书】与碱的反应：$SO_2 + 2NaOH \xlongequal{} Na_2SO_3 + H_2O$

$SO_2 + Ca(OH)_2 \xlongequal{} CaSO_3\downarrow + H_2O$

与碱性氧化物反应：$SO_2 + CaO \xlongequal{} CaSO_3$

【引导】从组成元素出发，SO_2是一种酸性氧化物，具有酸性氧化物的通性，那从化合价出发，同学们说一下S的化合价都有哪些呢？

【提问】既然硫元素的化合价有-2、0、$+4$、$+6$，那结合学习过的氧化还原反应，SO_2应该具有氧化性还是还原性？

【讲述】我们来分析一下，SO_2中硫元素的化合价是$+4$价，是中间价态，SO_2应该既具有还原性又具有氧化性。这仅是我们依据氧化还原反应理论得到的猜测结果，实验是检验真理的唯一标准，接下来我们就通过实验来探究SO_2的还原性和氧化性。

【提问】SO_2中硫元素价态为$+4$价，应该加入什么试剂使硫元素的化合价升高？

【讲述】加入氧化剂，接下来我们就通过实验来探究一下。

【实验探究】SO_2的还原性实验

实验步骤	实验现象
取少量的二氧化硫水溶液于试管中，先加入$BaCl_2$溶液，再加入盐酸，观察实验现象	加入$BaCl_2$溶液无明显现象，加入盐酸后有气泡冒出
取少量的二氧化硫水溶液于试管中，先加入H_2O_2溶液，再加入$BaCl_2$溶液，最后加入盐酸，观察实验现象	加入H_2O_2溶液无现象，加入$BaCl_2$溶液有白色沉淀生成，加入盐酸后沉淀不溶解

【交流讨论】两个实验现象分别表明发生了哪些反应，分析核心元素S元素的价态变化，H_2O_2起什么作用？可以得出SO_2具有哪个特性？

【投影】$SO_2 + H_2O \rightleftharpoons H_2SO_3$（硫元素的化合价：$+4 \rightarrow +4$），$H_2SO_3$不与$BaCl_2$反应；

$SO_2 + H_2O_2 \xlongequal{} H_2SO_4$（硫元素的化合价：$+4 \rightarrow +6$），$H_2SO_4 + BaCl_2 \xlongequal{} BaSO_4\downarrow + 2HCl$；

H_2O_2具有氧化性，SO_2具有还原性。

【讲述】SO_2具有还原性，在一定条件下，还可以与其他氧化剂发生反应，如氧气等，也可以与具有氧化性的有色物质发生氧化还原反应，使之褪色。如使酸性高锰酸钾溶液褪色，使溴水褪色。

【板书】（2）SO_2的氧化性和还原性

还原性：$SO_2 + H_2O_2 == H_2SO_4$

能与氧气、酸性高锰酸钾溶液、氯水、溴水、碘水等多种氧化剂发生反应

【练习】写出反应方程式，并体会 +4 价的硫化合物的还原性。

（1）SO_2与 Cl_2反应；

（2）SO_2与 H_2O_2反应；

（3）SO_2与 O_2反应；

（4）H_2SO_3与 O_2反应。

【提问】SO_2中硫元素价态为 +4 价，要使硫元素的化合价降低应该加入什么试剂？

【讲述】常温常压下，SO_2气体与氢硫酸发生反应生成黄色的硫单质。

【讨论】大家讨论分析一下反应中 SO_2与 H_2S 中硫元素的价态变化，可以得出 SO_2具有哪个特性？

【投影】$2H_2S + SO_2 == 3S\downarrow + 2H_2O$（$SO_2$中硫元素：$+4 \rightarrow 0$，$H_2S$ 中硫元素：$-2 \rightarrow 0$）；

【板书】氧化性：$2H_2S + SO_2 == 3S\downarrow + 2H_2O$

【小结】SO_2中核心元素 S 为 +4 价，化合价既可以升高又可以降低，使 SO_2既具有还原性又具有氧化性。那么同一核心元素价态不同，可以在不同物质间实现相互转化，这种从核心元素价态判断物质是否具有还原性和氧化性的方法是学习元素化合物特殊性质的方法之一。

【提问】按物质元素组成进行分类，SO_2和 SO_3都属于酸性氧化物，但从还原性、氧化性角度分析两者，性质相同吗？

【讲述】SO_2既具有还原性又具有氧化性，SO_3中 S 元素的化合价为 +6 价，已是最高价态了，只具有氧化性。

【总结】虽然 SO_2 和 SO_3 的元素组成完全相同，但核心元素 S 的元素价态不同，分别为 +4 和 +6。我们可以发现，物质元素组成完全相同，核心元素价态不同，其性质不同。

【过渡】工业上常用 SO_2来漂白纸浆、毛、丝、草帽辫等，这说明 SO_2还具有什么性质呢？

【提问】我们先来认识一种新的试剂，叫做品红溶液，大家观察一下品红是什么颜色？

【实验】取少量的 SO_2水溶液于试管中，向其中加入 1 ~ 2 滴的品红溶液，振荡，观察。加热试管，再观察。

【现象】溶液褪色，加热后，又恢复红色。

【讲述】这是由于 SO_2能与品红溶液生成不稳定的无色物质，故能漂白品红溶液。但这种无色物质容易分解，加热后又恢复原来的红色，这也是用 SO_2漂白过的草帽辫日久又变成黄色的原因。

【板书】（3）SO_2的漂白性

SO_2能与有色物质直接结合生成不稳定的无色物质

【提问】那为什么在前面的实验中，往 SO_2水溶液中滴入紫色石蕊试液，溶液变红而没有褪色？

【归纳】SO_2漂白物质具有很强的选择性，SO_2能漂白品红但不能漂白显色后的石蕊和酚酞。

【讲述】我们已经学习了 7 种能用于漂白的物质，现在我们来比较一下它们的漂白原理、特点和对象。

能用于漂白的物质	漂白原理	漂白特点	漂白对象
活性炭	吸附漂白	物理漂白，不可逆	一般溶液的漂白
氯气	利用次氯酸的强氧化性进行漂白	氧化还原漂白，不可逆	可以漂白所有有机色质
次氯酸盐			
次氯酸			
过氧化钠	过氧化氢的强氧化性	氧化还原漂白，不可逆	可以漂白所有有机物质
过氧化氢			
二氧化硫	二氧化硫与有色物质化合生成不稳定的无色物质	非氧化还原漂白，可逆	具有选择性，如品红、棉、麻、草等

3. SO_2的用途

【提问】请同学们阅读课本第 90 页倒数第二段内容，说一说二氧化硫都有哪些用途？

【讲述】虽然二氧化硫是造成酸雨的元凶，但是它并不是一无是处的，除了能漂白纸浆、毛、丝等，还可用于杀菌、消毒等，并且它还是工业制备硫酸的原料，先和氧气反应生成三氧化硫，三氧化硫再和水反应就得到了硫酸。

【板书】3. SO_2的用途

（1）漂白纸浆、毛、丝、草帽辫等；

（2）杀菌消毒；

（3）制取硫酸。

环节三：归纳总结

【课堂小结】通过本节课的学习，我们有以下认识：元素组成相似的物质，性质具有相似性；物质之间可以进行转化，转化的本质是元素原子间的重新组合。学习元素化合物常从物质组成元素、化合价、用途 3 个方面出发来研究物质的性质。在今天的学习中，我们学习了二氧化硫的性质：具有酸性氧化物的共性；还原性、氧化性及漂白性。

【作业布置】1. 预习下节课的内容并完成第 95、96 页 1、5、8 题。

2. 拓展作业：每个化学学习小组从下列话题讨论中选取一个（也可以各小组自己拟定题目，各组题目尽量不同）进行讨论，从不同角色讨论我们应该如何保护环境，并形成 100 字左右的文字稿。（1）假如你是化学实验室的老师？（2）假如你是一个农场主，如何面对被酸雨侵蚀的农庄？（3）假如你是硫酸生产厂的工程师？（4）假如你是工商管理人员？（5）假如你是环保局局长？（6）假如你是区长、镇长？（7）假如你是城市的居民？

（8）假如你是乡村的学生，你又如何用你所学的知识去保护环境，宣传环保？

七、板书设计

4.3.1　硫和氮的氧化物

一、二氧化硫

1. 二氧化硫的物理性质

颜色	状态	毒性	气味	溶解性
无色	气态	有毒	有刺激性气味	易溶于水

2. 二氧化硫的化学性质

（1）SO_2：酸性氧化物

与水的反应：$SO_2 + H_2O \rightleftharpoons H_2SO_3$

与碱的反应：$SO_2 + 2NaOH = Na_2SO_3 + H_2O$

$SO_2 + Ca(OH)_2 = CaSO_3\downarrow + H_2O$

与碱性氧化物反应：$SO_2 + CaO = CaSO_3$

（2）SO_2的氧化性和还原性

还原性：$SO_2 + H_2O_2 = H_2SO_4$

能与氧气、酸性高锰酸钾溶液、氯水、溴水、碘水等多种氧化剂发生反应

氧化性：$2H_2S + SO_2 = 3S\downarrow + 2H_2O$

（3）SO_2的漂白性

SO_2能与有色物质直接结合生成不稳定的无色物质

3. SO_2的用途

（1）漂白纸浆、毛、丝、草帽辫等；

（2）杀菌消毒；

（3）制取硫酸。

第2课时　二氧化氮和一氧化氮

一、教材分析

本节内容选自人教版高中化学必修1第四章“非金属及其化合物”第三节“硫和氮的氧化物”，依据课程标准“通过实验了解氯、氮、硫、硅等非金属及其重要化合物的主要性质，认识其在生产中的应用和对生态环境的影响”的要求，本节课安排了“氮的氧化物性质”这一教学内容。

本节内容是在硫及其硫的氧化物之后进行的，包括氮的氧化物的生成、物理性质、化学性质和二氧化硫、二氧化氮对大气的污染等内容。教科书对这部分内容进行呈现时，先介绍了一氧化氮和二氧化氮的生成，再通过“科学探究”栏目展示了二氧化氮和水反应的实验，在“科学视野”栏目中介绍了氮的氧化物的用途，最后将学习的内容与生活、实践活动联系到一起，设置了“资料卡片”“实践活动”等栏目，力求将氮、硫的氧化物知识与涉及有关环保方面的知识连接到一起，让学生养成爱护环境的习惯。

本节内容安排在化学实验基本方法和基础理论以及第三章金属及其化合物的学习之后，一方面可以帮助学生形成完整的金属、非金属及其化合物知识体系，另一方面具有巩固学习的离子反应、氧化还原反应等基础知识的作用。在第三章的基础上，进一步介绍化合物知识和研究方法，为学习元素性质的递变规律、元素周期表的形成以及化学反应及其能量变化积累感性认识的材料。此外，学生对非金属氧化物已经有了一定的了解，通过本节内容的学习也为学习硫酸、硝酸奠定了一定的基础。

二、学情分析

经过对教科书前三章的学习，学生已经初步掌握了物质的分类、氧化还原反应、离子反应、金属及其化合物等知识，具备了基本的实验操作能力和观察分析能力。此外学生已学习了硫及硫的氧化物知识，对非金属氧化物有了一定的了解，这样就将新知识的学习建立在原有的生活经验和知识背景之上，学生可以利用已有的知识，进行实验探究，体验到在探究中学习的乐趣，既加深了对一氧化氮和二氧化氮的认识，也使学生感受到化学与生活的联系。

三、教学目标

知识与技能	（1）了解一氧化氮和二氧化氮的物理性质。 （2）掌握一氧化氮、二氧化氮的化学性质及相互间的转换。 （3）了解氮的氧化物对空气的污染及防治措施
过程与方法	（1）通过氮氧化物性质的探究实验，感受实验观察、分析和推理的方法与过程。 （2）通过分析氮氧化物对人类自身和生存环境的利弊，感受辩证分析问题的方法与思路

续表

情感态度与价值观	（1）通过认识氮的氧化物对空气的污染及危害，进一步培养环保意识和健康意识，形成与自然友好相处的观念，促进对可持续发展的正确认识。 （2）通过学习酸雨、光化学烟雾等环境问题产生的原因，了解人类活动对氮循环的影响，树立保护环境的意识

四、教学重点和难点

（1）教学重点：二氧化氮和水反应；工业合成硝酸。

（2）教学难点：二氧化氮与水反应。

五、知识结构

- 氮的氧化物
  - 一氧化氮
    - 物理性质：无色无味的有毒气体，密度比空气略大，不溶于水
    - 化学性质：$2NO + O_2 \Longrightarrow 2NO_2$
  - 二氧化氮
    - 物理性质：红棕色、有刺激性气味的有毒气体，密度比空气大，易液化，易溶于水
    - 化学性质：$3NO_2 + H_2O \Longrightarrow 2HNO_3 + NO$（工业制硝酸）

六、教学过程

环节一：导入新课

【创设情境】在新疆与青海两省区的交界处有一狭长山谷，人称“魔鬼谷”，这里经常在风和日丽的晴天顷刻电闪雷鸣，狂风暴雨，把人和动物击毙，然而奇怪的是谷内牧草茂盛，四季常青。那为什么“魔鬼谷”内牧草会长得如此茂盛呢？

【讲述】植物生长是需要养分的，“魔鬼谷”内肯定有植物生长所需要的充足的养分。我们九年级就学过，植物所需要的养分是含有N、P、K元素的肥料等，而自然界中的N大部分都以游离态的氮气形式存在于空气中，仅有少数的植物能将游离态的氮转化为可吸收的化合态的氮，在生物学上把这一过程称为“固氮作用”，其转化过程也是我们这节课所要学习的内容。

【板书】4.3.2　硫和氮的氧化物

二、NO和NO_2

环节二：展开新课

1. NO和NO_2的生成

【提问】我们知道空气的主要成分是O_2和N_2，那通常情况下，氮气活泼吗？会不会与氧气发生反应？

【讲述】在常温下，氮气很不活泼，不和氧气发生反应。那植物所吸收的化合态的氮是怎么来的呢？

【讲述】其实，在放电或者高温的条件下，氮气与氧气可以直接化合生成NO，而NO在常

温下很容易与空气中 O_2 反应生成 NO_2，NO_2 溶于水就生成了易被植物吸收的氮的化合物，所以植物就会生长茂盛。

【板书】1. NO 和 NO_2 的生成

$$N_2 + O_2 \xlongequal{\text{放电}} 2NO \qquad 2NO + O_2 \xlongequal{} 2NO_2$$

2. NO 和 NO_2 的物理性质

【提问】NO 和 NO_2 是氮的两种重要氧化物，那么它们具有怎样的性质呢？

【讲述】这是老师收集满的 NO 和 NO_2 气体，大家观察这两瓶气体，结合已有知识归纳 NO 和 NO_2 的物理性质。

【讲述】对物质的物理性质要注意从颜色、状态、气味、有无毒性、溶解性、密度等方面进行考虑、分析，并完成表格。

【板书】2. NO 和 NO_2 的物理性质

名称	颜色	气味	状态	毒性	溶解性	密度
NO	无色	无味	气体	有毒	不溶于水	比空气略大
NO_2	红棕色	有刺激性气味	气体	有毒	易溶于水	比空气大

【提问】了解了 NO 和 NO_2 的物理性质，那么如何来收集它们呢？

【讲述】NO 与空气密度相近且与空气中的氧气反应，但不溶于水，因此可用排水法收集；NO_2 溶于水，密度比空气大，因此可用向上排空气法收集。

【过渡】那 NO 和 NO_2 又有哪些化学性质呢？接下来我们一起探究一下它们的化学性质。

3. NO 和 NO_2 的化学性质

【讲述】在常温下，NO 可以和氧气发生反应生成 NO_2，而 NO_2 不和氧气发生反应，但是通常情况下，NO_2 能自身结合生成无色的 N_2O_4 气体。

【板书】3. NO 和 NO_2 的化学性质

（1）与氧气反应：$2NO + O_2 \xlongequal{} 2NO_2$　　NO_2 不和氧气反应

注：$2NO_2 \rightleftharpoons N_2O_4$

【讲述】NO 难溶于水，而 NO_2 易溶于水，那 NO_2 和水发生化学反应了吗？产物有哪些？

【讲述】NO_2 与 CO_2、SO_2 都是由非金属元素组成的，CO_2、SO_2 溶于水后会发生化学反应分别生成 H_2CO_3、H_2SO_3，那 NO_2 溶于水后是不是也生成了硝酸？按照这样的猜想，大家写一下这个化学方程式。

【提问】为什么配不平呢？大家比较一下 NO_2 和水反应与 CO_2、SO_2 和水反应有什么不同？

【讲述】通过对比分析我们可以看出，CO_2、SO_2 和水反应前后，核心元素 C、S 的化合价没有变化，但是 NO_2 与水反应前后化合价有变化，根据氧化还原反应的原理，有升必有降，还会生成什么物质呢？接下来我们用实验来证明我们的推测是不是正确。

【探究实验】提供一试管 NO_2，其他药品和仪器自选。请设计实验，要求尽可能多地使 NO_2 被水吸收。

实验步骤	现　象	解释（可用化学方程式表示）
（1）将充满 NO_2 的试管倒立在水槽	红棕色逐渐消失，试管水位上升到 2/3 处	$3NO_2+H_2O=\!=\!=2HNO_3+NO$
（2）往试管中通入 O_2	无色气体变成红棕色；水位继续上升，红棕色又消失	$2NO+O_2=\!=\!=2NO_2$
（3）继续通入氧气	水逐渐充满试管	$3NO_2+H_2O=\!=\!=2HNO_3+NO$

【讲述】红棕色逐渐消失，试管水位上升，这说明 NO_2 和水会发生反应，为什么试管中的水位只上升到 2/3，另外 1/3 气体是什么呢？往试管中通入氧气后，发现这部分无色气体又变成了红棕色，说明这种气体能和氧气发生反应生成 NO_2，那现在大家知道这是什么气体了吗？

【讲述】这种无色气体就是 NO，大家现在再来写这个反应的化学方程式。

【板书】（2）与水反应：$3NO_2+H_2O=\!=\!=2HNO_3+NO$

【提问】由 NO_2 和水反应可知，只有 2/3 的 NO_2 转化为 HNO_3，另外 1/3 的 NO_2 转化为 NO，而 NO 要转换为 HNO_3 就要通入 O_2，因此硝酸工业常在吸收反应中补充一些空气，使生成的 NO 再氧化成 NO_2，NO_2 溶于水又生成 HNO_3，那在这个过程中要通入多少 O_2，NO_2 才能完全转变成 HNO_3 呢？

【讲述】①②式是这个过程中涉及的化学方程式，要让 NO_2 完全转化为 HNO_3，即没有 NO 生成，观察这两个反应，通过加和消去 NO 的参与。

$$3NO_2+H_2O=\!=\!=2HNO_3+NO \quad ①$$

$$2NO+O_2=\!=\!=2NO_2 \quad ②$$

$$①\times2\text{ 得：}6NO_2+2H_2O=\!=\!=4HNO_3+2NO \quad ③$$

$$②+③\text{得：}4NO_2+O_2+2H_2O=\!=\!=4HNO_3 \quad \text{（工业合成硝酸）}$$

NO_2 与 O_2 以 4∶1 的体积比混合，与足量的水反应就可以完全转变成硝酸。

【板书】（3）工业合成硝酸：$4NO_2+O_2+2H_2O=\!=\!=4HNO_3$

【交流】那你的设计对工业上生产硝酸有什么启示（从原料的充分利用、减少污染物的排放等方面考虑）？

【讲述】工业生产硝酸，将尾气（NO）收集并通入适量的氧气后再溶解于水，经过多次循环氧化、溶解，可充分利用原料，并减少 NO 的排放，保护环境。

4. NO 和 NO_2 的用途

【过渡】学习了氮的氧化物的物理性质和化学性质，那么它们对生产和生活有什么重要用途呢？

【讲述】前面已经讲过，通常情况下 NO_2 能自身结合生成无色的 N_2O_4 气体，N_2O_4 是为火箭发射提供能量的氧化剂。除此之外，NO 和 NO_2 还用于制造硝酸、化肥和炸药，同时 NO 又被称为“明星分子”，1998 年诺贝尔奖获得者伊格纳罗发现少量的 NO 在生物体内许多组织中存在，它有扩张血管、增强免疫、增强记忆等功能，成为当前生命科学的研究热点。

【板书】4. NO 和 NO_2 的用途

（1）为火箭发射提供能量；

（2）制造硝酸、化肥和炸药；

（3）医药。

5. 二氧化硫和二氧化氮对大气的污染

【过渡】 硫、氮元素在生活中扮演着十分重要的角色，但是其氧化物 SO_2 和 NO_2 都是有毒的气体，是主要的大气污染物，那么它们对空气的污染表现在哪些方面呢？会造成哪些后果呢？

【板书】 三、SO_2 和 NO_2 对大气的污染

【讲述】 大气污染物主要的来源是 SO_2 和 NO_2。（1）SO_2 主要来自于化石燃料（如煤与石油）的燃烧，含硫金属的冶炼以及制造硫酸、磷肥等产生的废气。（2）NO_2 主要来自于汽车尾气，形成光化学烟雾。

【讲述】 危害与防护：（1）它们能直接危害人体健康，引起呼吸道疾病，严重时会使人死亡。（2）形成酸雨，酸雨的 $pH<5.6$。因此，工业废气排放到大气之前，必须回收处理，防止 SO_2、NO_2 等污染大气，并充分利用原料。

【板书】 1. 来源：SO_2 和 NO_2

2. 危害与防护

（1）危害：危害人体健康；形成酸雨（$pH<5.6$）

（2）防护：工业废气排放前，回收处理；充分利用原料

环节三：归纳总结

【课堂小结】 在今天的学习中，我们了解了 NO 和 NO_2 的物理性质和化学性质，虽然 NO_2、NO 被视为大气污染物，但是氮的氧化物也有对人类有利的一面。因此，我们要用辩证的观点来看待它们，应该充分运用并发挥我们已有的知识，善于利用它们好的一面，并采取有效的措施来防治其不好的一面，使之为我们的生产和生活创造更大的价值和财富。预习下节课的内容并完成第 95、96 页的 2、4、9 题。

七、板书设计

4.3.2　硫和氮的氧化物

二、NO 和 NO_2

1. NO 和 NO_2 的生成

$$N_2+O_2\xlongequal{\text{放电}}2NO \qquad 2NO+O_2=\!=\!=2NO_2$$

2. NO 和 NO_2 的物理性质

名称	颜色	气味	状态	毒性	溶解性	密度
NO	无色	无味	气体	有毒	不溶于水	比空气略大
NO_2	红棕色	有刺激性气味	气体	有毒	易溶于水	比空气大

3. NO 和 NO_2 的化学性质

（1）与氧气反应：$2NO + O_2 \xlongequal{} 2NO_2$　　NO_2 不和氧气反应

注：$2NO_2 \rightleftharpoons N_2O_4$

（2）与水反应：$3NO_2 + H_2O \xlongequal{} 2HNO_3 + NO$

（3）工业合成硝酸：$4NO_2 + O_2 + 2H_2O \xlongequal{} 4HNO_3$

4. NO 和 NO_2 的用途

（1）为火箭发射提供能量；

（2）制造硝酸、化肥和炸药；

（3）医药。

三、SO_2 和 NO_2 对大气的污染

1. 来源：SO_2 和 NO_2

2. 危害与防护

（1）危害：危害人体健康；形成酸雨（$pH < 5.6$）

（2）防护：工业废气排放前，回收处理；充分利用原料

第四节 氨 硝酸 硫酸

第1课时 氨的性质及制备

一、教材分析

本节内容选自人教版高中化学必修1第四章“非金属及其化合物”第四节“氨 硝酸 硫酸”，依据课程标准“通过实验了解氯、氮、硫、硅等非金属及其重要化合物的主要性质，认识其在生产中的应用和对生态环境的影响”的要求，本节课安排了“氨的性质及制取”这一教学内容。

氨是中学化学中水溶液呈碱性的唯一气体，并且是一种重要的化工产品，具有广泛的用途。教科书先介绍了合成氨的重要性，使学生认识化学家哈伯在合成氨方面的重大贡献，接着安排了氨气与水反应的探究实验，通过“资料卡片”形式促使学生思考“氨水为什么显碱性”；在“思考与交流”栏目中设计氨经过一系列反应得到硝酸的过程，促进学生将学过的知识系统化；通过展示图片和讨论问题的形式了解氨的用途。

本节内容位于化学1最后一个章节，具有承上启下的作用：一方面通过对前三章以及本章非金属硅、氯等元素化合物知识的学习，帮助学生在巩固离子反应、氧化还原反应等基础知识的同时，能够运用类比的学习方法，体会研究元素化合物知识的一般思维。另一方面通过对氨的特殊性质的认识，学生在已有学科观念的基础上，对物质的元素观、转化观、分类观等形成辩证的认识，也为以后学习元素性质的递变规律、元素周期表积累了感性认识的材料。

二、学情分析

学生在九年级的学习中，对氨、氮肥等知识已经有了初步了解，而在本课学习之前又较为系统地学习了典型金属及非金属硅、氯的重要化合物知识，这些知识为本节课学习氨与水、氨与酸的性质打下一定的理论基础。从学生学习能力上看，经过近一个学期的高中化学学习，学生已经初步具备了系统知识学习的能力，并具备了一定的观察、探究与分析问题的能力，掌握了元素的概念及氧化还原反应的知识，为本节课的学习提供了很大的帮助。从学生心理情况看，由于本节课的知识主要是通过实验的形式呈现，学生的情绪和心理都会处于一种兴奋状态，会产生一种自然的探究欲望，对提高学生学习化学兴趣将大有帮助。

三、教学目标

知识与技能	（1）了解氨的物理性质及氨的实际用途。 （2）掌握氨的化学性质，理解氨的水溶液的微粒组成。 （3）掌握氨的实验室制法

续表

过程与方法	（1）通过氨的化学性质的实验，提高观察能力以及从实验现象到理性认识的分析能力。 （2）利用氨的化学性质，能够解决一些简单的实际问题，形成发散性思维，提高在新情景中运用化学知识的能力
情感态度与价值观	（1）通过学习氨气的化学性质在生产、生活实际问题中的应用，强化环保意识，养成保护环境的习惯。 （2）通过科学探究体验，能够在探究的同时体验学习的乐趣

四、教学重点和难点

（1）教学重点：氨的化学性质；氨的实验室制法。

（2）教学难点：氨气与水反应后氨水成分的分析以及氨水显示弱碱性的原理。

五、知识结构

- 氮
  - 氨
    - 物理性质：无色、有刺激性气味、极易溶于水、易液化的气体
    - 化学性质
      - 氨与水反应：$NH_3 + H_2O \rightleftharpoons NH_3 \cdot H_2O \rightleftharpoons NH_4^+ + OH^-$（氨水呈碱性）
      - 氨与盐酸反应：$NH_3 + HCl = NH_4Cl$（检验氨气）
    - 实验室制法
      - 反应原理：$2NH_4Cl + Ca(OH)_2 \xlongequal{\triangle} CaCl_2 + 2NH_3\uparrow + 2H_2O$
      - 发生装置：固体＋固体$\xlongequal{\triangle}$气体（同制氧气）
      - 净化装置：碱石灰（氧化钙与氢氧化钠的混合物）
      - 收集装置：向下排空气法
      - 验满方法：湿润的红色石蕊试纸（变蓝）；蘸有浓盐酸的玻璃棒（白烟）
      - 尾气处理装置：用水或者酸液吸收（棉花团）
    - 用途：制冷剂、制氮肥、硝酸、铵盐
  - 铵盐
    - 物理性质：白色晶体，易溶于水
    - 化学性质
      - 不稳定性：$NH_4Cl \xlongequal{\triangle} NH_3\uparrow + HCl\uparrow$；$(NH_4)_2CO_3 \xlongequal{\triangle} 2NH_3\uparrow + CO_2\uparrow + H_2O$
      - 与碱反应：$2NH_4Cl + Ca(OH)_2 \xlongequal{\triangle} CaCl_2 + 2NH_3\uparrow + 2H_2O$

六、教学过程

环节一：导入新课

【创设情景】有一种物质，它既是“天使”，也是“魔鬼”。人们将其奉为天使，主要是因为它为人类带来了香甜的面包，人们又将其称为魔鬼，则是因为它的诞生曾给人类带来过战争的灾难。同学们你们知道这是什么物质吗？

【过渡】这就是我们今天学习的主角——氨，物质的用途可以反映性质，下面就让我们一起来研究一下氨究竟具有哪些性质。

【板书】4.4.1　氨 硝酸 硫酸

环节二：展开新课

1. 氨的物理性质

【提问】我们已经学习了很多的气体，对气体的物理性质的研究常从颜色、状态、气味、有无毒性、溶解性、密度等方面进行考虑和分析，那今天我们新学的氨气又具有怎样的物理性质呢？

【讲述】氨气是一种无色气体，具有强烈的刺激性气味，一般氨气泄漏了，就会刺激人们的呼吸道以及眼睛。此时消防队员就会向空中洒水，这因为氨极易溶于水，1 体积的水能溶解 700 体积的氨气（1:700）。另外，氨气密度比空气小，极易液化，液化之后占用的储存空间变小，运输起来更加方便。

【板书】一、氨气的物理性质

状态	颜色	气味	密度	溶于水	毒性
气体	无色	有刺激性气味	比空气小	极易溶于水	有毒

2. 氨的化学性质

【过渡】经过刚才的分析，我们对氨有了初步的认识，那么我们接下来就深入地了解一下它的化学性质。

【提问】我们了解到氨气极易溶于水，那氨溶于水仅仅发生了物理变化吗？下面我们就通过实验来探究氨到底能不能与水发生化学反应？我们一起来进行这个实验。

【实验】见课本第 97 页图 4-27。在干燥的圆底烧瓶里充满氨气，用带有玻璃管和滴管的塞子塞紧瓶口。倒置烧瓶，使玻璃管插入盛有水的烧杯（预先在水里面滴入少量酚酞溶液）。轻轻挤压滴管，使少量水进入烧瓶。观察并描述现象。

【实验现象】圆底烧瓶内形成红色喷泉，而烧杯里液体仍为无色。

【提问】同学们都做完实验了吗？老师看到有的同学的实验现象明显，有的却并不明显。这是为什么呢？

【讲述】下面我们就一起来分析一下可能的原因：第一，可能有的同学的装置并不干燥，导致一部分气体已经与装置里的水发生反应，这样装置内外就不能形成大的压强差，所以实验现象就不明显。第二，如果装置的气密性不好，一部分气体泄漏掉了，也会导致实验现象不明显。因此，同学们以后在做这种极易溶于水的气体实验时，一定要注意收集装置的气密性及干燥程度。

【讲述】通过刚才的实验探究看到，圆底烧瓶内的液体变红，而烧杯里液体仍为无色，这是为什么呢？

【讲述】这说明氨溶于水不是一个简单的物理溶解过程，而是发生了化学变化，生成了新的物质。大家来写一下氨和水反应的化学方程式。

【讲述】氨溶于水，大部分 NH_3 和 H_2O 结合生成了一水合氨（$NH_3 \cdot H_2O$），而 $NH_3 \cdot H_2O$ 可以部分电离出 NH_4^+ 和 OH^-，因而呈碱性，同学们注意，老师刚才说“大部分结合”“小部分电离”，这就说明氨水中最多的粒子是 $NH_3 \cdot H_2O$。由于电离的

OH^-浓度很小，因此氨水呈弱碱性。而且这两个过程都是可逆过程。

【板书】二、氨的化学性质

1. 氨与水反应：

$$NH_3 + H_2O \rightleftharpoons NH_3 \cdot H_2O \rightleftharpoons NH_4^+ + OH^-$$

【提问】根据上述反应同学们再思考一下氨溶于水后得到的溶液（氨水）中都存在哪些微粒呢？

【提问】在前面已经学习过氯水的成分，我们都知道氯水中存在的微粒主要有三分子、四离子，那么同学们请用类比的方法分析一下氨水中都存在哪些微粒呢？

【比较总结】

名　称	氯水的成分	氨水的成分
化学方程式	$Cl_2 + H_2O \rightleftharpoons H^+ + Cl^- + HClO$	$NH_3 + H_2O \rightleftharpoons NH_3 \cdot H_2O \rightleftharpoons$ $NH_4^+ + OH^-$
存在的分子	Cl_2、H_2O、$HClO$	NH_3、H_2O、$NH_3 \cdot H_2O$
存在的离子	H^+、Cl^-、ClO^-、OH^-（极少量）	NH_4^+、H^+、OH^-（极少量）

【过渡】氮是动植物生长不可缺少的元素，农作物每年从土壤里摄取大量的含氮化合物，减少了土壤中氮的含量，因此在农业生产中必须为土壤补充氮肥。氨水中含有铵根离子，但实际上氨水却不能大量用作化肥，为什么现代农业中不直接使用氨水作为肥料？

【讲述】其实这是由于氨水极易挥发，稳定性不好，导致施肥效果不好。所以人们就思考如何对氨进行改造，从而制成使用更加方便且肥效好的肥料。下面请同学们来看一则小资料。

【资料在线】同学们看，这就是含有NH_4Cl的肥料的说明书。人们成功地把氨改造成了铵盐。氨经过华丽的转身，变成施肥效果更好的铵盐。

【投影】

氯化铵

化学式：NH_4Cl

净　重：50kg

含氮量：≥25%

【讲述】NH_4Cl是一种铵盐，它是氨与盐酸发生反应生成的，接下来同学们自己动手做实验来验证氨与酸的反应，并注意观察实验现象。

【实验】

实 验 步 骤	实验现象
两根分别蘸有浓氨水和浓盐酸的玻璃棒靠近时，观察实验现象	有白烟生成
两根分别蘸有浓氨水和浓硫酸的玻璃棒靠近时，观察实验现象	无白烟生成

【总结】通过实验我们发现，氨能与 HCl、HNO_3、H_2SO_4发生反应，生成相应的铵盐，其实质均可用离子方程式表示为：$NH_3 + H^+ = NH_4^+$，这就是铵态氮肥的制备原理。但需注意的是，氨与浓盐酸、浓硝酸发生反应，有白烟生成；与难挥发性酸浓硫酸发生反应则没有白烟生成。

【板书】2. 氨与酸的反应：

$$NH_3 + HCl = NH_4Cl$$（有白烟生成）

$$NH_3 + HNO_3 = NH_4NO_3$$（有白烟生成）

$$2NH_3 + H_2SO_4 = (NH_4)_2SO_4$$（无白烟生成）

【提问】氨在农业中发挥着重要的作用，其实它在工业上也起到重大作用。我们已经学习了硝酸的知识，同学们知道在工业上怎样制备硝酸吗？请同学们打开课本第 98 页，阅读制备硝酸的流程。

【提问】通过阅读课本我们知道，可以用氨来制备硝酸，那么氨为什么可以用来制备硝酸呢？这又利用了氨的什么性质呢？请同学们从化合价的角度分析，氨还可能有什么性质？

【讲述】$4NH_3 + 5O_2 \xrightarrow[\triangle]{催化剂} 4NO + 6H_2O$；$2NO + O_2 = 2NO_2$；$3NO_2 + H_2O = 2HNO_3 + NO$，以上 3 个方程式是工业制备硝酸的原理。第一个反应是工业上制备硝酸的基础，叫氨的催化氧化，从化合价的角度分析，氨中的氮元素为 -3 价，是氮元素的最低价态，具有还原性，所以遇到具有氧化性的氧气就会发生氧化还原反应。由于此反应需要加入催化剂，所以被叫做氨的催化氧化反应。

【板书】3. 氨的催化氧化：

$$4NH_3 + 5O_2 \xrightarrow[\triangle]{催化剂} 4NO + 6H_2O$$

【过渡】不仅氨气有重要的工业用途，铵盐也有重要用途，在生产中可以作氮肥。大家在九年级就学习过铵盐的性质，参看课本回忆一下，它们有哪些性质？

【讲述】铵盐都是晶体，易溶于水。

【板书】4. 铵盐及其性质：

（1）铵盐都是白色晶体，易溶于水

【讲述】铵态氮肥通常要密封保存，放于阴凉通风处，这是因为铵盐受热易分解，大家来写一下 NH_4Cl、$(NH_4)_2CO_3$受热分解的化学方程式。

【板书】（2）受热易分解：$NH_4Cl \xrightarrow{\triangle} NH_3\uparrow + HCl\uparrow$

$$(NH_4)_2CO_3 \xrightarrow{\triangle} 2NH_3\uparrow + CO_2\uparrow + H_2O$$

【讲述】在九年级我们还学习过铵盐和碱会发生反应生成氨气，大家来写一下氯化铵和氢氧化钙反应的化学方程式。

【板书】(3) 与碱反应：$2NH_4Cl + Ca(OH)_2 \xlongequal{\triangle} CaCl_2 + 2NH_3\uparrow + 2H_2O$

3. 氨气的实验室制取

【提问】从铵盐的性质上看，受热分解和与碱反应都有氨气生成。如果要制备氨气，用哪一个反应更好？为什么？

【讲述】铵盐受热分解不仅能得到氨气，还会生成其他的气体，需要进行除杂，所以实验室常用氯化铵和消石灰固体混合共热来制取氨气，根据制备气体的一般思路和氨气的性质，要制备干燥的氨气需要 4 部分装置，分别为：发生装置—净化装置—收集装置—尾气处理装置。

【投影】

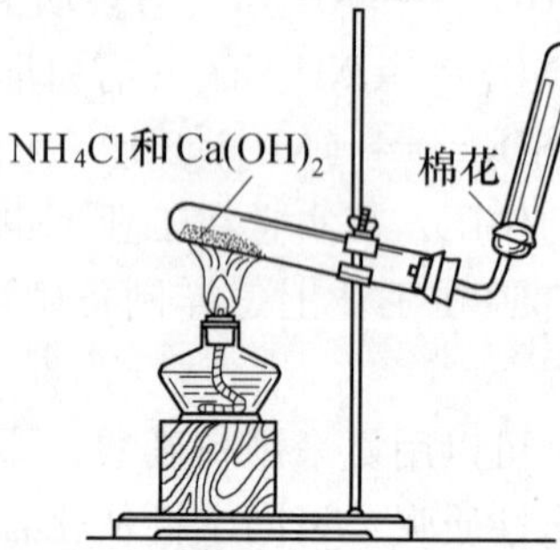

【提问】实验室制取气体的发生装置一般根据什么来选择？对于氨气的制备我们应该选用哪种发生装置？

【讲述】根据反应物的状态与反应条件，由反应原理可知，实验室中氨气是固体和固体在加热条件下来制取的，应采用固-固加热型装置，和制取氧气的发生装置一样。

【提问】请同学们分析一下该反应产生的氨气纯不纯呢？我们得到的氨气不纯，因为含有水蒸气，那要得到干燥的氨气，该用什么试剂除去水蒸气？

【讲述】由于氨气是一种碱性气体，不能用酸性干燥剂进行干燥，可以采用碱石灰（氧化钙与氢氧化钠的混合物）来干燥。

【讲述】对气体进行干燥后就可以收集了，收集气体的方法一般根据气体的密度和溶解度来选择，由于氨气的密度比空气小，且易溶于水，因此选择向下排空气法来收集氨气。收集气体时，需在试管口塞一团棉花，防止对流。

【提问】那怎么知道收集的氨气已经满了呢？

【讲述】可以用湿润的红色石蕊试纸来检验，如果发现试纸变蓝，则证明氨气已满；或者也可以将蘸有浓盐酸的玻璃棒放到集气瓶口，观察是否有白烟生成，若有白烟生成，则证明氨气已满。

【提问】氨气收集满了，多余的氨气能不能直接排放到空气里呢？那该如何处理呢？

【讲述】不能，氨气有刺激性气味，多余的氨气排到空气中会污染空气。根据氨气的性质，可以用水或者酸液来吸收。

【板书】三、氨气的实验室制取

实验室制取氨气	
反应原理	$2NH_4Cl + Ca(OH)_2 \xlongequal{\triangle} CaCl_2 + 2NH_3\uparrow + 2H_2O$
发生装置	固体 + 固体 $\xlongequal{\triangle}$ 气体（同制氧气）
净化装置	碱石灰（氧化钙与氢氧化钠的混合物）
收集装置	向下排空气法
验满方法	湿润的红色石蕊试纸（变蓝） 蘸有浓盐酸的玻璃棒（白烟）
尾气处理	用水或者酸液吸收（棉花团）

环节三：归纳总结

【课堂小结】氨气是高中学习的唯一一种碱性气体，本节课我们主要学习了它易溶于水、有刺激性气味、易液化等物理性质，它和水、酸、氧气等反应的化学性质及氨气的实验室制取的原理及装置。希望同学们课后认真巩固，预习下节课的内容并完成第 107、108 页 2、4、11 题。

七、板书设计

4.4.1　氨 硝酸 硫酸

一、氨气的物理性质

状态	颜色	气味	密度	溶于水	毒性
气体	无色	有刺激性气味	比空气小	极易溶于水	有毒

二、氨的化学性质

1. 氨与水反应：

$$NH_3 + H_2O \rightleftharpoons NH_3 \cdot H_2O \rightleftharpoons NH_4^+ + OH^-$$

2. 氨与酸的反应：

$NH_3 + HCl = NH_4Cl$（有白烟生成）

$NH_3 + HNO_3 = NH_4NO_3$（有白烟生成）

$2NH_3 + H_2SO_4 = (NH_4)_2SO_4$（无白烟生成）

3. 氨的催化氧化：

$$4NH_3 + 5O_2 \xlongequal[\triangle]{催化剂} 4NO + 6H_2O$$

4. 铵盐及其性质：

（1）铵盐都是白色晶体，易溶于水

（2）受热易分解：$NH_4Cl \xlongequal{\triangle} NH_3\uparrow + HCl\uparrow$

$(NH_4)_2CO_3 \xlongequal{\triangle} 2NH_3\uparrow + CO_2\uparrow + H_2O$

（3）与碱反应：$2NH_4Cl + Ca(OH)_2 \xlongequal{\triangle} CaCl_2 + 2NH_3\uparrow + 2H_2O$

三、氨气的实验室制取

	实验室制取氨气
反应原理	$2NH_4Cl + Ca(OH)_2 \xlongequal{\triangle} CaCl_2 + 2NH_3\uparrow + 2H_2O$
发生装置	固体 + 固体 $\xlongequal{\triangle}$ 气体（同制氧气）
净化装置	碱石灰（氧化钙与氢氧化钠的混合物）
收集装置	向下排空气法
验满方法	湿润的红色石蕊试纸（变蓝） 蘸有浓盐酸的玻璃棒（白烟）
尾气处理	用水或者酸液吸收（棉花团）

第2课时 硫酸的性质

一、教材分析

本节内容选自人教版高中化学必修1第四章“非金属及其化合物”第四节“氨 硝酸 硫酸”，依据课程标准“通过实验了解氯、氮、硫、硅等非金属及其重要化合物的主要性质，认识其在生产中的应用和对生态环境的影响”的要求，本节课安排了“硫酸的性质”这一教学内容。

在中学化学中，浓硫酸是具有代表性的含氧强酸，要求能够分析知识的内在联系与区别，能够综合运用知识解决一些简单的化学问题。其中，浓硫酸的“强氧化性”则是学习浓硫酸化学性质的重中之重，也是本节课教学的重点所在。硫酸这部分内容在教科书中起承上启下的作用，它既是对硫及其氧化物知识的运用与巩固，又拓展了硫的化合物的内容，初步使学生形成硫的知识网络。在学习浓硫酸的强氧化性知识的同时，使学生加深了对氧化还原反应有关概念的认识和理解。通过本节的学习，学生对硫及其化合物知识将会有较全面的认识。

二、学情分析

从学生角度来看，学生已经学习了酸的通性、氧化还原反应等有关知识，对元素化合物的学习方法已初步掌握。在实验探究之前适当复习酸的通性，以便学生在旧知识基础上建构新知识，通过对离子反应、氧化还原反应等基础理论知识的学习，引导学生运用这些理论知识分析和解决问题。在能力上学生已经初步具备了观察能力、实验能力和分析能力，能通过实验探究化学反应的实质，由实验现象学生能推测出反应的产物，能正确地书写出反应的化学方程式并对其进行分析。学生具备观察实验的兴趣和基本能力，但可能忽视对某些现象的观察，在演示实验时，教师应适当给予言语指导，以促进学生观察能力的培养。

三、教学目标

知识与技能	（1）复习巩固稀硫酸的性质，认识浓硫酸的物理性质。 （2）掌握浓硫酸的三大特性：吸水性、脱水性和氧化性。 （3）知道硫酸在生产中的应用
过程与方法	（1）学会运用观察、实验等手段获取信息，并运用比较、归纳等方法加工信息。 （2）通过实验探究，敢于质疑，勤于思索，逐步形成独立思考的能力，学习运用以实验为基础的实证研究方法
情感态度与价值观	（1）体验科学探究的艰辛与喜悦，形成实事求是、严谨细致的科学态度，具有批判精神与创新意识。 （2）树立绿色化学思想，形成环境保护意识

四、教学重点和难点

（1）教学重点：浓硫酸的吸水性、脱水性和氧化性。

（2）教学难点：浓硫酸的强氧化性。

五、知识结构

- 硫酸
  - 稀硫酸：酸的通性（与指示剂作用，与碱、碱性氧化物、活泼金属发生反应）
  - 浓硫酸
    - 物理性质：无色油状、黏稠液体，难挥发，易溶于水，溶解时放出大量的热
    - 化学性质
      - 脱水性：与蔗糖反应，使蔗糖碳化
      - 吸水性：干燥剂
      - 强氧化性
        - 与某些非金属反应：$2H_2SO_4(浓)+C \xlongequal{\triangle} CO_2\uparrow+2SO_2\uparrow+2H_2O$
        - 与金属反应：$Cu+2H_2SO_4(浓) \xlongequal{\triangle} CuSO_4+SO_2\uparrow+2H_2O$
        - 与某些还原性化合物反应：$H_2S+H_2SO_4(浓) = S\downarrow+SO_2+2H_2O$

六、教学过程

环节一：导入新课

【导入】 硫酸是实验室常用的三大强酸之一，除了具有酸性之外，它还有其他的性质吗？本节课我们就一起来探讨一下硫酸的性质。

【板书】 4.4.2　氨 硝酸 硫酸

环节二：展开新课

1. 稀硫酸的化学性质

【提问】 九年级时我们就学习过稀硫酸，大家回忆一下稀硫酸具有哪些化学性质？为什么具有这些性质？

【讲述】 硫酸是强电解质，在水分子的作用下，电离成为 H^+ 和 SO_4^{2-}，电离方程式为：$H_2SO_4 = 2H^+ + SO_4^{2-}$，酸的通性是因为硫酸能够电离出 H^+，会与指示剂作用，与碱、碱性氧化物、活泼金属发生反应。请大家写出体现稀硫酸酸的通性的离子方程式。

化　学　反　应	反应离子方程式
与指示剂作用	
与碱反应	
与碱性氧化物反应	
与活泼金属反应	

【板书】 一、稀硫酸的化学性质

酸的通性：与指示剂作用，与碱、碱性氧化物、活泼金属发生反应

2. 浓硫酸的性质

【讲述】九年级我们已经学习了浓硫酸的吸水性和脱水性，接下来我们就更深入地学习浓硫酸的性质。浓硫酸是一种无色油状、黏稠液体，难挥发；常见浓硫酸的密度是 $1.84g/cm^3$，它的密度比水大。

【板书】二、浓硫酸的性质

1. 浓硫酸的物理性质

浓硫酸：无色油状、黏稠液体，难挥发，密度比水大，易溶于水。

【提问】九年级时我们学过浓硫酸的稀释方法，那如何稀释浓硫酸呢？

【讲述】稀释浓硫酸，应将浓硫酸沿烧杯内壁缓慢地注入水中，并用玻璃棒不断地搅拌。这是由于稀释浓硫酸会产生大量热，若是将水倒入浓硫酸中，水的密度小，就会在上层沸腾，飞溅出来。

【提问】通过浓硫酸的稀释，我们还可以得出浓硫酸的哪些物理性质？

【板书】溶于水时放出大量的热。

【提问】在实验室里常用浓硫酸干燥气体，这利用的是浓硫酸的什么性质？浓硫酸具有吸水性，可以用作干燥剂，那么它都可以干燥哪些气体？哪些气体又不能干燥？

【讲述】可以干燥 H_2、O_2、CO_2、SO_2、CO、HCl、Cl_2 等气体；不可以干燥碱性气体 NH_3 及较强还原性气体 HBr、HI、H_2S 等。

【板书】2. 浓硫酸的特性

(1) 吸水性：可以干燥 H_2、O_2、CO_2、SO_2、CO、HCl、Cl_2 等气体；不可以干燥碱性气体 NH_3 及较强还原性气体 HBr、HI、H_2S 等。

【讲述】在九年级的学习中，我们知道浓硫酸还具有脱水性，那它的脱水原理又是什么呢？脱水后又会生成什么物质呢？带着这些问题我们进入下面的实验。

【演示实验】将一定量的蔗糖放入内壁蘸有澄清石灰水的小烧杯中，加入浓硫酸。

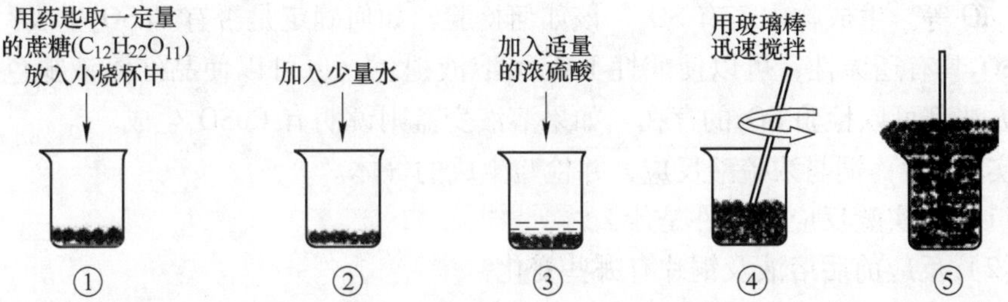

【实验现象】(1) 蔗糖由白→黑；(2) 生成的黑色物质呈面包状；(3) 闻一闻有刺激性气味。

【投影】(1) 蔗糖变黑，为什么？说明了什么？

(2) 体积膨胀，为什么？

(3) 出现刺激性气味，生成了什么物质？

(4) 烧杯内壁变得模糊，为什么？又说明了什么？

(5) 从化合价的角度来看，反应过程中哪些元素的化合价变化了？如何变化的？

(6) 通过上述分析，又发现浓硫酸还具有什么性质？

【讲述】蔗糖的分子式为 $C_{12}H_{22}O_{11}$，浓 H_2SO_4 与蔗糖（$C_{12}H_{22}O_{11}$）作用时，按水分子的组成脱去蔗糖分子中的 H 和 O，生成 C 和 H_2O。浓硫酸使蔗糖脱水炭化变黑，表现了它的脱水性。浓硫酸又与部分炭发生了氧化还原反应，反应中有刺激性气味的 SO_2 生成，硫酸中硫元素的化合价从 +6 价变为 +4 价，做了氧化剂；炭则被氧化为二氧化碳。SO_2、CO_2 逸出时，使固体体积膨胀，得到了疏松多孔的炭，也使内壁蘸有澄清石灰水的小烧杯变得模糊。人们形象地称之为"黑面包"，该实验则被称为"黑面包"实验。

【板书】（2）脱水性

$$\underset{\text{有机化合物}}{C_{12}H_{22}O_{11}} \xrightarrow{\text{浓 } H_2SO_4} \underset{\text{黑}}{12C} + 11H_2O$$

【提问】上面的实验中，浓硫酸又与生成的碳发生了氧化还原反应，反应中有刺激性气味的 SO_2 生成，硫酸的化合价从 +6 价变为 +4 价，做了氧化剂。浓硫酸不仅具有吸水性、脱水性，还具有什么性质？

【讲述】浓硫酸具有强氧化性，且其强氧化性表现在 +6 价的硫上，可以氧化某些非金属如 C、S、P 等。大家写一下浓硫酸和碳、硫反应的化学方程式。

【板书】（3）强氧化性

1）与某些非金属如 C、S、P 等反应

$$2H_2SO_4(\text{浓}) + C \overset{\triangle}{=\!=\!=} CO_2\uparrow + 2SO_2\uparrow + 2H_2O$$

$$2H_2SO_4(\text{浓}) + S \overset{\triangle}{=\!=\!=} 3SO_2\uparrow + 2H_2O$$

【提问】九年级我们学过铜和稀硫酸不反应，那铜和浓硫酸呢？为什么？如果反应，生成什么产物？

【讲述】根据氧化还原反应规律：浓硫酸起氧化作用，硫元素的化合价降低，可能生成 S(+4)、S，Cu 做还原剂，可能生成 Cu(+2)。产物中可能有：SO_2、$CuSO_4$、CuO 等。生成物中若有 SO_2，该如何检验？如何确定是否有 $CuSO_4$ 生成？

【讲述】SO_2 具有还原性，可以使酸性 $KMnO_4$ 溶液褪色；也可以使品红溶液褪色，这两种方法都可以检验 SO_2 的存在。如果溶液变蓝则说明有 $CuSO_4$ 生成。

【实验】实验 4-9：铜与浓硫酸反应，并检验生成的气体。

【投影】（1）本实验反应的条件是什么？

（2）反应前后溶液及铜片有哪些变化？

（3）实验发生后品红溶液有何变化？由此得出什么结论？

【实验现象】（1）固：红→黑；（2）液：无→棕黑→蓝色；（3）气：无色有刺激性气味，使品红溶液褪色。

【提问】该实验必须在加热的条件下才能够进行，我们观察到铜片变黑，黑色物质是什么呢？怎么生成的呢？品红溶液褪色了又生成了什么物质？

【投影】（1）

$$\underset{\text{还原剂}}{Cu} + \underset{\text{氧化剂}}{H_2SO_4(\text{浓})} \overset{\triangle}{=\!=\!=} \underset{\text{黑}}{CuO} + SO_2\uparrow + H_2O$$

（2）

$$CuO + \underset{\text{酸性}}{H_2SO_4(\text{浓})} =\!=\!= CuSO_4 + H_2O$$

合并式（1）+（2）

$$Cu + 2H_2SO_4(浓) \xlongequal{\triangle} CuSO_4 + SO_2\uparrow + 2H_2O$$

【讲述】通过投影的反应方程式我们可以知道，Cu 和浓 H_2SO_4反应是分步进行的，先生成黑色物质 CuO，继续和浓 H_2SO_4反应，产生了能使品红褪色的 SO_2气体。

【投影】请大家在化学反应方程式中标出电子转移的方向和数目，思考在上述反应中：

（1）氧化剂、还原剂、氧化产物、还原产物各是什么物质；

（2）反应物的物质的量之比是多少，还原剂与氧化剂的物质的量之比是多少；

（3）浓硫酸在反应中的作用；

（4）随着反应的进行，浓硫酸的浓度有何改变。

【投影】

失 $2e^-$

$$Cu + 2H_2SO_4(浓) \xlongequal{\triangle} CuSO_4 + SO_2\uparrow + 2H_2O$$

得 $2e^-$

【讲述】根据氧化还原理论，Cu 化合价升高，作为还原剂，浓 H_2SO_4中硫元素的化合价降低，作为氧化剂，对应的 $CuSO_4$是氧化产物，SO_2为还原产物；铜元素的化合价升高 2 个单位，浓硫酸中硫元素的化合价降低 2 个单位，因此还原剂与氧化剂的物质的量之比为 1∶1，而反应物的物质的量之比为 1∶2，这说明浓硫酸还有剩余，除了具有氧化性外还表现出酸性；随着反应的进行，由于硫酸的浓度逐渐降低，酸性越来越弱，稀硫酸不能与 Cu 反应，反应就会停止。

【板书】2）与金属反应

加热时，浓 H_2SO_4可与绝大多数金属反应，同时生成 SO_2

$$Cu + 2H_2SO_4(浓) \xlongequal{\triangle} CuSO_4 + SO_2\uparrow + 2H_2O$$

【提问】浓硫酸能氧化 Cu、Hg、Ag 等 H 之后的较不活泼的金属，那么 H 之前的金属是否就更容易被浓 H_2SO_4氧化呢？

【演示实验】

实 验 步 骤	实 验 现 象
常温下将一小块铝片和铁片放入稀硫酸中，观察现象	有气泡冒出
常温下将一小块铝片和铁片放入浓硫酸中，观察现象	无明显反应现象

【讲述】加热时，浓硫酸可与绝大多数金属反应，同时生成二氧化硫；常温下，浓硫酸能使铝、铁等金属钝化。

【板书】常温下，浓硫酸能使铝、铁等金属钝化。

【提问】浓硫酸具有强氧化性，能氧化某些非金属，又能氧化大多数金属，那么能否氧化具有较强还原性的化合物呢？如实验室为什么不用浓 H_2SO_4制取及干燥 H_2S、HBr、HI 等气体呢？

【讲述】根据氧化还原反应的原理，浓硫酸具有强氧化性，而 H_2S、HBr、HI 等具有强还原性，会发生氧化还原反应，因此不用浓 H_2SO_4 制取及干燥 H_2S、HBr、HI 等气体，大家依据氧化还原反应理论来写一下浓 H_2SO_4 和 NaI、H_2S 的化学方程式。

【板书】 3）与某些还原性化合物反应

$$2NaI + 2H_2SO_4(\text{浓}) = Na_2SO_4 + I_2 + SO_2\uparrow + 2H_2O$$

$$H_2S + H_2SO_4(\text{浓}) = S\downarrow + SO_2 + 2H_2O$$

【提问】 实验证明：浓 H_2SO_4 的特性，稀硫酸都没有；稀 H_2SO_4 的性质，浓 H_2SO_4 不完全具有。上述反应中浓 H_2SO_4 的氧化性由哪种元素引起？稀 H_2SO_4 也具有氧化性，两者相比有何差别？可举例说明。

【总结】 浓 H_2SO_4 的氧化性由其分子中 +6 价的 S 元素引起。稀硫酸也有氧化性，如 $Zn + 2H^+ = Zn^{2+} + H_2\uparrow$，由 H^+ 表现，而 Cu 和稀 H_2SO_4 不反应。可见，H^+ 的氧化性比 S（+6）的氧化性弱。

3. 浓硫酸的用途

【提问】 学习了浓硫酸这么多的性质，那么它在生产生活中究竟都有哪些用途呢？

【投影】

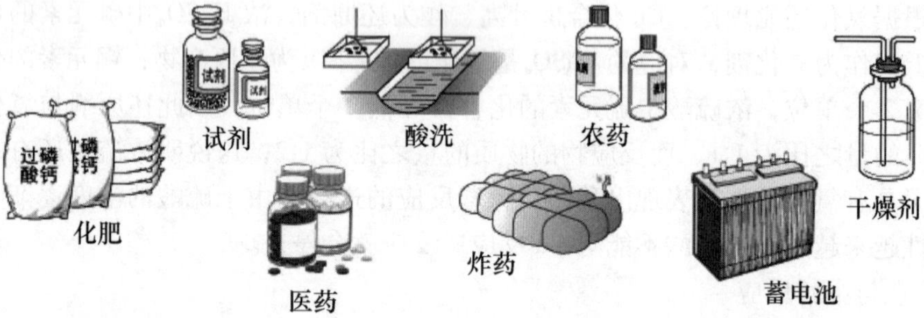

【板书】 三、硫酸的用途

【练习】 浓硫酸具有如下性质：A. 酸性　B. 强氧化性　C. 难挥发性　D. 吸水性　E. 脱水性，下列实验或事实主要表现了浓硫酸的什么性质，将适当的序号填入表格中。

（1）浓硫酸可作气体干燥剂	
（2）浓硫酸不能干燥氨气	
（3）棉布上滴上浓硫酸出现破洞	
（4）浓硫酸不能干燥硫化氢	
（5）浓硫酸可以干燥二氧化硫	
（6）浓硫酸可以制取氯化氢气体	
（7）浓硫酸不能制取碘化氢	
（8）铁片投入浓硫酸中不溶解	
（9）银投入热的浓硫酸中可溶解	
（10）清洗浓硫酸铁罐见明火易爆炸	
（11）胆矾遇浓硫酸变白色	

【提问】有关浓硫酸的性质和用途一直是我们应该密切关注的问题，也是我们学习的重点，如何密切联系生产、生活实际，把硫酸的性质和用途联系起来呢？本题做出了一定的探索。大家看试题中涉及了硫酸的哪些性质和用途呢？

【讲述】（1）浓硫酸可作气体干燥剂，因为浓硫酸与水能形成稳定的水合物，具有吸水性。

（2）浓 H_2SO_4 有酸性，氨气是碱性气体，可以被硫酸吸收生成铵盐。反应的化学方程式为：$2NH_3 + H_2SO_4 = (NH_4)_2SO_4$

（3）棉布由纤维素组成，浓硫酸能将其氢、氧两元素以 2:1 的比例脱出来，只留下炭而变黑，发生炭化，这是由于浓硫酸具有脱水性。

（4）硫化氢气体具有还原性，浓硫酸有氧化性，发生氧化还原反应。

$H_2S + H_2SO_4(浓) = S\downarrow + SO_2 + 2H_2O$，故 H_2S 不能用浓硫酸干燥。

（5）SO_2 与浓 H_2SO_4 之间因为硫元素不存在中间价态，不会发生氧化还原反应，浓 H_2SO_4 有吸水性，可以将 SO_2 干燥。

（6）浓硫酸沸点 338 ℃，是高沸点、难挥发性酸，它可制取易挥发的氯化氢气体（思考：能否利用类似的原理来制备溴化氢、碘化氢等气体呢）。

（7）浓硫酸可将碘化氢中的碘离子氧化成为单质碘，得不到碘化氢气体。

（8）常温下，强氧化性的浓硫酸使铁的表面氧化形成一层致密的氧化膜而被钝化。

（9）银是不活泼的金属，在加热的条件下，浓硫酸将银氧化。

（10）浓硫酸铁罐用水清洗，浓硫酸变为稀 H_2SO_4，发生反应：

$Fe + H_2SO_4 = FeSO_4 + H_2\uparrow$（见明火氢气易燃，发生爆炸）

（11）胆矾与浓硫酸作用：$CuSO_4 \cdot 5H_2O + 5H_2SO_4(浓) = 5H_2SO_4 \cdot H_2O + CuSO_4$，现象为由蓝色变为白色，属于吸水作用。

答案：（1）D （2）A （3）E （4）B （5）D （6）C （7）B
（8）B （9）B （10）A （11）D

环节三：归纳总结

【课堂小结】硫酸不仅是实验室常用的化学试剂，也是重要的化工原料。本节课学习的主要内容有：由于硫酸的浓度不同，因而硫酸反应情况不同，生成物也不同。

（1）稀硫酸—弱氧化性—可与活泼金属反应，生成 H_2。氧化性由 H^+ 体现出来。

（2）浓硫酸—强氧化性—在加热的情况下可与绝大多数金属以及非金属反应，生成 SO_2。氧化性由 +6 价的硫元素体现出来。

【作业布置】希望同学们课后认真巩固，预习下节课的内容并完成第 107、108 页 3、10 题。

七、板书设计

4.4.2 氨 硝酸 硫酸

一、稀硫酸的化学性质

酸的通性：与指示剂作用，与碱、碱性氧化物、活泼金属发生反应

二、浓硫酸的性质

1. 浓硫酸的物理性质

浓硫酸：无色油状、黏稠液体，难挥发，密度比水大，易溶于水。

溶于水时放出大量的热。

2. 浓硫酸的特性

（1）吸水性：可以干燥 H_2、O_2、CO_2、SO_2、CO、HCl、Cl_2 等气体；不可以干燥碱性气体 NH_3 及较强还原性气体 HBr、HI、H_2S 等。

（2）脱水性

$$\underset{\text{有机化合物}}{C_{12}H_{22}O_{11}} \xrightarrow{\text{浓 }H_2SO_4} \underset{\text{黑}}{12C} + 11H_2O$$

（3）强氧化性

1）与某些非金属如 C、S、P 等反应

$$2H_2SO_4(\text{浓}) + C \xlongequal{\triangle} CO_2\uparrow + 2SO_2\uparrow + 2H_2O$$

$$2H_2SO_4(\text{浓}) + S \xlongequal{\triangle} 3SO_2\uparrow + 2H_2O$$

2）与金属反应

加热时，浓 H_2SO_4 可与绝大多数金属反应，同时生成 SO_2

$$Cu + 2H_2SO_4(\text{浓}) \xlongequal{\triangle} CuSO_4 + SO_2\uparrow + 2H_2O$$

常温下，浓硫酸能使铝、铁等金属钝化。

3）与某些还原性化合物反应

$$2NaI + 2H_2SO_4(\text{浓}) \xlongequal{\quad} Na_2SO_4 + I_2 + SO_2\uparrow + 2H_2O$$

$$H_2S + H_2SO_4(\text{浓}) \xlongequal{\quad} S\downarrow + SO_2 + 2H_2O$$

三、浓硫酸的用途

第3课时 硝酸的性质

一、教材分析

本节内容选自人教版高中化学必修1第四章“非金属及其化合物”第四节“氨 硝酸 硫酸”，依据课程标准“通过实验了解氯、氮、硫、硅等非金属及其重要化合物的主要性质，认识其在生产中的应用和对生态环境的影响”的要求，本节课安排了“硝酸的性质”这一教学内容。

本节内容是在学习了氮气与氮的固定和氨气与铵态氮肥的基础上，进一步介绍硝酸的性质及其应用和人类活动对氮循环与环境的影响，在了解了硝酸具有酸性的基础上，进一步介绍硝酸的两种特性——强氧化性和不稳定性。硝酸的氧化性，既是本节课的重点也是本章的重点，而硝酸与金属的反应又是学生突破硝酸强氧化性的一条重要途径。通过本节课的学习，学生对三大强酸的性质以及氮的化合物知识将有一个较为全面的认识，同时可加深对物质结构理论及氧化还原知识的理解，它所涉及的一些较复杂的化学方程式为学习氧化还原反应方程式的配平打下基础。

二、学情分析

从学生的认知发展来看，学生已学习过酸的通性，通过复习巩固硝酸的酸性可以加深学生的记忆。另外，学生已掌握氧化还原反应的实质，以及浓硫酸的特性，为学生探究硝酸的强氧化性奠定了一定的理论基础和实验基础，有助于学生通过现象总结出硝酸的特性，合理地完善学生的认知结构。同时通过观察铜与浓硝酸和稀硝酸反应时的不同现象，可以加深学生对硝酸氧化性的认识以及对反应产物的记忆，同时解开在九年级时学习实验室制取氢气不能选用硝酸的疑惑，学生更容易接受所学习的内容。

三、教学目标

知识与技能	（1）了解硝酸的物理性质及保存方法。 （2）理解硝酸的强酸性，掌握硝酸的不稳定性、强氧化性。 （3）掌握化合价升降法配平氧化还原方程式的方法
过程与方法	（1）通过创设情景、理论联系实际，提升分析推理、知识迁移及实际应用的能力。 （2）通过探究硝酸的性质，知道实验探究的方法。
情感态度与价值观	（1）通过掌握浓、稀硝酸性质的差异，进一步理解量变引起质变的规律，树立辩证唯物主义的世界观。 （2）通过了解化学家的故事，树立热爱科学、尊重科学的品质

四、教学重点和难点

（1）教学重点：硝酸的不稳定性和氧化性；化合价升降法配平氧化还原方程式的方法。

（2）教学难点：对硝酸强氧化性的理解和应用。

五、知识结构

- 硝酸
  - 物理性质：无色、沸点低、易挥发、有刺激性气味、能产生酸雾的液体
  - 化学性质
    - 酸的通性
    - 不稳定性：$4HNO_3 \xrightarrow[\text{或见光}]{\text{受热}} 2H_2O + 4NO_2\uparrow + O_2\uparrow$
    - 强氧化性
      - 常温下，浓硝酸能使铁、铝钝化。
      - 与铜反应：$Cu + 4HNO_3(\text{浓}) = Cu(NO_3)_2 + 2NO_2\uparrow + 2H_2O$
        $3Cu + 8HNO_3(\text{稀}) = 3Cu(NO_3)_2 + 2NO\uparrow + 4H_2O$
      - 与非金属反应：$C + 4HNO_3(\text{浓}) \xlongequal{\triangle} CO_2\uparrow + 4NO_2\uparrow + 2H_2O$

六、教学过程

环节一：导入新课

【创设情境】丹麦有位叫玻尔的科学家，他 37 岁时获得了 1922 年的诺贝尔奖。第二次世界大战期间，玻尔被迫离开即将被德军占领的祖国，为了表示他一定要返回祖国的决心，他决定将诺贝尔奖章留在实验室。玻尔把金奖章溶解在盛有王水的试剂瓶里。后来，纳粹分子窜入玻尔实验室，那个试剂瓶就在他们的眼皮底下，他们却一无所知。战争结束后，玻尔从王水中把金还原出来，并重新铸成奖章。玻尔配制的王水的主要成分究竟是什么化学物质呢？

【过渡】在前面的章节中我们学习了许多酸的知识，研究了两种强酸——盐酸和硫酸。今天我们开始探讨第三种强酸——玻尔配制的王水的主要成分之一：“硝酸”。通过今天的学习，我们对硝酸将有一个更全面的认识。

【板书】4.4.3　氨 硝酸 硫酸

环节二：展开新课

1. 硝酸的物理性质

【讲述】认识一种物质，人们通常从表面入手，不断深入其内部本质。那我们先来认识一下硝酸的“表层”性质——物理性质。

【展开】一瓶棕色试剂瓶装的浓硝酸，开瓶观雾，倒入试管少许观察颜色、状态，扇闻其气味。

【提问】通过观察，大家发现浓硝酸有哪些物理性质呢？

【讲述】纯硝酸是无色、易挥发、有刺激性气味的液体，密度为 $1.5027g/cm^3$，沸点83℃，98%以上的浓硝酸在空气中由于挥发出 HNO_3 而产生“发烟”现象，故通常称其为发烟硝酸，常用浓硝酸的质量分数大约为69%。

【板书】一、硝酸的物理性质

硝酸是一种无色、沸点低、易挥发、有刺激性气味、能产生酸雾的液体。

2. 硝酸的化学性质

【过渡】在了解了硝酸“表层”性质的基础上，下面我们来深入研究硝酸的“深层”性质——化学性质。

【提问】这是一瓶保存不当呈黄色的浓硝酸，和刚才取的硝酸样品相比，请大家思考一下为什么保存不当的浓 HNO_3呈黄色？

【实验】取一具支试管，支管口用一塑料气囊封住，向其中加入 2mL 左右浓硝酸，然后用一塞子塞住管口，再进行加热或光照。

【提问】通过实验，大家观察到什么现象呢？可以得出什么结论呢？

【现象】管内有红棕色气体产生，塑料气囊膨胀。

【讲述】通过实验我们可以得出结论，硝酸具有不稳定性，容易分解生成红棕色物质——NO_2，NO_2溶于硝酸而使其发黄，大家来写一下这个方程式。

【板书】二、硝酸的化学性质

1. 不稳定性：$4HNO_3 \xlongequal[\text{或见光}]{\text{受热}} 2H_2O + 4NO_2\uparrow + O_2\uparrow$

【讲述】硝酸应该保存在棕色试剂瓶里，并放在避光、低温处。

【板书】硝酸的保存：保存在棕色试剂瓶里，放在避光、低温处。

【提问】前面我们已经学习了盐酸和硫酸的性质，因为都是酸，具有酸的通性，那么硝酸是不是也具有酸的通性呢？

【讲述】硝酸是一元强酸，可以完全电离产生 H^+ 和 NO_3^-，$HNO_3 \xlongequal{} H^+ + NO_3^-$，因此硝酸具有酸的通性，可以使指示剂变色，能和金属、碱、碱性氧化物反应，下面请大家完成硝酸酸性的离子方程式。

化 学 反 应	反应离子方程式
与指示剂作用	$HNO_3 \xlongequal{} H^+ + NO_3^-$
与碱反应	
与碱性氧化物反应	
与活泼金属反应	

【板书】2. 硝酸的酸性

【讲述】HNO_3可以电离出 H^+，具有酸的通性，浓硝酸遇石蕊试液会有什么现象呢？

【实验】取少量的浓硝酸于试管中，加入 2 ~ 3 滴紫色石蕊试剂，观察实验现象。

【实验现象】溶液先变红后褪色。

【提问】产生这种现象的原因是什么呢？

【讲述】浓硝酸具有强氧化性。

【板书】3. 硝酸的强氧化性

【实验】取一块铝片用砂纸打磨去除表面氧化膜，插入盛有 2mL 浓硝酸的试管中约 1min，取出并用蒸馏水清洗，再插入盛有 5mL $CuSO_4$ 的浓溶液中约 1min，观察实验现象。

【实验现象】未浸入浓硝酸部分的铝片上附着一层紫红色的物质。其余部分无明显现象。

【提问】为什么会出现这种现象呢？

【讲述】这是由于铝遇到冷的浓硝酸，表面被氧化为牢固的氧化物薄膜，阻止酸与内层金属进一步反应。我们把这种反应称为钝化反应，浓硝酸可以和铝发生钝化反应，还可以和铁发生钝化反应。因此浓硝酸的运输和贮存可用铁、铝材料制成的容器。

【板书】(1) 常温下，浓硝酸能使铁、铝钝化。

【过渡】结合前面的学习大家知道，常温下铝和铁遇浓硫酸、浓硝酸会发生钝化，说明浓硫酸和浓硝酸性质类似。加热时浓硫酸不仅可以和铜等不活泼的金属反应，还可以和碳等非金属反应，那么浓硝酸是不是也有相同的性质呢？下面我们通过实验来探究一下硝酸和铜的反应。

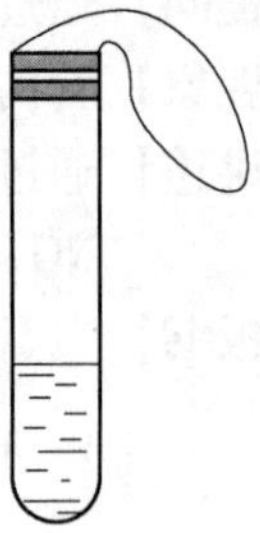

【实验探究】实验前，准备好与试管配套的事先已系上塑料袋的带导管的胶塞。实验时，向两支装有铜片的试管中分别加入浓硝酸和稀硝酸，立即塞上上述已准备好的胶塞（如图所示），可观察到铜片与浓、稀硝酸反应的现象，生成的气体进入塑料袋。

【实验现象】

名　称	稀硝酸 + Cu	浓硝酸 + Cu
实验现象	(1) Cu 片：有气泡产生； (2) 溶液颜色：无色变为蓝色； (3) 气体颜色：无色，打开止水夹后无色变为红棕色； (4) 反应剧烈程度：缓慢； (5) 触摸容器外壁：温热	(1) Cu 片：有大量气泡产生； (2) 溶液颜色：无色变为绿色； (3) 气体颜色：红棕色； (4) 反应剧烈程度：剧烈； (5) 触摸容器外壁：很热
反应产物	$Cu(NO_3)_2$、NO 和 H_2O	$Cu(NO_3)_2$、NO_2 和 H_2O

【讲述】大家一起来写一下浓硝酸和铜的反应，利用氧化还原反应原理标出转移的电子数，并找出氧化剂和还原剂。

得到 $2e^-$，被还原

$$Cu + 4HNO_3(浓) = Cu(NO_3)_2 + 2NO_2\uparrow + 2H_2O$$

失去 $2e^-$，被氧化

【提问】Cu 作还原剂，具有还原性；浓 HNO_3 作氧化剂，具有氧化性。那浓硝酸除了作氧化剂外，还具有什么作用？

【讲述】浓 HNO_3 除作氧化剂外，还具有酸性。

【讲述】同样的大家再来写一下稀硝酸和铜的化学方程式。

得到 $2\times3e^-$，被还原

$$3Cu+8HNO_3(稀)=\!=\!=3Cu(NO_3)_2+2NO\uparrow+2H_2O$$

失去 $3\times2e^-$，被氧化

【讲述】Cu 作还原剂，具有还原性；稀 HNO_3 作氧化剂，具有氧化性。

【板书】（2）与铜反应：

$$Cu+4HNO_3(浓)=\!=\!=Cu(NO_3)_2+2NO_2\uparrow+2H_2O$$

$$3Cu+8HNO_3(稀)=\!=\!=3Cu(NO_3)_2+2NO\uparrow+4H_2O$$

【提问】根据浓硫酸的性质，浓硝酸能否与 C、S 等非金属反应？

【实验演示】取一支试管，倒入 2～3mL 浓 HNO_3，加热近沸，放入一小块木炭，并将产生的气体通入盛有 NaOH 溶液的烧杯中，观察实验现象。

【实验现象】木炭上下跳动，放出红棕色的气体。

【提问】根据实验现象，对照浓硫酸的性质，你能否写出浓硝酸与 C、S 反应的化学方程式？

【板书】（3）与非金属反应：

$$C+4HNO_3(浓)\overset{\triangle}{=\!=\!=}CO_2\uparrow+4NO_2\uparrow+2H_2O$$

$$S+6HNO_3(浓)\overset{\triangle}{=\!=\!=}H_2SO_4+6NO_2\uparrow+2H_2O$$

【提问】硝酸能与金属、非金属反应，无论是浓 HNO_3 还是稀 HNO_3 都表现出强的氧化性，那为什么硝酸具有强氧化性呢？

【讲述】硝酸中的氮元素处于最高价 +5 价，在反应中易获得电子，所以硝酸具有氧化性。因此对皮肤和衣物具有强腐蚀性，不慎沾到皮肤上，应立即用大量的水冲洗，使用时要特别注意安全。

【提问】硝酸具有强氧化性，硝酸越浓，氧化性越强。但实验证实浓硝酸不能氧化铂、金。有没有能氧化铂、金的物质呢？

【追问】有，该物质就是玻尔配制的王水。由此可得到什么结论呢？

【板书】氧化性：王水 > 浓硝酸 > 稀硝酸

【讲述】通过前面的学习我们发现，硝酸的性质跟硫酸的性质极为相似，接下来我们一起来比较一下它们的性质。

物质	挥发性	稳定性	氧化性			
			与铜反应		与铁、铝反应	与碳反应
			条件	还原产物		
浓 H_2SO_4	难挥发	稳定	加热	SO_2	常温下铁、铝钝化	加热反应
稀 H_2SO_4	难挥发	稳定	不反应		置换出 H_2	不反应
浓 HNO_3	易挥发	不稳定	常温	NO_2	常温下铁、铝钝化	加热反应
稀 HNO_3	易挥发	不稳定	常温	NO	稀硝酸被还原为 NO	不反应

3. 硝酸的用途

【提问】学习了硝酸这么多的性质，那么它在生产生活中究竟都有哪些用途呢？

【投影】硝酸是一种重要的化工原料，可用于制造炸药、染料、塑料、硝酸盐等；在实验室里，它是一种重要的化学试剂。

【板书】三、硝酸的用途

环节三：归纳总结

【课堂小结】本节课我们了解了硝酸是一种无色、有刺激性气味的液体，极易溶于水，易挥发，重点学习了硝酸的不稳定性和氧化性，硝酸的氧化性可以类比浓硫酸的氧化性进行学习，今天的学习也相当于对硫酸性质知识的巩固，此外大家还需知道硝酸的保存方法，理解它的重要用途。

【作业布置】希望同学们课后认真巩固，预习下节课的内容并完成第107、108页7、8题。

七、板书设计

4.4.3　氨 硝酸 硫酸

一、硝酸的物理性质

硝酸是一种无色、沸点低、易挥发、有刺激性气味、能产生酸雾的液体。

二、硝酸的化学性质

1. 不稳定性：$4HNO_3 \xrightarrow[\text{或见光}]{\text{受热}} 2H_2O + 4NO_2\uparrow + O_2\uparrow$

硝酸的保存：保存在棕色试剂瓶里，放在避光、低温处

2. 硝酸的酸性

3. 硝酸的强氧化性

（1）常温下，浓硝酸能使铁、铝钝化。

（2）与铜反应：

$$Cu + 4HNO_3(\text{浓}) = Cu(NO_3)_2 + 2NO_2\uparrow + 2H_2O$$

$$3Cu + 8HNO_3(\text{稀}) = 3Cu(NO_3)_2 + 2NO\uparrow + 4H_2O$$

（3）与非金属反应：

$$C + 4HNO_3(\text{浓}) \xrightarrow{\triangle} CO_2\uparrow + 4NO_2\uparrow + 2H_2O$$

$$S + 6HNO_3(\text{浓}) \xrightarrow{\triangle} H_2SO_4 + 6NO_2\uparrow + 2H_2O$$

氧化性：王水 > 浓硝酸 > 稀硝酸

三、硝酸的用途

参考文献

[1] 中华人民共和国教育部. 普通高中化学课程标准（实验）[S]. 北京：人民教育出版社，2003.
[2] 宋心琦. 普通高中课程标准实验教科书·化学1（必修）[M]. 北京：人民教育出版社，2007.
[3] 吴辉芳. 让体验环节成为有效课堂的主旋律——《物质的量》教学环节设计 [J]. 镇江高专学报，2015（4）：99～102.
[4] 罗宵山. 高中化学“物质的量”学习支架搭建的理论与实践 [D]. 华中师范大学，2015.
[5] 李一芳. 浅谈“一定物质的量浓度溶液的配制”的误差分析 [J]. 现代交际，2014（1）：157.
[6] 杨淑梅. 气体摩尔体积探究性教学设计 [J]. 广州化工，2012（5）：199～202.
[7] 王友兵. 基于“结构—定向”教学理论的“物质的量”教学实践与研究 [J]. 现代教育科学，2010（5）：161～163.
[8] 杨梓生. 基于“活动—建构”的概念教学——鲁科版《化学1（必修）》“物质的量浓度”例析 [J]. 福建教育学院学报，2008（12）：32～34.
[9] 何映虹.“气体摩尔体积”的教学 [J]. 大理学院学报，2003（5）：45～50.
[10] 李琳.“物质的分类”教学中分类观培养的实践探索——基于一节名师示范课的观察与思考 [J]. 福建基础教育研究，2015（11）：55～56.
[11] 齐红涛，赵河林，王磊. 物质的分类相关概念及其教学分析 [J]. 化学教育，2012（4）：10～15.
[12] 支瑶，王磊，张荣慧，等.“物质的分类”促进高中生无机物性质学习的功能价值分析及其教学实现 [J]. 化学教育，2012（4）：28～35.
[13] 黄爱民. SOLO分类评价理论在初高中化学衔接教学中的应用——以苏教版《化学1》氧化还原反应为例 [J]. 化学教学，2014（4）：14～18.
[14] 江敏. 在体验中学习——“氧化还原反应”的教学设计与思考 [J]. 中学化学教学参考，2012（6）：16～19.
[15] 闫蒙钢，蒋建伟. 基于“情境—建构”的氧化还原反应概念教学 [J]. 化学教与学，2012（9）：8～9.
[16] 马春生.“氧化还原反应”一课的教学设计 [J]. 化学教学，2009（5）：43～44.
[17] 王磊，黄燕宁. 单元教学设计的实践与反思——以“氧化还原反应”教学单元为例 [J]. 中学化学教学参考，2009（3）：9～11.
[18] 张映林，谢祥林. 氧化还原反应概念意义建构的教学研究 [J]. 化学教育，2010（3）：48～50.
[19] 杨明生，邱寒. 谈氧化还原反应的有效教学 [J]. 化学教育，2010（10）：23～25.
[20] 徐春丽，林承志.“氧化还原反应”第一课时教学设计 [J]. 化学教学，2010（11）：40～42.
[21] 胡久华，王磊，刘宇红. 中学化学概念探究教学初探——以氧化还原反应教学为例 [J]. 化学教育，2005（9）：24～27，44.
[22] 张志杰. 微粒作用观视角下“离子反应及其发生条件”教学设计 [J]. 化学教与学，2015（6）：49～52.
[23] 焦雪红. 精心设计问题及列表 实现高效的课堂教学——“离子反应”教学设计 [J]. 中学化学教学参考，2015（8）：36～38.
[24] 徐敏，尚荣荣. 促进学生认识方式的转变——以“离子反应”教学设计为例 [J]. 中学化学教学参考，2015（9）：16～18.
[25] 李艳玲，谢祥林，刘敏.“离子反应及其发生的条件”意义建构教学设计 [J]. 化学教与学，2015（8）：62～64.
[26] 王延广. 发挥实验教学功能 探求离子方程式意义——“离子反应”教学实录与反思 [J]. 中学化学教学参考，2013（10）：28～30.

[27] 何彩霞，杨艳红．学生对离子反应概念的认识研究［J］．化学教育，2012（4）：19～22.
[28] 保志明．运用实验体现概念的建构过程——“离子反应”的教学与思考［J］．中学化学教学参考，2012（3）：16～17.
[29] 胡久华，王磊，支瑶，等．促进学生认识发展的“电离和离子反应”专题的单元整体教学研究［J］．化学教育，2013（4）：44～49.
[30] 何彩霞，杨艳红．恰当运用对比实验帮助学生理解化学概念——以“离子反应”教学为例［J］．教学仪器与实验，2011（4）：9～12.
[31] 黄元东，闫春更，高慧，等．高级化学教师话题 PCK 表征研究——以“离子反应”为例［J］．化学教与学，2017（1）：2～7.
[32] 姜雪．离子反应第二课时的教学设计［J］．亚太教育，2016（1）：85.
[33] 王丹培，衷明华．对“离子反应、离子方程式书写”的思考［J］．中学教学参考，2014（11）：82～83.
[34] 吴嘉清．解析一道离子反应图象题［J］．数理化解题研究（高中版），2012（5）：64.
[35] 符慧敏．让学生“看到”离子在反应——关于离子反应教学的改进［J］．化学教与学，2012（9）：84，97.
[36] 曾国琼．以“元素化合物”知识为载体培养学生化学基本观念［J］．中学化学教学参考，2013（Z1）：5～9.
[37] 杨善清．“学案导学、问题驱动”教学模式下的教学设计——以人教版“金属的化学性质”为例［J］．中学化学教学参考，2015（12）：44～45.
[38] 于静．“金属的化学性质”教学设计［J］．化学教育，2010（S2）：103～105.
[39] 杨立根．3S 教学模式下《金属的化学性质（第 1 课时）》教学设计［J］．化学教与学，2012（9）：65～66，75.
[40] 王继良．运用建构主义学习理论指导化学教学设计——“金属的化学性质”的教学设计与反思［J］．中学化学教学参考，2010（7）：35～37.
[41] 于静．“金属的化学性质”教学设计［J］．化学教育，2010（S2）：103～105.
[42] 赵海云．基于物质分类观念下的物质性质教学——以《金属的化学性质（第一课时）》为例［J］．中国现代教育装备，2017（2）：27～29.
[43] 钟惠妹．PBL 教学法在化学实验探究教学中的应用——以“金属钠的性质与应用”教学为例［J］．福建教育学院学报，2016（2）：108～110.
[44] 刘会．优化教学策略　提高课堂效率——例谈“金属的化学性质”第一课时教学设计及反思［J］．才智，2014（15）：51.
[45] 龚胜强．基于学科观念建构的元素及化合物教学设计分析——以“铝及其化合物”的教学为例［J］．中学化学教学参考，2015（8）：21～22.
[46] 丛培阁．《几种重要的金属化合物——铝的重要化合物》教学设计［J］．内蒙古教育（职教版），2012（8）：52～53.
[47] 刘华．“铝及铝的化合物”教学设计［J］．化学教育，2010（S2）：121～125.
[48] 李虎山．“金属元素及其化合物”的“实验化教学”方法初探［J］．化学教与学，2014（12）：33～34.
[49] 白建娥，何彩霞．论促进学生“元素观”发展的铁及其化合物的教学［J］．中学化学教学参考，2014（19）：1，5～6.
[50] 王磊，郭晓丽，王澜，等．元素化合物认识模型及其在复习教学中的应用——以高中《化学 1》“金属元素及其化合物”单元复习为例［J］．化学教育，2015（5）：15～21.
[51] 孙运利．基于学科观念的元素单质及其化合物教学：以金属元素为例［J］．中学化学教学参考，

2015（Z1）：10～12.
[52] 阎芬，于少华，王磊．中学化学教学中促进学生认识发展的问题设置有效性研究——以“基于代表物学习铁及其化合物的性质”为例［J］．化学教育，2015（13）：32～35.
[53] 邓克刚．策略：《金属及其化合物》的学习［J］．中学生数理化（高一版），2013（10）：38～39.
[54] 虞琦，倪娟．基于学科观念培养的高三一轮复习课堂教学——以“铁及其化合物”为例［J］．中学化学教学参考，2013（8）：27～29.
[55] 包宏升．高中化学单元分类教学目标的整合设计——以人教版必修1“金属及其化合物”为例[J]．现代中小学教育，2016（9）：64～66.
[56] 刘焕亮，张平英．元素周期律专题复习教学设计［J］．化学教育，2010（S2）：219～220.
[57] 李英，刘焕亮．无机综合推断专题复习教学设计［J］．化学教育，2010（S2）：180～183.
[58] 张颖．铁及其化合物专题复习教学设计［J］．化学教育，2010（S2）：184～186.
[59] 袁东霞．“金属矿物的开发利用”教学设计及反思［J］．教育实践与研究（B），2011（12）：57～59.
[60] 吕慧，周仕东．基于问题化教学的“金属与金属材料”复习课教学设计与实践［J］．现代中小学教育，2014（9）：32～35.
[61] 张艳艳．“无机非金属材料的主角——硅”的教学设计及反思［J］．中学化学教学参考，2015（2）：32～33.
[62] 李惠娟．让硅担当起不可或缺的角色——硅的教学设计案例［J］．中学化学教学参考，2009（7）：36～38.
[63] 谢意纯，张志欣，赖鹤鋆．“无机非金属材料的主角——硅”的教学设计［J］．中学化学教学参考，2015（6）：41～43.
[64] 罗鹏程．将“翻转课堂”与“科学探究”应用于化学教学——“氯水的成分与性质”教学实录及反思［J］．中学化学教学参考，2015（10）：29～30.
[65] 黄颖洁．“富集在海水中的元素——氯”第一课时教学反思［J］．中学化学教学参考，2015（12）：43～44.
[66] 李晓，王后雄，毛齐明．重视主体体验　落实情感态度与价值观目标——以“富集在海水中的元素——氯”的导课为例［J］．化学教育，2012（7）：21～22.
[67] 王继良．利用探究实验培养学生的化学观念——“氯水成分与性质”的教学设计与反思［J］．中学化学教学参考，2012（6）：30～32.
[68] 于永民，朱建兵，孙海龙．氯气的制备及其性质实验的微量化设计［J］．化学教学，2013（5）：40～43.
[69] 曾颖，王应红，刘静静．二氧化硫性质的实验创新及探究教学设计［J］．教育与教学研究，2015（8）：115～117.
[70] 曹旭琴．二氧化硫复习课教学设计［J］．化学教学，2014（4）：41～42.
[71] 吴志勇．“知识问题化，问题情景化”模式下教学设计研究——基于二氧化硫教学设计的思考[J]．化学教与学，2014（9）：18～19.
[72] 陈益，陈文婷．“二氧化硫的性质”教学设计［J］．化学教学，2012（5）：41～44.
[73] 曹坤，钱琴红．“3S”教学模式下“二氧化硫的性质”有效教学设计［J］．化学教与学，2011（2）：55～56.
[74] 王森淼．“二氧化硫的性质和作用”教学设计［J］．化学教学，2012（7）：40～42.
[75] 李发顺．从氨气开始——以 NH_3 的高三复习为例［J］．化学教与学，2016（5）：31～33.
[76] 柳利．高中化学实验“氨”教学设计初探［J］．高中数理化，2014（4）：54.
[77] 林芳兰．“氨的性质及制法的探究”教学设计［J］．化学教学，2009（7）：45～47.
[78] 熊言林，褚红军．氨的反复变色喷泉实验设计与教学思考［J］．化学教育，2011（5）：53～55.

[79] 赵勇，孙天山．我与大赛同成长——“氮肥的生产和使用”的教学优化与反思［J］．化学教与学，2015（11）：69～72.
[80] 姜言霞，卢巍．基于化学基本观念建构的“氨”的教学设计研究［J］．化学教育，2015（17）：37～41.
[81] 原知则．“氨”情境教学下的创新设计［J］．化学教与学，2015（10）：76～77.
[82] 龚国祥．“铜与硝酸反应的装置设计”教学案例［J］．化学教学，2010（5）：43～45.
[83] 姜孟．构建化学观念 打造探究课堂——以“硝酸的性质”为例［J］．化学教与学，2015（11）：60～62.
[84] 朱慧琴．在探究中实验 在实验中探究——“硝酸的性质”强氧化性的实验探究举例［J］．中学化学教学参考，2010（8）：29～30.
[85] 全芙君．“硝酸、硫酸”教学设计［J］．化学教育，2010（S2）：160～163.